이데올로기와 문화정체성
Ideology & Cultural Identity

이데올로기와 문화정체성

모더니티와 제3세계의 현존

호르헤 라라인 지음 ┃ 김범춘 외 옮김

모티브북

감사의 말

이 책은 비합리주의, 포스트구조주의, 포스트모더니즘 이론뿐만 아니라 이데올로기 비판을 특별히 강조하는 오늘날의 저자와 지적 흐름을 다룸으로써, 이전에 나온 나의 책 『현대 사회이론과 이데올로기 *The Concept of Ideology*』와 『맑스주의와 이데올로기 *Marxism and Ideology*』에서 제시한 생각들을 완성하고자 한다. 이 책의 또 다른 목적은 그러한 생각들을 보다 폭넓고 세계적인 맥락에서 제시하는 것인데, 여기서 말하는 맥락은 우선 제3세계의 현존을 고려하는 것, 다음으로는 제3세계의 현존을 문화정체성이라는 주제로 넓히는 것을 뜻한다. 이러한 연관관계를 다루고자 하는 나의 시도는 버밍엄대학교의 문화연구학과에서 진행된 강의와 토론, 지적 분위기에 큰 영향을 받았다. 리처드 존슨은 모르고 있겠지만, 나는 문화정체성과 관련된 주제들에 관해 그에게 지적으로 큰 빚을 졌다. 하지만 나의 책에 문제가 있다면 그것은 그의 책임이 아니다.

이 책을 더 괜찮게 만들 수정안을 내놓았을 뿐만 아니라 모더니티와 포스트모더니티에 관한 나의 이해를 크게 향상시켜준 편집자 토니 기든스에게도 감사한다. 그리고 내가 해외에 있는 동안 이 책을 출판하는 데 따르는 어려움을 감수해준 폴리티 출판사와 블랙웰 출판사의 많은 사람들에게도 감사드린다. 무엇보다 뛰어난 교정으로 이 책을 크게 개선해준 린든 스태퍼드에게 특별한 감사의 말을 전한다. 그래도 내 글에 문제가 있다면, 그것은 전적으로 나의 책임이다.

나와 폴리티 출판사는 내가 이미 출판한 자료들, 즉 노엘 오설리번이 편집한 『현대 이데올로기의 구조The Structure of Modern Ideology』에 실린 「오늘날 맑스주의에서의 이데올로기와 그 수정Ideology and its Revisions in Contemporary Marxism」, 《사회학 리뷰The Sociological Review》에 실린 「이데올로기에 관한 포스트모던적 비판The Postmodern Critique of Ideology」, 《세계 개발World Development》에 실린 〈식민주의와 '후진' 국가들에 관한 고전 정치경제학자와 맑스Classical Political Economist and Marx on Colonialism and "Backward" Nations〉를 다시 사용하도록 허락해준 것, 그리고 페르가몬 출판사가 《이론, 문화 그리고 사회Theory, Culture and Society》에 실린 〈스튜어트 홀과 맑스주의의 이데올로기 개념Stuart Hall and Marxist Concept of Ideology〉을 사용하도록 기꺼이 허락해준 것에 대해서도 감사드린다.

서문

  이 책은 여러 가지 대상과 다양한 영역을 다루고 있다. 말하자면, 오늘날 모더니티와 포스트모더니티에 관한 논쟁의 핵심인 이데올로기, 이성, 문화정체성이라는 세 가지 주요한 개념들 사이의 관계를 탐구하고자 한다. 이러한 시도는 유럽적 사고뿐만 아니라 제3세계, 특히 라틴 아메리카의 현실과 연관해서 수행될 것이다. 또한 쇼펜하우어(A. Schopenhauer)에서 포스트모더니티에 이르기까지 모더니티에 반대하는 사상적 흐름에서 형성되거나 파생된 이데올로기론을 세세하게 살펴보고 비판적으로 분석하고자 한다. 동시에 비합리주의적인 이데올로기 개념의 문제점과 맑스를 포함하는 보편적인 이데올로기론의 결함을 평가하기 위해서, 맑스의 개념에서 끌어냈지만 전적으로 일치하지는 않는 이데올로기 개념을 정의하고 사용할 것이다. 뿐만 아니라 이 책은 특히 문화정체성이라는 개념과 연관된 몇몇 주제들과, 개인정체성과 세계화의 과정이 서로 연관되는 방식에 관해서 논의하고자 한다. 끝으로 이 책의 중요한 목적 가운데 하나는 제3세계, 특히 라틴 아메리카에 관한 유럽적 사고를 탐구하는 것인데, 이 작업을 통해서 보편 이론, 역사주의 이론과 타자를 구성하는 특수한 방식 사이의 관계를 정립하고자 한다. 보편 이론과 역사주의 이론을 비교하면 이성과 인종주의라는 전혀 다른 관계가 나타날 것이다.

　1장은 이데올로기라는 개념이 모더니티의 출현, 그리고 도구적 이성의 승리라는 맥락에서 나온 것이라는 견해를 다루는 것으로 시작할 것이다. 이 견해에 따르면, 가장 강력한 이데올로기론들은 이성과 진보를 신뢰하는 맑스주의, 고전 정치경제학, 베버주의적 근대화 이론과 같은 발전에 관한 거대이론으로부터 이런저런 식으로 전개된 것이다. 모더니티의 기원에서 이성과 이데올로기의 유사성은 "타자"를 구성하는 방법과 다른 문화를 다루는 방식에서 직접적으로 나타난다. 모더니티에 관한 대표적인 거대이론들은 차이를 무시하고 특수한 것을 일반적인 것으로 환원함으로써 보편적인 것이 된다. 따라서 이러한 이론들이 이데올로기 개념과 같은 것에 이론적으로 중요하게 기여했을지라도, 도구적 이성이 아직 전적으로 승리하지 않았고, 진보라는 보편적인 체계가 작동하기에는 불완전한, 그런 다른 사회를 이해하는 데에서는 결점을 갖고 있다. 바로 이것이 그 이론들이 때로는 명백한 인종주의로 빠지기도 하는, 세계의 다른 지역에 대한 식민주의와 유럽의 후견(後見)주의를 쉽게 정당화하는 이유이다. 이 주제를 고전 정치경제학, 맑스 그리고 헤겔(G. W. Friedrich Hegel)과 연관해서 1장에서 다룰 것이다. 뿐만 아니라 더 나아가 가장 전형적인 계몽철학인 경험론과 인종주의 사이에 어떤 관계가 있는지 밝혀낼 것이다.

나는 이런 모든 작업을 통해서 식민주의와 제3세계 지역의 문화 정체성과 연관해 누락된 측면들을 해명하는 이데올로기 개념을 찾고자 한다. 맑스의 이데올로기론은 자본과 노동의 모순에만 초점을 맞추고 있다. 그래서 오늘날 지구적 차원에서 작동하고 있고, 이미 자본주의 체제를 유지하는 것과 관련된다고 밝혀진 다른 갈등들을 제대로 다루지 않았다. 따라서 내가 다루고자 하는 개념이 비록 맑스로부터 나온 것일지라도, 그 개념은 계급 적대와는 달리 자본주의 체제의 이해관계 속에서 회피되거나 숨겨지는 인종주의적이고 식민주의적인 분열과 같은 갈등을 특별히 고려하는 넓은 시각을 갖는 것이다. 동시에 우리가 다루고자 하는 자본주의 체제는 민족국가라는 협소한 범주를 넘어서, 공간적으로 통합된 지역들이 다른 장소에서 일어나는 사건의 영향을 받게 되는 국제적인 체제를 구축하는 바로 그런 것이다.

모더니티에 관한 보편 이론들에 대한 비판과 반대는 이성·진보·보편 진리를 신뢰하는 계몽주의를 공격하는 역사주의적이고 비합리주의적인 이론들에 의해서 제기되었다. 비록 이 이론들의 많은 저자들이 합리주의 정신과 모더니티에 관한 인식론적 절대론과 밀접하게 관련되어 있는 이데올로기 개념을 제거하고자 했지만, 그러한 비판은 이데올로기 비판으로 간주할 수 있다. 내 생각에 비록 그들이 이데올로기 개념을 형식적으로는 반대하고 거부했지만, 결과적으로는 그들이 다시 뒷문으로 이데올로기 개념을 끌어들이는 꼴이 되었기 때문이다.

그런 까닭에 이 책의 중요한 부분은 인간의 삶과 사회 속에서 비합리적인 것의 역할을 과장하는 데서 비롯되는 이론들과 이데올로기 개념과 관련되어 있다. 그것들은 역사와 사회 속에서의 합리성의 가치를 의심하는 경향이 있으며, 진리에 도달할 가능성에 대해서도 회의적이다. 그래서 진리는 상대화되고, 모든 제도와 시대, 민족 또는 문화가 각각의 진리 체계를 갖는다고 주장한다. 진리는 담론적(discursive) 속성을 지니는데, 그 까닭은 서로 비교할 수 없는 상이한 담론으로 진리가 구성될 수 있기 때문이다. 진리의 상대화는 오늘날 포스트모더니즘과 함께 최고조에 이른, 독일의 철학적 역사주의에 의해서 시작되었다. 이성은 권력과 생(生)의 투쟁의 시녀로 격하되었고, 역사와 사회조직을 구성하는 원리이기를 그만두었다. 비합리적 의지와 그러한 충동의 우세성이 인간 존재를 특징짓게 되었다. 이성은 이제 의지에 종속되었다. 그러므로 비합리적 의지의 표현으로서의 권력 개념이 모든 이론들에서 핵심적인 역할을 하게 되는 것은 놀랄 일이 아니다. 만약 사회적 삶을 의지가 자신의 목적을 위해 이성을 사용하는 하나의 투쟁으로 본다면, 권력은 당연히 핵심이 될 것이다.

이 책은 이러한 견해들이 어떤 방식으로든 이데올로기에 관한 비판적 개념을 사용하려고 한다는 사실을 드러내고자 한다. 말하자면, 그 이론들의 목적은 이데올로기를 비판하고, 의심스러운 가치들을 폭로하고, 전통적인 원리들의 정체를 밝히는 것이다. 그러나 이데올로기적인 혐의 사실은 거의 언제나 이성 그 자체 또는 이성의 도구적 이성으로의 환원에 있다. 대부분의 비합리주의 이론들은 지식과 권력의 결탁을 날카롭게 주시하면서 권력이 대체로 지식에 의해 유지된다고 이해한다. 마키아벨리와 홉스는 이러한 이론들의 지적인 선구자이다. 그들은 인간 본성에 대해 비관적인 견해를 가지고 있었다. 그들은 독단과 미신을 비판했지만, 여전히 그것들이 사회의 질서를 유지하는 데 필요하다고 생각했다. 따라서 주장들은 그 주장이 담고 있는 진리 내용이 아니라 권력의 유용성 여부에 따라서 판단되었다. 비합리주의 이론들은 인간 존재는 필연적으로 왜곡과 잘못된 신념에 빠질 수밖에 없다고 생각했는데, 그 까닭은 파레토(V. Pareto)처럼 인간 존재가 강력한 중앙 권력을 유지하거나 니체(F. Nietzsche)처럼 생의 투쟁에서 승리하기 위해 이용해야만 하는 주요하고도 필수적인 요소가 바로 왜곡과 잘못된 신념이기 때문이다. 그래서 그들은 어떤 견해가 갖는 지적인 가치를 권력을 행사하기 위한 유용성과 구분하였다. 이성에 대한 대부분의 공격들은 푸코(M. Foucault), 아도르노(T. Adorno), 호르크하이머(M. Horkheimer)처럼 지배와 권력의 행사를 숨기는 합리주의적 가면에 대한 비판이다. 하지만 니체나 파레토처럼 몇몇은 더 나아가 권력의 행사를 불가피한 것으로 찬양하였다.

2장에서는 이 가운데 몇몇 이론들, 특히 쇼펜하우어, 니체, 파레토, 아도르노, 호르크하이머를 다루면서 그들이 어떻게 이데올로기 비판을 수행하고 또 그들의 기여와 문제가 어떤 것인지를 평가하고자 한다. 그렇지만 그들에 대한 나의 관심은 도구적인 것이다.

왜냐하면 이 책의 4장의 주제인 포스트구조주의와 포스트모더니즘에서 발견되는, 보다 현대적인 발전의 선구자로서 그들을 다루기 때문이다. 그런데 3장에서는 포스트구조주의와 포스트모더니즘을 분석하기 위해서 알튀세르주의와 그것의 가장 중요한 요소들을 살펴볼 것이다. 이런 작업방식이 이상하게 여겨질 수도 있지만, 나는 포스트모더니즘과 포스트구조주의가 역사주의적 전통과 니체 못지않게 알튀세르 학파의 발전과 해체와 밀접하게 연관되어 있다고 생각하기 때문에 이런 작업방식이 성낭하다고 본다. 라클라우(E. Laclau)와 무페(C. Mouffe)는 말할 필요도 없이 푸코, 보드리야르(J. Baudrillard), 리요타르(J.-F. Lyotard), 영국의 힌데스(B. Hindess), 허스트(P. Hirst)는 모두 다 알튀세르주의 학파의 정통 맑스주의자인데, 이들을 이해하기 위해서는 알튀세르주의의 문제 설정이 어떤 방식으로 급진화되고, 또 니체의 영향을 받아 포스트구조주의적이고 포스트모던적인 것으로 되는지 파고들 필요가 있다.

모더니티에 반대하면서 포스트모더니즘으로 돌아선 이 이론들은 그 자체가 이데올로기적이라는 게 나의 주장이다. 왜냐하면 이성의 역할을 비판하면서 자본주의로부터 관심의 초점을 바꿈으로써 결국 자본주의의 핵심 문제를 숨기게 되었기 때문이다. 루카치(G. Lukács)가 주장했듯이, 이러한 이론들은 대체로 여전히 자본주의 체제의 출현 또는 진보와 연관되어 있는 몇몇 주요한 위기에 대한 반작용으로 나타나는 것이다. 예를 들어 프랑스혁명, 파리코뮌, 러시아혁명, 2차 세계대전, 1968년 프랑스혁명은 몇몇 비합리주의적 사상가의 사상을 구체화한 중요한 사건들이다. 비합리주의의 초기 형태는 사회주의와 계급투쟁이 아직 제대로 발달하지 못한 시기의 새로운 자본주의 체제에 대한 반작용으로 나타났다. 비합리주의의 다른 형태들은 자본주의 발전의 위기 국면에서 서서히 작동하기 시작한 비합리성의 반영이었지만, 동시에 자본주의의 생존에 도전하는 사회주의의 위협에 대한 반작용이기도 했다. 사회주의가 더 이상 국제적인 위협이 되지 못하는 것으로 보이기는 하지만, 모순적일 수밖에 없는 자본주의 체제를 위협하기 위한 잠재적인 혁명의 책임은 여전히 남아 있다.

또한 이러한 이론들은 문화적 차이, 다원주의, 상대주의를 등에 업고 있다는 점에서 이데올로기적인 것이다. 이 이론들은 때때로 "타자"를 유럽적인 주류 문화와 무관한 것으로, 열등한 것으로 생각하였고, 적어도 위험에 직면한 문화정체성을 보존하기 위해서 보호정책이 필요한 아주 다른 어떤 것으로 간주했다.

5장에서는 아마도 대단히 독창적이며 모든 것을 포괄하는, 오늘날의 사회 이론을 비판적으로 분석할 것이다. 이 사회 이론은 보편적인 친(親)모더니즘 이론과 역사주의적인 반(反)모더니즘 이론 사이의 긴장에서 생겨나는 주제들을 의식적으로 탐구하고, 의사소통이론으로 재정립한 이데올로기와 새로운 합리성 개념에 기초한 독창적인 종합을 제안하고 있다. 물론 이것은 하버마스(J. Habermas)를 말하는 것이다. 이 장에서는 하버마스의 이데올로기론과 모더니티를 비판하는 동시에 모더니티의 긍정적 측면을 옹호하는 새롭고도 매우 포괄적인 의사소통적 합리성을 검토할 것이다. 인식론적으로 보편주의 입장에 서 있는 하버마스의 의사소통적 합리성 개념은 민족

중심주의와 문화정체성과 연관되는 몇몇 주제들을 이해하는 데 대단히 중요하다. 하버마스가 탈민족적이고 보다 보편적인 형태의 문화정체성을 제안한다는 점에서 특히 그렇다. 그리고 이 장은 마지막 장으로 가기 위한 발판이다.

이 책은 문화정체성 개념에 관한 보다 특별한 분석을 내놓는 6장으로 끝난다. 이 작업은 개인정체성 개념의 근대에서의 진화에 관한 간단한 역사적 설명을, 앞에서 분석된 몇몇 이론들과 연관되어 있는 특별한 방식으로 그러한 정체성을 정의하는 다양한 입장들의 몇 가지 논의와 결합하는 것이다. 이러한 논의에서는 무엇보다 모더니티의 시작과 함께 문화정체성이 어떻게 구체화되었는지 보여주는 결정적인 핵심인 세계화라는 주제를 아주 특별하게 다룰 것이다. 여기서는 중심과 주변부 사이의 구분이 중요한 역할을 한다.

이 책은 정체성에 관한 본질주의적이고 일원론적인 개념에 반대하고, 역사적인 견해를 수용한다. 동시에 정체성을 마치 아주 잘 구획되고 보편적으로 동의하는 경계를 지닌 것으로 받아들이지 않도록 경고하고자 한다. 그래서 정체성에 관한 하나의 수용 가능한 견해 대신에, 우리가 선택하거나 배제할 수 있는, 대단히 선택적인 서로 다른 사회적 집단의 시각에 상응하는 다양한 견해가 언제나 있다는 것을 보여주고자 한다. 이런 점에서 정체성에 관한 어떤 견해는 지배적인 집단의 이해관계로 문화적 다양성을 숨길 수 있다는 점에서 이데올로기적이다. 그렇지만 다른 한편으로 어떤 견해는 보다 강력한 집단이나 민족에 의한 문화적 동화(cultural assimilation)에 저항하는 피억압 집단이나 민족에게 봉사할 수도 있다. 이 점에서는 정체성을 과거로부터 정립된 것일 뿐만 아니라 하버마스가 제안하였듯이 하나의 프로젝트로 이해하는 것이 대단히 중요하다. 이런 입장은 문화정체성에 관한 모든 견해들이 실제로 수행하는 선택 과정이, 이데올로기적인 요소들을 뿌리 뽑으면서도 가치 있는 요소들을 보존하고 다른 전통으로부터 나온 요소들을 수용하는, 그런 어떤 전통과 어떻게 함께 유지될 수 있을지 결정할 수 있게 해준다.

차례

감사의 말 5
서문 7

1장 이데올로기, 이성 그리고 타자의 구성 19

이데올로기와 이성 25 맑스와 이데올로기 28 이데올로기, 세계화 그리고 억압의 다른 형태들 33 이성 그리고 차이의 환원 43 이성과 인종주의 53 역사주의와 단일성의 부정 61

2장 이데올로기 그리고 이성에 대한 공격 73

의지의 우월성 : 쇼펜하우어 75 힘에의 의지 : 니체 83 잔기(殘基)와 파생체 : 파레토 107 도구적 이성의 문제 : 비판 이론 117

3장 구조주의 그리고 알튀세르주의의 해체 127

알튀세르의 이율배반 129 알튀세르 학파의 분열과 해체 142 알튀세르주의의 정통 노선 147 접합의 정치학과 호명으로서의 이데올로기 155 알튀세르주의자들 그리고 맑스주의의 해체 180 이데올로기, 기호학 그리고 정신분석학 182

4장 포스트구조주의와 포스트모더니즘 190

푸코와 이데올로기 193 이데올로기 그리고 인식론의 종말 206 정치 그리고 담론의 논리 211 포스트모더니즘 222 이데올로기에서 전체주의적 메타-서사로 : 리요타르 224 이데올로기에서 하이퍼리얼리티로 : 보드리야르 229 이데올로기에 대한 포스트모더니즘의 비판 237

5장 하버마스와 새로운 이성 개념 257

이데올로기의 개념 262 몇몇 비판적 지점들 269 이데올로기의 종말? 276 새로운 이성 개념과 합리화를 향하여 281 의사소통 합리성, 합의와 진리 289 자민족중심주의, 상대주의 그리고 문화정체성 294

6장 문화정체성, 세계화 그리고 역사 300

모더니티와 개인정체성 304 세계화와 시공간의 압축 319 세계화와 민족정체성 325 문화정체성과 본질주의 331 문화정체성, 역사 그리고 다양성 339

옮긴이의 글 349
찾아보기 353

1장

이데올로기, 이성 그리고 타자의 구성

개요

최근 포스트모더니즘의 출현으로 모더니티의 가치와 도구적 이성의 문제가 오늘날 철학적 논의의 중심에 서게 되었다. 그러나 계몽주의 그리고 계몽주의가 도구적 이성을 절대적으로 신뢰한다는 사실에 대한 철저한 비판이 오직 포스트모더니즘에 의해서만 이루어졌다고 믿는 것은 잘못일 수 있다. 과학과 이성에 대한 믿음은 애초부터 종종 역사주의[1]라고 불린 비판적 이론을 낳았는데,

---

[1] 바르트(H. Barth)는 "역사적 단일성 속에서 인간과 그 문화, 그리고 그 사회를 이해하고자 하는 방법으로서 역사주의"와 "역사주의의 결과로서 나타난 철학적 역사주의"를 유용하게 구별하였다. "역사적 존재로서의 인간 개념은 특히 인간 이성이 본질적으로 불변하다는 생각들을 쓸모없게 만들기 시작하였다. 진리는 상대적인 것이 되었다. 각각의 시대, 하나로 통일된 각각의 사회적 집단,

이 이론은 문화상대주의의 가치를 강조하였고 도구적 이성의 맹목적 사용에 의해 제기되었던 많은 문제들을 비판했다. 계몽주의에 의해 영향 받았던 전형적 이론들이 역사 과정에서 목적의 동일성(identity)과 수단의 유사성을 강조하는 보편적 발전 이론이 되었던 반면에, 모더니티를 비판하는 이론들은 문화적 차이들과 역사적 불연속성을 강조한다.2 이 두 이론들은 서로 다른 방식으로 이데올로기에 대한 자신들의 고유한 비판적 개념을 발전시켰다. 의식직으로 모더니티의 원리들을 발선시키고자 하는 이론들은 이성과 과학과 진보를 가로막는 사회적이고 경제적이며 철학적인 모든 장애물을 비판하고자 한다. 모더니티를 의심하는 눈으로 바라보는 이론들은 이성과 과학 그 자체를 이데올로기적인 것이라고 비판하는 경향이 있다.

마찬가지로 이런 두 가지 전형적인 이론들은 문화적 "타자"에 대해 서로 다르게 접근한다고 할 수 있다. 한편으로 보편주의적인 총체 이론이 타자성과 차이를 잘 이해하지 못하고 있고 역사를 모든 사람들이 통과해 갈 수밖에 없는 단계들의 계열로 보는 반면

각각의 민족 또는 문화는 자신의 고유한 진리를 가졌다고 한다." H. Barth, *Truth and Ideology*(Berkeley: University of California Press, 1976), p. 181을 보라.
2. 나는 모더니티에 관한 전형적인 보편주의적 이론들이 어떠한 종류의 역사적 불연속도 인정하지 않는다고 주장할 생각이 없다. 물론 생산양식과 변혁에 관한 맑스의 이론이 보여주고 있는 것처럼, 이 이론들은 역사적 불연속을 인정하지 않는다. 그러나 쟁점은 차이가 있다는 것이고, 역사를 조용히 전개되는 것으로 생각하고 있지 않다는 것이다. 왜냐하면, 비록 맑스가 혁명적 단절을 예감했을 지라도 그는 여전히 역사를 전체적으로 한 방향을 가지는 것으로 보고 있기 때문이다. 역사주의가 의문시하고 있는 것이 바로 이러한 방향의 의미이다.

에, 다른 한편으로 역사주의 이론들은 공유된 인간성으로부터 나타난 인류 공동 문제들과 동등성(equality)의 형태들을 잘 이해하지 못하고 있다. 역사주의 이론들이 파악하는 역사는 보편적인 것이 아니라, 각 민족이 전개해 가는 서로 다른 문화적 본질이 이입(移入)하는 분절적 과정이다. 보편주의 이론은 유럽인들의 합리적 주체의 시각으로 "타자"를 바라본다. 그 이론은 자신만의 절대적 진리를 자명한 것으로 가정하는 일반적 유형을 적용하고자 함으로써 모든 문화적 차이를 그 자신의 통일성으로 환원한다. 역사주의 이론은 타자의 고유하고 특수한 문화적 입장에서 "타자"를 바라봄으로써 차이와 불연속성을 강조한다. 이 양쪽 입장에는 위험들이 도사리고 있다. 절대적 진리와 역사적 연속성을 강조하는 입장은 환원주의로 나아가고 타자의 특수성을 무시할 수 있는 반면에, 차이와 불연속성을 강조하는 입장은 타자를 열등한 것으로 만들 수 있다. 인종주의의 두 가지 형태는 이 두 입장을 극단화시킨 결과일 수 있다. 보편주의 이론은 타자와의 차이를 결코 인정하지 않고 또한 받아들이지 않기 때문에 타자를 받아들일 수 없는 반면에, 역사주의 이론은 타자를 그들과 다를 뿐만 아니라 열등한 것으로 만들기 때문에 타자를 폐기할 수도 있다.

이 두 가지 전형의 이론은 의도적으로 역사와 문화정체성을 서로 다르게 개념화한다. 보편주의 이론이 역사를 보편적이고, 단선적이며, 목적론적인 과정으로 인식하고자 하는 반면에, 역사주의 이론은 역사를 목적 없고, 불연속적이며, 결코 보편적 방향을 가지지 않는 분절적 과정으로 파악하려 한다. 역설적으로, 역사의 특수성을 강조하는 입장은 역사주의가 문화정체성을 역사성을 가지고 있지 않은(ahistorically) 하나의 본질로서, 즉 민중들과 민족들 사이의 건널 수 없는 차이를 특징짓는 불변의 정신으로서 인식하도록 만든다. 반대로, 역사를 단선적인 진보로 강조하는 입장은 역사적 특수성을 무시한다고는 해도, 보통 문화적 정체성의 의미를 결코 하나의 본질로 환원될 수 없는 구성과 재구성의 과정으로 받아들인다.

내가 모더니티에 관한 전형적인 보편주의 이론이라고 불렀던 몇몇 좋은 예들은 고전 정치경세학, 맑스주의, 베버(M. Weber)의 근대화 이론과 신자유주의(neo-liberalism)이다. 이 예들은 역사의 기초를 형성하는 이론을 포함하고 있고, 모든 나라가 나아가는 보편적인 길을 제시하는 총체화된 발전 이론들을 구성한다. 이 예들 중 어떤 것은 18세기 또는 19세기 이론들이지만, 이 예들은 지금까지 세계적으로 상당한 영향력을 행사해 왔다. 이 예들의 다양한 차이에도 불구하고, 본질적으로 이 예들이 기초하고 있는 철학적 가정들은 매우 비슷하다. 이 이론들은 유럽의 계몽주의에 그 뿌리를 두었던 모더니티의 거대한 기획을 보고 접근할 수 있는 서로 다른 시각들을 가진다. 이 이론들 모두는 도구적 이성과 과학에 대한 확고한 믿음으로부터 출발하며, 우리가 현실을 이해할 수 있고 변형시킬 수 있으며, 그래서 우리의 삶을 개선시킬 수 있다고 생각한다. 이 이론들은 이성을 더 이상 인간의 힘 저 너머에 있는 자립적인 것으로 보지 않는다. 이성은 자연을 통제하고 지배할 수 있는 하나의 도구이고, 생산의 보조적인 수단이며, 우리의 목적을 달성시키는 하나의 수단이다. 또한 이 이론들은 자신들이 바람직하지 않은 사회적 상황들을 진단하고 분석할 수 있으며, 그 상황들에 관해 뭔가 할 수 있다는 가정을 공통적으로 가지고 있다. 그래서 이데올로기 비판의 중요성은 그 이론들 모두에게 해당된다. 그 이론들은 유행병처럼 번져 있는 어떤 생각들이 왜곡되거나 잘못됐다고 말하는 것이 합리적 논의를 통해 가능하다고 믿는다.

그러므로 모더니티의 전형적인 발전에 관한 모든 전통적인 이론들은 이성의 특수한 의미에 집착하고, 특히 이성의 진보를 표현하는 담지자(agency)의 특정 형태들의 전개와 진보적 계승이라는 측면에서 역사를 파악하고 있다. 역사적 이성을 이렇게 개념화시킴으로써 이성의 진보를 방해하는 왜곡된 생각들과 잘못된 행위 형태들을 알아낼 수 있다. 그리하여 이데올로기 비판의 특수한 형태들이 전개된다. 발전 이론들은 역사적 이성에 대한 이론과 이데올로기 이론을 필요로 한다.

예를 들어, 고전 정치경제학은 경제의 모든 영역에서 사유재산, 자유 무역, 그리고 시장의 지배를 확립하고자 하였다. 기업가들은 부와 발전의 생산자로서 진보의 주요 담지자가 되었다. 역사적 이성은 시장의 지배력(market power)에 의하여 이룩된 물질적인 부와 생산력의 자유롭고 지속적인 발전 속에서 전개되었다. 그리하여 봉건주의의 잔재는 이데올로기 비판의 주요 대상이 되었다. 봉건주의는 생산을 침해하면서 자유 무역과 자유 노동을 허용하지 않았다. 그래서 봉건주의는 사라졌고 이성과 과학은 생산과정에 적용될 수 있었다. 다음으로 맑스주의는 생산수단의 사회화를 주장하고, 직접적 생산자인 프롤레타리아트를 계급 없는 사회를 완전히 실현시키게 될 역사적 이성의 담지자로 간주한다. 맑스는 이러한 관점으로부터 불평등과 착취를 은폐하는 자본주의의 지배적인 정치 관념들을 비판하는 이데올로기 개념을 발전시킨다. 그러나 생산력을 더 발전시킬 수 있는 길로서 사회주의를 제시하는 가운데, 맑스주의는 좀 더 급진적인 태도를 가지고 다른 수단을 사용함으로써 변화와 도구적 합리화 과정을 다시금 확고히 한다.

베버의 생각으로부터 끌어낸 근대화 이론은 모더니티로의 변천 속에서, 다시 말해 점증하는 합리화의 과정 속에서 사회를 보는데, 이 과정은 귀족적이고 종교적인 생각들의 전형인 합리성의 전통적인 절대적 형태들이 비판받고 배제될 수밖에 없는 과정이다. 절대적 이성은 목적과 수단을 그 생산적인 유용성과 상관없이 정당화시킴으로써 진보와 변화를 방해하게 된다. 그리하여 절대적 이성은 통제, 적응, 생산성을 극대화했던 도구적 합리성의 새로운 형태들로 대체될 수밖에 없었다. 그러나 베버의 이론과 전후 근대화(post-war modernization) 이론들 사이의 중요한 차이에 주목해야만 한다. 전후 근대화 이론이 합리화와 세속화의 과정 속에서 생존을 위한 필요뿐만 아니라 좀 더 나은 삶을 위한 인간 희망의 실현을 보여주고 있는 반면에, 베버의 이론은 인간 존재가 관료화된 구조들과 그 구조들이 구체화된 관계인 "철장(iron cage)"에 의해 점차 지배될 것이라는 심각한 위험을 알고 있다. 그렇지만 여전히 이 두 이론은 그 과정들을 피할 수 없는 불가피한 것으로 보고 있다. 그 다음으로, 신자유주의는 자유 무역과 자유 시장을 국부(國富) 생산의 만병통치약으로 간주하는 애덤 스미스(Adam Smith)의 생각을 오늘날 다시 되살리고 있다. 고전 정치경제학과 신자유주의의 주요한 역사적 차이는, 이데올로기 비판이 봉건주의로부터 맑스주의와 국가 개입이라는 사회주의 관념으로 이동했다는 사실이다. 신자유주의에 따르면, 문제는 더 이상 중상주의가 아니라 보호무역주의, 과도한 국가 복지 비용 지출, 그리고 노동조합의 과도한 힘 때문에 빈약한 경제성장을 낳는 최근의 케인스(J. M. Keynes)적인 정책인 것이다.

이데올로기와 이성

이데올로기 개념은 봉건주의와 전통적인 귀족주의 사회에 대항한 초기 부르주아 투쟁들과 관련해서 태어났다. 이러한 투쟁들은 거의 18세기 계몽주의의 배경이 되었는데, 좀 더 정확하게 말하자면 이 계몽주의는 이데올로기 개념을 처음으로 나타냈던 문화적이고 철학적인 환경이다. 이러한 역사적 맥락을 통해서 우리는 왜 이데올로기 개념이 첫째, 이성에 대한 깊은 신뢰를 낳았던 관념학(science of ideas)으로서 나타났는지 둘째, 구(舊)체제에 대한 투쟁에 사용되었던 비판의 무기로서 나타났는지를 이해할 수 있다. 이러한 두 가지 측면은 서로 분리될 수 없게끔 뒤엉켜 있었다. 그것은 정확하게 말하자면 진리가 합리적이고 과학적으로 이룩될 수 있을 것이라는 믿음, 진리로 무장된 사회가 합리적으로 재구성될 수 있을 것이라는 믿음, 진리가 비합리적이고 형이상학적이며 종교적인 관념들을 비판할 수 있는 자신감을 계몽주의에 제공했다는 믿음이었다. 지식의 비합리적이고 형이상학적이며 종교적인 관념들은 왜곡되고 미신적인 것으로 생각되었을 뿐만 아니라, 대중들에게 무지와 오류를 퍼뜨림으로써 귀족 권력의 이해에 봉사하였고, 귀족 권력을 지지하였다. 인간의 불행이 무지와 편견에 관련되어 있는 것으로 믿자마자, 합리적인 평민 교육은 무지와 편견으로부터 해방될 수 있는 대안으로 보였다. 그리하여 과학으로서의 이데올로기는 진보와 이성과 교육에 새로운 낙관주의와 자신감을 불어넣었고 인간 해방을 믿었다.

이성에 대한 믿음, 특히 도구적 이성에 대한 믿음은 이데올로기의 비판적 개념과 밀접하게 연결되어 있다. 전통적이거나 과거 지향적인 것으로 나타나는 모든 것과 진보를 이끌어내지 못하는 모든 것은 이성에 반대되는 것이고 이데올로기이다. 이데올로기는 이성을 방어하는 데, 그리고 진보적이지 못하며 인간 존재 이익을 위해 자연을 통제할 수 있는 도움을 주지 못하는 모든 관념들을 비판하는 데 사용된다는 의미를 가지고 있다. 도구적 이성은 인간 중심적이고 주체적이다. 인간 존재가 모든 것들의 중심이고 척도이다. 도구적 이성은 통제하고 지배할 수 있는 도구이며, 비용과 이익을 계산할 수 있는 능력들을 이끌어내는 도구이다. 그러므로 도구적 이성은 인간을 위한 선(善)을 생산성의 증대로 환원시키려고 한다. 이성은 생산의 보조적 수단이 되고, 이데올로기는 이성의 비판적 무기가 된다.

모더니티의 정신은 진보가 물질적 진보였으며, 물질적 재화 생산의 증대였다는 생각을 가지고 있었다. 형이상학, 종교, 미신은 자연을 통제하고 생산을 증대시키는 데 도움이 되지 않았다는 점에서, 이데올로기 형태들이라고 공격당할 수밖에 없었다. 그리하여 도구적 이성에 대한 믿음과 과학 또는 이성에 반대되는 것으로서 이데올로기의 비판적 개념 사이에는 밀접한 관계가 있다. 이런 의미에서 18세기의 프랑스 계몽주의 철학자들로부터 오늘날 신자유주의 사상가들에 이르기까지에는 공통적인 맥락이 있다. 그들 모두는 이성에 대한 반(反) 테제로서의 이데올로기와 전쟁을 벌인다. 이성과 이데올로기 사이의 밀접한 역사적 관계는 담지자와 암묵적으로 연관이 있다. 즉, 이성과 이데올로기에는 그 담지자가 있다. 이성의 담지자는 진보의 편이요, 이데올로기의 담지자는 진보에 반대되는 편이다. 부르주아 투쟁 초기에 이성과 이데올로기는 봉건 귀족에 대항한 부르주아지로 종합되었을 뿐만 아니라 성직자에 대항한 과학자-교육자라는 상징성도 띠고 있었다.

부르주아 사회가 발전하고 자본주의가 확장됨에 따라 심각한 문제들, 즉 자본주의 체제에 내재해 있는 비합리성과 모순들이 전면에 드러나게 되었고, 이것들에 대해서 두 가지 이론적 가능성이 나타났다. 한편으로, 맑스는 형이상학과 종교에 대한 부르주아 비판을 하나의 모델로 채택함으로써 지배와 착취의 새로운 형태들을 드러내기 위해 자신의 이데올로기 개념을 발전시켰다. 이데올로기는 더 이상 과학이 아니라 자본주의 사회의 모순들을 은폐함으로써 자본주의 사회 체제의 재생산에 기여하는 왜곡된 의식이 되었다. 다른 한편으로, 맑스는 이성에 대해 강한 믿음을 가지고 있었지만, 그에게 인간을 해방시키기 위한 이성의 사자(使者)는 부르주아지가 아니라 새로운 프롤레타리아 계급이었다. 그 담지자는 바뀌었지만 해방의 믿음은 지속되었다. 그리하여 맑스는 최초로 이데올로기의 의미를 과학으로부터 하나의 특수한 왜곡으로 옮긴 중요한 업적을 이루었지만, 이성과 해방에 대한 믿음을 여전히 가지고 있었고, 또한 자본주의 사회의 현실적 모순을 은폐함으로써 해방의 힘들이 나아가는 길 위에 장애물이 되는 생각들을 비판해야 한다고 주장하였다.

맑스와 이데올로기

맑스의 초기 종교 비판은 먼저 종교가 문제투성이의 사회적 현실에 대해 마음을 위로해주는 메커니즘의 윤곽을 보여준다. 이때 종교는 현실 세계의 모순과 고통을 해결하고자 현실 세계 저 너머로 나아가는, 일관적이지만 왜곡된 해결책을 환상 속에서 재구성한다. 맑스가 말했듯이, "**종교적** 고통은 동시에 현실 고통의 **표현**이며 현실 고통에 대한 저항이다. 종교는 억압받는 피조물의 한숨이다."[3] 종교는 하나의 전도(inversion)로서 나타난다. 왜냐하면 인간 정신이 만들어낸 피조물인 신은 창조자가 되며, 신의 관념을 만들어

---

3. K. Marx, 'A Contribution to the Critique of Hegel's Philosophy of Right: Introduction', in K. Marx, *Early Writings*, ed. L. Colleti(Harmondsworth: Penguin, 1975), p. 244. [홍영두 옮김, 『헤겔 법철학 비판』, 아침, 1988.]

낸 인간 존재는 피조물이 되기 때문이다. 그런데 인간 정신 속에서의 이런 전도는 현실의 전도에 맞닿아 있으며, 현실의 전도로부터 나타난다. "이런 국가와 사회는 **세계에 대한 전도된 의식**인 종교를 만들어내는데, 왜냐하면 이런 국가와 사회는 **전도된 세계**이기 때문이다."4

맑스가 독일 철학자들과 헤겔 좌파를 비판할 때에도, 전도라는 동일한 메커니즘이 나타난다. 독일 이데올로그들은 인간의 참된 문제들이 오해되어 왔으며, 종교적 관념들은 자신들의 비판에 의해 파괴될 수 있다고 믿었다. 맑스와 엥겔스가 주장하듯이, 독일 이데올로그들은 "그들 자신이 이런 문구들을 단지 다른 문구들로 대비시켰을 뿐이며, 또한 그들은 실제 현존하는 세계와 결코 싸울 수 없다."5는 사실을 잊어버렸다. 독일 이데올로그들의 이데올로기적 전도는 물질적 현실이 아니라 의식으로부터 출발하는 데에 있다. 독일 현실을 바라보는 대신에 "독일 이데올로그들은 하늘에서부터 땅으로 내려왔다." 다시 말하자면, 이런 정신의 전도는 현실 세계의 실제적 전도에 상응한다. "이러한 개인들의 실제 관계들에 대한 의식적 표현이 환상적인 것이라면, 즉 이런 개인들이 전도된 현실을 그들의 상상으로 돌린다면, 이것은 개인들의 활동을 제한하는 물질적 양식의 결과이며 그 양식으로부터 나타나는 개인들의 제한된 사회적 관계들이다."6

---

4. Ibid.
5. K. Marx and F. Engels, *The German Ideology*, in K. Marx and F. Engels, *Collected Works*(London: Lawrence & Wishart, 1976), vol. 5, p. 41. [김대웅 옮김, 『독일 이데올로기 I』, 두레, 1989.]

마찬가지로, 자본주의 생산양식을 분석할 때, 맑스는 내적 관계 (생산)들의 영역과 현상(시장)의 영역을 구별한다. 그리고 생산단계에서의 근본적인 전도가 있음을, 즉 과거의 노동이 살아 있는 노동(주체가 대상이 되고, 대상이 주체가 된다.)을 지배한다는 사실을 말한다. 또한 이런 전도가 "필연적으로 그에 상응하는 어떤 전도된 개념들을 만들어낸다."고, 다시 말해 "현실 순환 과정의 변태들과 변형들(metamorphoses and modifications)에 의해 더욱 더 심화되는 전치된 의식(transposed consciousness)을 만들어낸다."7고 주장한다.

맑스가 자신의 지적인 전개 과정 속에서 여러 관점으로 분석했던 이러한 예들은, 각각 다른 특성을 가지고 있음에도 불구하고 일관된 패턴을 보여준다. 그 예들 모두는 "전도된 세계"에 상응하는 "세계에 관한 전도된 의식"과 관련이 있다. 실제로 "활동을 제한하는 물질적 양식"에 의해 생산되는 이런 전도된 세계는 모순에 찬 세계이며, 동시에 그런 모순된 현실을 은폐하고 잘못 재현하는 의식의 왜곡된 형태로 드러난다. 이데올로기의 역할은 지배 계급의 이해관계에 따라 그런 모순된 세계를 재생산하게끔 돕는 것이다. 그러나 이데올로기는 피지배 계급을 속이기 위한 지배 계급 음모의 결과도 아니고, 의식이 제멋대로 만들어낸 발명품도 아니다. 그것은 오히려 억압과 모순이라는 문제들의 진정한 기원을 확정할 수 없음으로써 결과적으로 바로 그러한 억압의 형태들과 모

---

6. Ibid., p. 36n.
7. K. Marx, *Capital*(London: Lawrence & Wishart, 1974), vol. 3, p. 45. [김수행 옮김, 『자본론』, 비봉출판사, 1989.]

순들을 은폐하고 재생산해내는 임의적인 시도 또는 정교화된 시도
이다.8

맑스가 자본주의 내에서의 이데올로기를 다루면서 언급하고 있
는 모순들은 모두 자본주의 근본 모순으로부터 나타난 것이거나
그 근본 모순의 한 측면을 표현한 것인데, 그 근본 모순은 자본주
의 생산양식의 참된 본질을 구성하고 있는 모순, 다시 말해서 자
본과 노동 사이의 모순이다. 자본과 노동이라는 두 극은 모순된
방식으로 관계를 맺고 있다. 왜냐하면 이 두 극은 서로를 전제하
고 서로를 부정하기 때문이다. 맑스가 제시했던 것처럼, "자본은
임금 노동을 전제한다. 임금 노동은 자본을 전제한다. 이 둘은 서
로의 존재 조건이 되고 서로를 낳는다."9 그러나 이런 상호 조건화
는 상호 대립을 낳게 되는데, 왜냐하면 "노동하는 개인은 자기 자
신을 **소외시키며**, 자신의 노동을 통해 나타났던 자기 자신의 조건
들과 관계하지만, 그 조건들은 자기 자신의 **고유한 본성**에 속하는
조건들이 아니라 **소외된 부**와 그 자신만의 가난에 속하는 조건들이
기 때문이다."10 살아 있는 노동은 자본(죽은 노동)을 낳지만, 자본
은 살아 있는 노동을 통제한다. 자본은 자신의 대립물인 임금 노

---

8. 맑스의 이데올로기 개념을 완벽하게 다룬 것으로는, J. Larrain, *The Concept of Ideology*(London: Hutchinson, 1979), [한상진 외 옮김, 『현대 사회이론과 이데올로기』, 한울, 1984.]와 *Marxism and Ideology*(London: Macmillan, 1983), [신희영 옮김, 『맑스주의와 이데올로기』, 백의, 1998]을 보라.
9. K. Marx, *Wage, Labour and Capital*, in *Selected Works in One Volume* (London: Lawrence & Wishart, 1970), p. 82. [김태호 옮김, 『임금 노동과 자본』, 박종철 출판사, 1999.]
10. K. Marx, *Grundrisse*(Harmondsworth: Penguin, 1973), p. 541. [김호균 옮김, 『정치경제학 비판 요강』, 백의, 2000.]

동의 재생산을 통해서 자기 자신을 재생산한다. 자본이 자신의 대립물을 재생산함으로써 자기 자신을 재생산하는 연속적인 재생산의 모순적 과정이 바로 이데올로기의 기원과 기능을 설명한다. 이 과정은 모순적이며, 노동자를 소외시키는 한에서 자기 자신을 끊임없이 재생산할 수 있도록 은폐될 수밖에 없다.

우리는 자본과 노동이라는 두 개의 극이 서로 관계를 맺고 있는 방식에 초점을 맞춤으로써 자본주의 주요 모순의 재생산 과정의 부분으로서 이데올로기가 생산되는 방식을 확증할 수 있다. 잉여가치의 생산과 전유(appropriation)가 생산의 단계에서 일어난다고 할지라도, 자본과 노동은 시장을 통해 처음으로 만나게 된다. 시장을 통한 이런 만남은 완전히 공정하고 공평한 것처럼 보이는데, 왜냐하면 자본과 노동은 동등한 가치로 교환되기 때문이다. 그러므로 생산 과정과 잉여가치의 착취 과정은 "공정한 임금", 평등, 자유 등의 관념들과 같은 이데올로기적인 표현들의 근원지인 시장의 기능에 의해 은폐된다. 맑스에 따르면, 노동자의 "경제적 속박은 노동자가 자신을 주기적으로 판매함으로써, 공장주가 바뀜에 따라서, 그리고 노동력 시장 가격의 변동에 따라서 일어나게 되고 은폐된다."[11] 시장에서 자유로운 개인들의 등가교환이 사회의 표면에 나타나고 눈에 보이지 않는 잉여가치의 착취가 생산 과정에서 은폐되기 때문에, 그 교환은 자본가들과 노동자들 둘 다의 마음속에서 자본주의 이데올로기로 굳어진 평등과 자유의 개념으로 자연스

---

11. Marx, *Capital*, vol. 1, p. 542.

럽게 재생산되는 경향이 있다.

이데올로기, 세계화 그리고 억압의 다른 형태들

　내가 짤막하게 맑스의 이데올로기 이론을 언급했던 이유는, 이 이론이 내가 이 책의 주요 테제들을 뒷받침하고 분석하기 위하여 그리고자 했던 이데올로기의 비판적 개념의 가장 중요한 모델을 제시하고 있기 때문이다. 그러나 이렇게 했던 것은, 내가 맑스의 이데올로기 개념을 아무런 수정 없이, 맑스가 사용했던 것과 완전히 동일한 의미로 사용하고자 했던 것이 아니다. 지금까지 이데올로기에 관한 나의 짤막한 설명을 통해, 맑스의 개념이 한편으로는 계급 억압과 노동과 자본 사이의 주요 모순과 관련한 비판적 무기로서, 그리고 다른 한편으로 계급 지배가 전형적으로 일어나는 민족국가들의 범위 내에서의 분석 도구로서 사용되기 위해 고안되었다는 사실을 확증할 수 있다. 나는 맑스 개념의 아주 중요한 한 부분인 자본주의 체계의 재생산 과정 속에 있는 이데올로기 역할에 초점을 두겠지만, 계급 지배를 유지하는 민족의 이데올로기 과정에 주요하고도 직접적인 관심을 쏟지 않을 것이다. 오히려 권력과 지배의 또 다른 형태를 유지시키며, 결과적으로 세계 체계로서의 자본주의를 지속시키는 초국적 이데올로기 과정에 관심을 쏟을 것이다.

　이것은 계급과 민족이라는 맥락에서, 맑스가 처음 사용했던 이데올로기 개념을 넘어서는 맑스의 이데올로기 개념을 취하는 것이기는 하지만, 자본주의의 (국제적) 체계 유지와 생존, 그리고 이데 올로기의 부정적 함의라는 이데올로기의 두 가지 궁극적 기능을 유지하는 것이다. 톰슨(J. B. Thompson)은 처음으로 이데올로기의 부정적 개념을 옹호하고자 시도한 사람 중의 하나였는데, 그러한 시도는 맑스의 연구 작업에 기반을 두면서도 이데올로기의 영역을 계급 지배 너머로 확장하려고 하는 시도이다. 톰슨의 이데올로기 연구는 "의미(또는 기표)가 지배 관계들을 유지하는 데 봉사하는 방식들을 탐구하는 것"12이거나, 좀 더 간결하게 말하자면, 이데올 로기가 "권력에 봉사한다는 의미를 가지게 되는"13 방식들을 연구 하는 것이다. 불균등한 권력 관계들이 있는 곳이라면 어디든지 지 배와 피지배의 상황이 있게 되고, 따라서 이데올로기는 계급 지배 뿐만 아니라 인종 집단들 사이, 민족국가들 사이, 성들(sexes) 사이 와 같은 다양한 지배 관계들을 유지하는 데 도움을 준다.

나는 계급 지배를 넘어선 모든 지배 형태들을 아우를 수 있는 이 데올로기의 비판적 개념을 옹호하려는 톰슨의 의도에 전적으로 동 감한다. 그러나 나는 톰슨의 정의(definition)에 관해서 얻을 수 있는 두 가지 견해를 가지고 있다. 첫째, 나는 다른 여러 지배 상황들을 또 다른 하나의 상황으로 환원시킬 수 없다는 사실을 받아들이면서 도, 특히 그 상황들을 관계 맺게 하는 데 관심을 두고 있다. 내가 주장하고자 하는 것은 계급 지배와는 다른 지배 형태들을 유지하

---

12. J. B. Thompson, *Studies in the Theory of Ideology*(Cambridge: Polity Press, 1984), p. 4.
13. J. B. Thompson, *Ideology and Modern Culture*(Cambridge: Polity Press, 1990), p. 7.

는 이데올로기적인 형태들이 국제적 체계로서의 자본주의 생존과 연결되어 있다는 것, 또는 그럴 수 있다는 것이다.

둘째, 이데올로기의 부정적 함의와 관련하여, 톰슨은 의미와 지배 사이의 관계라는 측면에서 이데올로기를 분석하는 것이 "맑스의 연구 작업에 뭔가 빚을 지고 있다."[14]는 본질적으로 부정적이지만 제한된 의미를 그 이데올로기 개념에 부여하고 있음을 가정하고 있는 것 같다. 나는 맑스의 개념과 대비하여 톰슨의 이데올로기의 의미가 필연적으로 부정적인 함의를 수반하고 있지 않다는 것을 주장하고 싶다. 사실 톰슨 자신이 인정하고 있듯이, 지배를 받쳐주고 있는 의미들은 인식론적인 수준에서 본래부터 왜곡되어 있지 않을 수 있다. 더욱이 톰슨에 따르면, 이데올로기 연구는 지배에 대한 비판을 촉진시킬 수는 있지만, 자기 스스로 그 비판을 수행하지는 않는다. 그러므로 의미들이 지배의 형태를 유지하기 위해 어떻게 동원되는가를 보여주는 것은 지배의 이런 형태가 정당하지 않다거나 잘못되었다는 사실을 필연적으로 수반하지 않는다![15] 그러므로 톰슨은 인식론적으로 그리고 도덕적으로 부정적일 수 있는 모든 요소들을 지배로부터 분리한다. 맑스가 이데올로기를 진리에 반대되는 단순한 오류로서 또는 단순한 도덕적 오류로서 인식하고 있지 않지만, 의미 일반을 지배 일반에 연결시키는 것 이상으로 이데올로기를 인식했다는 것은 확실하다. 맑스는 실제 주체가 대상으로 취급되는 "전도된" 현실로부터 나오고 그 현실

---

14. Thompson, *Studies in the Theory of Ideology*, pp. 81 and 194.
15. Ibid., p. 142.

을 숨기는, 특수한 종류의 왜곡(모순들의 은폐)을 자세히 설명했다. 이런 의미에서 맑스는 인식론적으로나 도덕적으로 부정적인 고찰들로부터 지배의 실태를 완전하게 분리하지 못했다.

그래서 내가 계급과는 다른 지배 형태들을 설명하는 과정에서 맑스보다 더 폭넓은 이데올로기 개념을 받아들이기는 하지만, 나는 국제적인 자본주의 체계와 그 체계의 부정적인 함의 둘 다 유지하고 싶다. 따라서 이데올로기는 현실을 숨기려고 하는 일련의 왜곡된 생각으로 남아 있게 되지만, 단지 계급 지배의 형태들로 가장하는 것이 아니라 바로 성(gender), 인종 그리고 식민지 억압들과 같은 다른 형태들로 가장한다. 이러한 것은 그런 이데올로기 과정들이 계급 지배—열등한 존재로서 식민지 지배를 받는 민중들에 대한 식민지의 이데올로기 구축은 명백히 식민지 권력의 지배를 받는 계급을 기만하는 내적인 이데올로기 역할을 한다.—의 특수한 형태들로부터 분리되어 있다거나 관계가 없다는 것을 의미하는 것이 아니다. 그러나 이것들은 분석상 구별될 수 있다. 그리하여 이데올로기는 계급 적대뿐만 아니라 여성들, 소수 인종과 제3세계 민중들에게 영향을 미치는 성, 인종 그리고 식민지의 지배 형태들을 은폐한다. 이런 모든 차원들 사이의 관계들이 늘 분절되어 있는 것이 아니기 때문에, 한 차원에서는 가면을 벗겨내면서 비판적이지만, 다른 차원에서는 이데올로기적인 이론들을 찾을 수 있을 것이다. 나는 이것이 진정한 맑스주의임을 다음 절에서 보여주고 싶다.

자본주의 체제의 재생산과 연관하여, 계급 모순들이 성, 인종, 식민지 분할로부터 나타나는 다른 갈등들과 동일한 수준에서 취급될 수 없다고 주장할 수 있다. 자본주의 생산양식의 두 주요한 계급들 사이의 모순은 자본주의 체제가 반드시 살아남는 한 유일한 모순 이라는 의미에서, 자본주의 체제에 본질적이고 핵심적인 역할을 하는 유일한 것이다. 성적이고, 인종적이며, 식민지적인 억압 형태 들은 자본주의 체제의 생존에 절대적으로 필요한 것이 아니다. 나 는 이런 의미에서 계급 모순의 은폐가 이데올로기의 특권적 역할 을 구성한다는 사실에 동의한다. 그러나 이러한 사실은 갈등의 다 른 형태들을 숨기고 또는 숨기거나 정당화하는 것이 역사적으로 자본주의 유지에 직접적 관계가 없다는 사실을 의미하는 것이 아 니다. 어느 누구도 결코 식민지주의와 노예무역이 서구 자본주의 발전에서 얼마나 중요했는지를 부인할 수 없다. 식민지주의와 노 예무역이 원리상 필수 불가결한 것은 아닐 수 있다고 할지라도, 실 제로는 중요한 역할을 하였다.

자본주의 국제화의 증가와 세계화 과정들16의 확산과 더불어 강 조할 필요가 있는 또 다른 측면은 이데올로기가 계급 모순과 근원 적인 관계에 있다고 할지라도, 민족이라는 경계의 좁은 영역 안에 서 이데올로기에 대한 지속적인 분석이 이루어질 수 없다는 사실 이다. 맑스와 엥겔스가 살아 있던 시기에서조차도, 철학은 맑스가

---

16. 나는 세계화에 관해서 기든스가 제안했던 것을 개략적으로 다음과 같이 이해
   했다. "지역에서 우연하게 일어난 사건들이 멀리 떨어진 곳에서 또는 가까운
   곳에서 발생하는 사건들의 형태가 되는 방식으로 서로 다른 지역들을 연결시
   키는 세계적인 사회적 관계들의 강화." A. Giddens, *The Consequences of
   Modernity*(Cambridge: Polity Press, 1990), p. 64.

민족국가 안에서의 계급투쟁뿐만 아니라 다른 국가들과의 상황들과 관련하여 분석했던 국제적인 현상이었다. 그래서 예를 들자면, 맑스는 독일 철학의 문제들을 한편으로는 "독일 프티 부르주아적인 조건들"[17]의 결과로서 설명하였지만, 다른 한편으로는 독일인들이 프랑스와 영국의 관념들을 "실제 운동의 표현이나 산물로서가 아니라 '순수 사유'의 과정에 의해 …… 전개되었던 순수한 이론적 저작들로서"[18] 받아들였던 결과로 설명하였다. 다른 말로 하면, 독일 철학은 부분적으로 독일의 물질적 현실(경제의 후퇴와 프티 부르주아적인 조건들)에 대한 부정적 관계를 통해 설명되었고, 또 부분적으로는 프랑스와 영국의 부르주아적 성공에 대한 긍정적 관계를 통해 설명되었다. 이러한 사실을 독일 관념론에 적용해 보면, 독일 역사주의 그리고 비합리주의의 이후 형태들을 유럽과 세계 자본주의라는 더 넓은 문맥 속에서—긍정/부정의 관계가 전도되어 있다는 사실은 빼고—분석해낼 수 있을 것이다. 헤겔이 프랑스혁명을 관념화시킨 데 반하여, 낭만적 역사주의의 반동과 비합리주의의 영향은 프랑스혁명에 겁을 집어먹고 나타난 것이었다.

루카치는 비합리주의가 명백히 주요 사회 위기들과 관계가 있는 국제적 현상이라는 테제를 올바르게 유지하였다. 그 첫 번째 물결은 부분적으로 프랑스혁명과 영국 산업혁명에 의해 나타난 사회적 격변의 결과로서, 18세기 말과 19세기 초에 일어났다.[19] 셸링(F.

---

17. Marx and Engels, *The German Ideology*, p. 447.
18. Ibid., p. 455.

W. J. von Schelling)은 그 물결의 주요 대표 주자였다. 대부분의 비합리주의 철학 뒤에서 주요 위기들이 아련히 나타났는데, 예를 들면, 니체에게는 파리 코뮌으로, 파레토와 아도르노, 호르크하이머에게는 러시아혁명으로 나타났다. 좀 더 최근에는 포스트모더니즘에게 프랑스 68혁명이 주요 위기로 나타날 수 있을 것이다. 이런 모든 사건은 자본주의 체제의 주요 위기를 대표했던 사건이고, 그 사건이 일어났던 장소를 넘어서는 폭넓은 국제적인 반향을 내포하고 있었다. 물론 우리는 철학적 이론을, 심지어 비합리주의 이론조차도 한낱 특수한 위기의 결과에 지나지 않는 것으로 환원시킬 수 없다. 그러나 그 이론들은 어떤 위기 현상과도 분리되지 않는다. 사회주의에 대한 반대는 니체, 파레토와 포스트모더니즘에서 늘 나타난다. 그러나 이런 종류의 연결은 그 자체 내용의 장점에 대해 매 시기 분석될 수밖에 없는 그 내용의 긍정적 또는 부정적 특성이 무엇인지를 결정하지 못한다. 바로 여기서 나는 그런 평가를 하기 위해 이데올로기 개념을 사용하고 싶다. 나는 그 분석을 2장과 4장에서 할 것이다.

당분간 나는 그러한 분석을 기대하면서 다음과 같은 사실을 반복적으로 말할 수 있을 따름이다. 즉, 그 사실은 이 책의 주요 테제 중 하나가, 도구적 이성이 근대에 보급되었으며, 발전에 관한 전형적 이론들의 보편주의적 주장에 대한 비합리주의의 반동이 처음부터, 특히 심각한 국제적인 자본주의 위기의 순간에 자본주의를 유

---

19. G. Lukács, *The Destruction of Reason*(London: Merlin Press, 1980), pp. 16 and 99. [한기상 외 옮김, 『이성의 파괴』, 심설당, 1997.]

지하기 위한 이데올로기의 역할을 형성하였다는 것이다. 이성과 진리의 보편성을 의심하는 몇몇 이론들은 이데올로기를 거부하는데, 이 이데올로기는 모든 이론에 대해 판결을 내릴 수 있다는 견해를 확실히 가지고 있는 근대 총체주의 이론의 전형이다. 그렇지만 나는 어떤 판결을 내리고자 하는 견해를 거부하는 모든 이론이 암묵적으로 보편주의 이론들의 총체주의적이고 환원주의적인 모습들을 가끔은 성공적으로 드러내는 이데올로기 개념을 가지고 작동한다는 사실을 보여주고자 한다. 그러나 이런 사실은 결코 의식적으로 인지되지 않는다. 나의 관점은 이런 이론이 그 자체로 이데올로기적이라는 것이다.

그 이론은 이데올로기적이다. 그 이유로는 첫째, 그 이론이 자본주의 체제에서 나타나는 문제와 모순에 대한 잘못된 원인과 해결책을 두드러지게 강조함으로써, 자본주의 체제의 심각한 위기로부터 나타나는 혁명의 압력을 완화시키는 데 일조하고 있기 때문이다. 일반적인 이데올로기 메커니즘은, 만일 위기가 있다면 그것이 진리와 이성에 대한 믿음을 지니고 있는 모더니티의 참된 기획이 잘못된 것이기 때문이라는 사실을 주장함으로써 작동된다. 모더니티와 이성 일반을 비난하는 것은 문제를 대체해버리며, 자본주의 체제의 좀 더 특수한 모순을 은폐하는 원인이 된다. 이런 이론에 의해 제기된 이성에 관한 상대주의와 일반적인 회의주의는 어떤 합리주의적인 해답의 가능성에 대해 불신하게 만들며, 따라서 어떤 변화의 과정에 참가하려는 사람들의 기를 꺾어 놓는다. 몽가르디니(C. Mongardini)는 현명하게도 "모더니티의 버팀목들, 즉 산업가, 정치가, 기술자들이 포스트모더니티에 대해 아무것도 모르거나 또는 모른 체하고 있는데, 왜냐하면 포스트모더니티가 모더니티의 심리적 불안정성을 억누르는 이데올로기이기 때문이다."[20]라는 사실에 주목하였다. 사실 자본가들은 포스트모더니티에 관해 어떤 것도 알 필요도, 고통 받을 필요도 없다. 왜냐하면 그러한 이데올로기를 통해 전혀 문제되지 않거나 보호받게 되는 것은 궁극적으로 자본가들이 하는 일이기 때문이다.

둘째, 이런 이론들은 차이와 불연속성을 과도하게 강조함으로써 타자의 구성 속에 들어 있는 인간다움의 공통적 요소들을 불분명하게 만드는 데 기여한다는 의미에서 이데올로기적이다. 이것은 문화 정체성을 결코 변경될 수 없거나 새로운 입력 정보들을 받아들일 수 없고, 비교할 수 없는 본질로서 파악하는 것을 단지 뒤집은 것이다. 이러한 두 양상으로부터 인종주의의 어떤 특수한 형태가 쉽게 출현한다. 셋째, 이런 이론들의 이데올로기적 특성은 자신의 입장에 대해 정당화하는 것을 거부함으로써 나타난다. 그 이론들은 다른 모든 이론의 진리 가치를 의심하지만, 자신들의 입장이 타당한지에 대해 해명하려 하지 않는다. 설상가상으로, 그 이론들은 보편적 진리와 이데올로기 개념을 거부한다. 그러나 자신들도 모르는 사이에 그 이론들은 이 둘 모두를 뒷문을 통해 다시 끌어들인다. 그 이론들은 암묵적으로 자신의 타당성을 가정하고 그 견해로부터 다른 이론들에 대해, 특히 모더니티의 가치와 깊숙이 연관되어 있

20. C. Mongardini, 'The Ideology of Postmodernity', *Theory, Culture and Society*, 9, 2 (1992), p. 57.

는 이론들에 대해 이데올로기적 판단을 내린다.

　그렇지만 비합리주의 이론들이 이런 의미에서 이데올로기적이라는 사실이, 이 이론의 반대자들이 가지고 있는 어떤 이데올로기적 모습을 이 이론이 드러내는 작업을 완전히 막는 것은 아니다. 이런 것은 주로 보편주의 이론들의 몇몇 환원주의적 모습 그리고 차이를 파악할 수 없는 비합리적 이론들의 무능력과의 관계 속에서 일어난다. 그래서 예를 들면, 이러한 보편주의 이론들은 제3세계 나라에서 일어나는 사건들을 역사적이고 지역적인 특수한 사건으로 잘 파악하지 못하고, 그런 나라들과 그 나라의 문화가 일반적인 역사적 도식에 잘 들어맞지 않을 경우 그 나라들과 그의 문화들을 무시한다. 따라서 역설적으로 명백히 이성과 모더니티의 주요 프로젝트들과 연관하여 나타났던 바로 그 이데올로기의 개념은 이성이 이데올로기로 변한다는 일반적인 의미에서가 아니라, 마르쿠제(H. Marcuse)의 저작에서처럼 이데올로기의 기원적 구조를 고려함과 동시에 이데올로기의 외연을 인종적이고 식민지적인 억압 형태들을 은폐하고 있는 데까지 확장한다는 좀 더 특별한 의미에서 그 프로젝트들에 대한 비판적 무기로 변할 수 있다. 따라서 예를 들어, 맑스의 분석은 세계 사회주의를 위한 영국 노동자계급의 탁월성을 흐리거나 은폐하는 모든 이론들을 냉혹하게 비판했지만, 거꾸로 유럽 프롤레타리아트의 이익이 문제가 되었을 때에는 식민지주의의 형태를 선동하거나 정당화했다고 비판받을 수 있다. 다음 장에서 이런 몇몇 모습들을 탐구하게 될 것이다.

이성 그리고 차이의 환원

모더니티에 관한 전형적인 보편주의 이론들의 중요한 특성은, 일단 주요한 장애물들이 제거되면 그 특별한 이론, 즉 보편주의 이론이 제시했던 발전의 보편적인 경로를 어떤 민족도 결코 벗어날 수 없다는 사실이다. 그렇지만 보편적 기준으로부터 벗어난 것처럼 보이는 특별히 난감한 경우에 직면했을 때, 이 이론들 몇몇은, 특히 그러한 경우들과 융합될 수 없는 19세기 이론은 그 경우들을 결국 배제하거나 인종주의와 연관된 그 경우들의 특징에 대한 설명을 만들어낸다. 그러므로 예를 들자면, 이런 이론 몇몇이 "개선되지 않은" 또는 "후진" 국가들이라 불렀던 경우들을 확인해 보는 것은 교훈적이다. 이런 분석을 통하여 "타자"를 구성하는 특별한 방식을 알아낼 수 있다.

대부분의 정치경제학자들에 따르면, 식민지주의는 후진국들을 그들의 낡아빠진 정체 상태로부터 벗어나 진보할 수 있게끔 도와주는 데 필수적인 것이었다. 예를 들자면, 세이(J. B. Say)는 "열등한 문명"을 가진 "야만적인 국가들"로부터 "뛰어난 문명"을 이룩한 "계몽된 국가들"을 구별하였다. 야만적인 국가의 개인들은 얼마간 수동적이고 체념적이었으며, 놀기 좋아했고, 어떤 이성적인 생각이나 과학적인 활동을 할 수 없었다. 계몽된 유럽 국가들은 야만적인 국가들이 문명화된 국가가 될 수 있도록 도와줄 의무와 권리가 있었다.[21] 그 다음으로 맬서스(T. R. Malthus)는 잔인함, 폭력성, 잘못된 경영과 그 밖의 다른 악(惡)들을 가지고 있다고 비난한 이베리아 식민지주의보다 영국 통치를 명백하게 더 선호하였다.22 그러나 그는 똑같은 정도로 라틴 아메리카 인디언들의 게으름, 무지와 아무 생각 없음을 비판하였다. 이런 인디언들의 나쁜 습관들은 자연에 의해 주어지는 부와 토양의 비옥함 때문에 조장되었다. 생계를 꾸리는 일은 보다 쉬웠고, 여가를 즐기는 경향은 더 많았다.23 밀(J. S. Mill)에 따르면, 후진 사회들은 부를 축적하려 하고, 좀 더 열심히 일하려 하며, 저축하려 하는 "실효적 욕망(effective desire)"에 거의 관심이 없었다. 맬서스처럼 그는 이런 동기 부여의 결여를 사람들에게 단지 필요한 만큼의 물품만을 제공하였던 유리한 자연 조건들 탓으로 돌렸다.

비슷하게, 제임스 밀(J. Mill)은 자신의 『영연방 인도의 역사*The History of British India*』에서 인도, 중국 그리고 다른 아시아 사회들이 영국과 비교해서 볼 때 문명화되지 않았다는 관점을 취했다. 인도인들과 중국인들의 도덕적 특성을 묘사하면서, 밀은 "불성실의 악들로 인해 타락했다는 측면에서 이 두 나라는 거의 동등한 수준에 있다.

---

21. J. P. Platteau의 *Les Economistes classiques et le sous-développement* (Namur: Presses Universitaires de Namur, 1978), vol. 1, p. 192에서 예시된 J. B. Say의 *Cours complet d'économie politique pratique*(Rome: Edizioni Bizzarri, 1968), part 4, ch. 26, p. 311을 보라. "진보한 유럽 (민족)국가들이 아시아에서 그들의 영향력을 유지시키고 증대시켜야 한다는 사실은 '인간 종의 이해'와 직결되어 있다. …… '전제군주와 미신에 둘러싸인 아시아가 잃어버릴 좋은 제도들은 없지만, 유럽인들로부터 좋은 많은 것을 받아들일 수 있었다.'는 사실은 명백하다."
22. T. R. Malthus, *An Essay on Population*(London: Dent, 1952), vol. 2, book 3, ch. 4, p. 30. [이민수 옮김, 『인구론』, 박영사, 1982.]
23. T. R. Malthus, *Principles of Political Economy*(London: International Economic Circle, Tokyo and London School of Economics and Political Science, 1936), book 2, section 4, pp. 337-341.

즉, 이 두 나라는 위선적이고, 반역적이며, 허위적이고, 미개한 사회의 보통 수준조차 거의 넘어서지 못할 정도로 무절제하다."[24]고 주장했다. 밀의 견해에 깊은 영향을 받았던 리카도(D. Ricardo)는 밀에게 아주 강경한 어조로 편지를 썼다. "놀라울 정도로 개혁을 방해하는 장애물은 현재 인도 사람들의 비도덕적 특성입니다!"[25] 밀에 따르자면, 마치 유럽인들이 어떤 형태의 권위주의에 의지할 수밖에 없었던 것처럼, 이러한 모습을 변화시킬 수 있는 유일한 가능성은 유럽인들의 자비와 계몽주의를 바탕으로 한 신탁통치였다.

헤겔은 『세계 역사의 철학에 관한 강의Lectures on the Philosophy of World History』에서 라틴 아메리카를 "신체적으로 그리고 정신적으로 무능력한 곳"으로, 즉 "심지어 동물이 보여주는 열등함과 같은 인간성을 지닌 인간"이 이번에는 "명백히 교육받을 능력이 거의 없는 비지성적인 개인들"로 간주되는 장소로 묘사하였다. "모든 측면에서, 심지어 키에서조차 나타나는 라틴 아메리카 사람들의 열등성은 모든 특수한 측면에서 나타날 수 있다." 예를 들면, 파라과이에서 "성직자는 파라과이 사람들에게 그들이 부부 관계의 의무를 다하도록 하기 위해 종을 울리는 것이 예사였다. 왜냐하면 다른 방법으로는 결코 부부 관계의 의무를 수행하도록 할 수 없었기 때문이다." 원주민들은 "그냥저냥 하루하루 살아가면서 교육받지 못한

---

24. J. Mill, *The History of British India*(London: Baldwin, Cradock & Joy, 1820), vol. 2, book 2, ch. 10, p. 195.
25. D. Ricardo, letter to J. Mill, 6 January 1818, in *The Works and Correspondence of David Ricardo*, ed. P. Sraffa(London: Cambridge University Press, 1951), vol. 7, p. 243.

아이들, 그리고 고귀한 사상이나 열망에 영향을 받지 못한 아이들"로 비유된다. 그들은 사건이 "단지 구(舊) 세계의 반향이고 소외된 삶의 표현일 뿐인"[26] 세계에서 산다. 헤겔의 설명에 따르자면, 스페인 정복자들의 후손인 라틴 아메리카 크리올(Creole) 사람들이라고 해서 더 나은 삶을 산 것도 아니었다. 크리올 사람들의 특성은 스페인 사람들의 특성과 연결되었다.

그들이 의존하고 있는 모국과 멀리 떨어져 살면서, 그들은 자기 멋대로 하려는 성향을 많이 가지게 되었다. …… 그들은 스페인 사람들이 가지고 있는 귀족적이고 관대한 특성을 아메리카로 가져가지 못했다. 스페인 이민자의 후손인 크리올 사람들은 그들이 이어받았던 건방진 방식으로 살았으며, 원주민들에게 불손하게 굴었다.[27]

비유럽 국가들의 약점과 필연적인 종속에 관한 고전 정치경제학자들의 단순한 실용적인 논의는 헤겔에게 자신의 역사 철학을 지지하는 중요한 특징이 되었고, 셸링이나 맑스와 같은 다른 저자들에게 영향을 미쳤다. 사실 헤겔은 『세계 역사의 철학에 관한 강의』에서 문화적으로 발전했고 강력한 국가를 세울 수 있음으로써 세계 역사의 진보에 기여했던 세계-역사적인 사람들, 그리고 정신적으로 빈곤하고 강력한 국가를 세울 수 없음으로써 역사를 이끌어

---

26. G. W. F. Hegel, *Lectures on the Philosophy of World History*(Cambridge: Cambridge University Press, 1986), pp. 162-171. [권기철 옮김, 『역사철학강의』, 동서문화사, 2008.]

27. Ibid., p. 167.

갈 의무가 없으며 역사가 없는 사람들을 구별하였다. 역사가 없는 사람들은 세계-역사적인 사람들의 지배를 받게 되었다. 그러므로 예를 들어, 헤겔에 따르면, 중국은 세계 역사의 진보에 기여하지 않았던 정체된 나라로 대표된다. 헤겔은 명백하게 라틴 아메리카를 인간 정신의 발전에 어떤 자율적인 역할도 하지 못한 지역으로 묘사한다. 또한 라틴 아메리카를 여러 사건들이 구세계의 단순한 반향이었던 세계의 특성을 띠었던 지역으로 묘사한다.

헤겔과 고전 정치경제학에 대한 맑스의 체계적인 비판이 후진 사회를 바라보는 그들의 시각에 대한 특별한 비판으로 이어지지 않았다는 사실이 오히려 놀라운 일이다. 반대로, 맑스와 엥겔스가 유럽 자본주의의 세계적인 의무에 관한 믿음을 그들과 공유했고, 또한 역사를 분석하는 과정에서 종종 그들과 비슷한 편견을 보여주었다는 사실을 말할 수 있다. 멕시코 사람들과 스페인 사람들을 비교할 때, 맑스는 라틴 아메리카 크리올 사람들에 대한 헤겔의 생각을 따랐던 것 같다.

스페인 사람들은 완전히 퇴보하고 있다. 그러나 현재 멕시코 사람들에게 퇴보한 스페인 사람들은 하나의 전형이 된다. 스페인 사람들은 모든 악들, 즉 제3세계 사람들에 대한 스페인 사람들의 거만함, 암살, 그리고 돈키호테적인 태도들을 가지고 있지만, 그들이 지니고 있는 모든 충실한 것들을 결코 가지고 있지 않다.[28]

---

28. K. Marx, letter to F. Engels, 2 December 1854, in K. Marx and F. Engels, *Materiales para la Historia de América Latina*(Mexico: Cuadernos de Pasado

예를 들면, 맑스와 엥겔스가 초기에는 진보를 위해 후진 국가들에 대한 강제적인 정복을 눈감아 주었다는 사실은 일반적으로 잘 알려져 있지 않다. 그래서 엥겔스의 입장에서 보면, "게으르며 무엇을 하며 사는지를 몰랐던 멕시코 사람들로부터 거대한 캘리포니아를 강탈한 것"[29]이 다행이었던 것처럼, 프랑스의 알제리 정복은 "문명의 진보를 위해 중요하고도 다행한 사실"이었다. 엥겔스는 "끊임없는 내전으로 갈라지고, 모든 발전의 장애가 되는 나라 …… 바로 그러한 나라가 폭력을 통해 역사의 운동으로 들어서게 될 때 진보가 이루어진다. 멕시코가 미래에 미국의 보호 아래 있으려고 하는 것이 멕시코 자신을 위해 이익이다."[30]라고 쓰고 있다.

전 세계로 자본주의와 식민지주의를 확장시키는 것이 문명의 임무임을 강조하는 고전 정치경제학의 일관된 낙관주의적 입장과는 반대로, 맑스와 엥겔스는 식민지주의에 대한 긍정적 평가(예를 들면, 인도의 경우[31])로부터 1860년 이후 좀 더 비관적이고 비판적인 관점(예를 들면, 아일랜드에 관한 그들의 관점)으로 돌아섰다. 일반적으로 알려진 식민지 자본주의의 의도들에 반할지라도, 그 자본주의가 "새로운 세계의 물질적 토대를 만들어 낼"[32] 수밖에 없다는

y Presente, 1980), pp. 203-204. (my translation).

29. F. Engels, 'Democratic Pan-Slavism', *Neue Rheinische Zeitung*, 15 February 1849, in K. Marx, *The Revolutions of 1848*, ed. D. Fernbach (Harmondsworth: Penguin, 1973), p. 230.

30. F. Engels, 'Die Bewegungen von 1847', *Deutsche Brüsseler Zeitung*, 23 January 1848, in Marx and Engels, *Materiales para la Historia de América Latina*, p. 183 (my translation).

31. See K. Marx, 'The Future Results of British Rule in India', in K. Marx, *Surveys from Exile*, ed. D. Fernbach(Harmondsworth: Penguin, 1973).

맑스의 초기 낙관주의적 견해는 제국주의 국가들이 그들 농업 지역의 후진성을 식민지에서 성공적으로 유지할 수 있었던 가능성을 자각하는 좀 더 신중한 접근 방법에 자리를 양보하였다. 그러나 이런 중요한 시각의 변화도, 다른 패턴을 따랐던 라틴 아메리카 국가들에 대한 맑스와 엥겔스의 관점에 별 영향을 끼치지 못한 것 같다. 맑스와 엥겔스는 그들 자신이 1860년 이후 아일랜드와 아시아에서 발전시켰던 새로운 생각들을 라틴 아메리카로 확장시키지 못했고, 라틴 아메리카 왕국의 사회 정치적 과정들에 대한 어떤 계급 분석도 하지 않았다.

라틴 아메리카가 아니라 아일랜드의 경우에서 맑스와 엥겔스가 그들의 마음을 바꿔 식민지주의에 대해 반론을 제기했다면, 그것은 그들이 아일랜드 사람과 라틴 아메리카 국가의 사람들(예를 들면, 아일랜드 사람들이 국가를 발전시킬 수도 있었던 반면에, 라틴 아메리카 사람들은 그러지 못했을 것이다.) 사이의 중요한 차이를 보았기 때문이라기보다는, 오히려 이런 나라들이 대부분의 발전된 나라에서 나타나는 혁명의 전망과 관련하여 서로 다른 역할을 했다고 보았기 때문이었다. 그들은 멕시코의 경우에 멕시코의 복종을 북미 자본주의의 강화, 나아가서 북미 지역의 프롤레타리아트 발전을 위해 중대한 것으로 보았던 반면에, 아일랜드의 경우에는 아일랜드의 독립을 영국 프롤레타리아트 발전을 위해 중대한 것으로 보았다. 어떤 경우에라도 문제가 되는 것은 좀 더 발전된 나라에서의

---

32. Ibid., p. 324.

프롤레타리아트 해방이었다. 따라서 식민지주의와 관련한 맑스의 심경 변화는 이전의 모든 식민지들이 독립적이고 발전된 나라들로 형성될 수 있는 기회를 가진다는 사실이 필연적이지 않았다는 의미에만 한정되어야 한다.

라틴 아메리카 국가에 대한 맑스와 엥겔스 저작의 재검토는, 이 나라들이 고유한 특수성을 지니고 있으며 탐구해 볼만한 가치를 지니고 있는 전체로서 취급되지 못하고 있음을 보여준다. 이런 상황은 라틴 아메리가 국가들의 특성을 선천적으로 결함이 있는 것으로, 그리고 그 나라들의 정치적 과정을 합리성과 역사적 방향을 잃어버린 것으로 그리고자 한다는 점에서 매우 부정적인 성격을 띤다. 예를 들어, 베네수엘라 사람으로서 라틴 아메리카 독립의 영웅인 시몬 볼리바르(Simon Bolívar)에 대한 맑스의 전기(傳記)는 볼리바르를 비참하고, 야만적이며 비겁한 악당으로 묘사하고 있다.[33] 이런 종류의 악의적 표현은 불행한 것일 뿐만 아니라, 라틴 아메리카 독립 과정 뒤에서 작동하고 있는 사회적 힘들에 대한 어떤 분석도 없이 그 독립 과정을 개인적인 배반, 질투와 비겁함에 대한 이야기로 환원시키는 것이다. 볼리바르에 대한 이런 취급에 덧붙여 사람들은 라틴 아메리카의 특성에 대해 더 많이 혼란스러워 했을 것이다. 그래서 멕시코 사람이 "게으르다"고 말하고, 스페인 사람들의 악(惡)들인 거만함, 암살, 기사(騎士)인 척하는 행동을 공유하고 있다고 말한다. 맑스와 엥겔스가 1862년 5월의 프랑

---

33. K. Marx, 'Bolívar y Ponte', *The New American Cyclopaedia*, vol. 3 (1858), in Marx and Engels, *Materiales para la Historia de América Latina*, pp. 76-93.

스에 대한 멕시코의 승리를 찬양했을 때조차도, 그들은 여전히 계속해서 승리한 멕시코 사람들을 "가장 열등한 인간들(les derniers des hommes)"[34]로 언급하였다. 맑스와 엥겔스는 이런 전형적인 악의적 표현을 다른 후진국들과 국민에 대해 다음과 같이 사용하였다. 몬테네그로 왕국 사람들은 "소도둑"이라는 딱지가 붙었고, 베두인 사람은 "도둑의 무리"라는 낙인이 찍혔으며, 중국인들은 "유전적으로 어리석은 사람들"이었다. 물론 여기서 라틴 아메리카 사람들이 공격 대상이 되지 않은 것이 사실일지라도, 이런 종류의 언어 사용이 정당화되는 것은 아니다.

그렇지만 나는 결코 받아들일 수 없는 이런 악의적인 언어 사용이 중심적인 이슈라고 생각하지 않는다. 주된 이슈는 맑스와 엥겔스가 그들의 접근 방법을 변화시켜 1860년대의 식민지주의를 비판한 뒤에도 라틴 아메리카를 계속 무시하였고, 라틴 아메리카의 기본적 사회 과정을 임의적이고 비합리적인 사건들로 무시하였다는 사실과 관계가 있다. 이것을 어떻게 설명할 수 있을까? 한편으로, 헤겔주의의 영향이 있었다는 것은 꽤 분명해 보인다. 맑스와 엥겔스는 라틴 아메리카 민족들을 역사 없는 사람들로, 자율적인 시민사회와 안정적인 국가를 세울 수 없는 사람들로 생각했다. 다른 한편으로, 하버마스가 이성의 복잡성을 이성의 인식적-도구적 차원으로 환원시켰다고 특징지었던 자민족중심주의(ethnocentrism)의 한 형태를, 맑스와 엥겔스가 헤겔 그리고 고전 정

---

34. K. Marx, letter to F. Engels, 20 November 1862, in Marx and Engels, *Materiales para la Historia de América Latina*, p. 286.

치경제학자들과 공유하고 있다고 나는 믿는다. 이런 차원이 유럽 근대화 과정에서 특권을 차지했기 때문에, 맑스와 엥겔스는 오로지 도구적 이성을 효과적으로 사용한다는 것과 관련해서만 다른 문화를 평가하고자 하였다. 그래서 다른 사회의 특수성을, 가령 보편적이고 합리적인 이론 형태의 사례나 실패로서가 아니라 그 사회의 고유함 속에서 보고 설명하지 못하는 무능력. 이런 것은 명백하게 보편적이고 합리적인 이론들의 이데올로기적인 모습이다. 사실 맑스는 정치경제학과 헤겔을 비판하였지만, 그들의 견해에 깊은 영향을 받았고, 인간 해방과 관련된 전형적인 19세기의 관심사를 그들과 공유했다.

일반적으로 맑스, 헤겔, 정치경제학이라는 세 가지 접근들이 그러한 해방의 임무를 수행할 수 있는 서로 다른 주체들, 즉 헤겔의 보편적 정신, 정치경제학자들의 부르주아지, 맑스의 프롤레타리아트를 낳았다. 해방을 위한 공통의 욕구와 해방 임무를 수행할 수 있었던 주체에 대한 탐구에서 벗어나게 되면, 또 다른 공통적인 요소들을 검토할 수 있다. 그 요소들은 해방 임무를 수행할 수 있는 주체들이 공교롭게도 역사적으로, 그리고 지리적으로 19세기와 서유럽에 위치해 있었다는 것이다. 헤겔의 경우에, 그것은 가장 우수한 역사적 민족국가들을 통해 자기 자신을 드러내는 **정신**(spirit)인데, 그 민족국가 중에서 프러시아가 가장 높은 지위를 차지하고 있다. 고전 정치경제학의 경우에는, 제1의 자본주의 국가인 영국의 대표자로서 부르주아지이다. 맑스와 엥겔스의 경우에는, 영국의 프롤레타리아트이다. 해방 임무를 수행하는 주체들은 서로 다를 수 있지만, 그 주체들은 서유럽에 존재함에 따라 모두 역사적 이성의 최고 무대를 대표한다. 이것이 유럽 중심주의의 또 다른 측면이다. 그 측면은 서유럽의 이런 새로운 역사적 주체들에 의해 수행된 진보가 본래 우월하고, 결국 세계 속으로 퍼져 나갈 수밖에 없는 역사적 임무를 가진다는 믿음이다. 이러한 공통적인 임무라는 생각은 이데올로기적이다. 이것은 우선 식민지주의를 정당화시켰고, 또한 이런 모든 이론들이 제3세계를 이해하는 데서 가지는 몇몇 문제들의 밑바탕에 계속 남게 된다.

이성과 인종주의

내가 위에서 보여주었던 것처럼 타자를 그렇게 구성할 수 있는 계몽주의 안에는 무엇이 있는가? 이러한 문제는 뿌리 깊은 것이며 첫 번째, 계몽주의 철학들과 연결된 도구적 이성의 출현으로 되돌아간다. 사이드(E. Said)가 지적했던 것처럼, 흄(D. Hume)과 로크(J. Locke)의 경험주의 그리고 인종주의 사이에는 밀접한 연관이 있다.[35] 우리는 확실히 인종주의에 관한 구절들을 흄에게서 발견할 수 있다. 예를 들어, 다음과 같은 글을 보라.

나는 흑인들과 일반적으로 다른 모든 종족들(거기엔 넷 또는 다섯 종류

---

35. E. Said, *Orientalism*(London: Penguin, 1985), p. 13.

의 인간 종족이 있다.)이 자연적으로 백인보다 열등한 존재가 아닐까 하
고 생각한다. 백인과는 다른 어떤 복잡성을 지닌 문명화된 민족은 결코
없고, 행동 면에서나 사유 면에서 백인보다 뛰어난 어떤 개인도 결코 없
다. 그 종족 중에서는 뛰어난 제조업도, 예술도, 과학도 없다. 다른 한편,
고대 **독일인들**과 현대의 **타타르인**과 같이 가장 교양 없고 야만적인 백인
종족조차도 그들의 뛰어난 무엇인가를, 즉 그들의 용맹성, 정부 형태, 또
는 몇몇 다른 특별한 측면에서 뛰어난 무엇인가를 가지고 있다. 만약 자
연이 이들 인간 종족들 사이에 원초적인 차이를 만들지 않았다면, 그토록
많은 나라와 시대 속에서 그렇게 한결같은 불변적 차이가 발생하지 않았
을 것이다. 우리의 식민지를 언급하지 않더라도, 어떤 뛰어남의 징후도
발견할 수 없는 **흑인** 노예들이 **유럽** 전체에 걸쳐 흩어져 있다. 비록 교육
받지 못한 하층민들이 앞으로 우리 가운데서 갑자기 나타난다고 할지라
도, 그들은 모든 직업에서 구별될 것이다. 사실 **자메이카**에서 백인들은
어떤 흑인들을 여러 가지 재능이 있고 배운 사람으로 이야기한다. 그렇지
만 흑인이 칭찬받는 것은 아마도 몇 마디 말을 무난하게 하는 앵무새와
같이, 아주 약간의 재능이 있기 때문일 듯하다.[36]

다음으로, 로크는 다음과 같이 빙 돌려 말하면서 노예제를 옹호
한다.

---

36. D. Hume, 'Of National Characters', in D. Hume, *Essays: Moral, Political, and Literary*, ed. T. H. Green and T. H. Grose(London: Longmans, Green and Co., 1875), vol. 1, p. 252.

자기 잘못으로 인해 죽을 만한 어떤 행동으로 자신의 목숨을 잃는 경우에 처하게 된다면, 목숨을 잃을 수도 있는 상대방에 대하여 그는, 상대방에 대한 권력을 가지고 있을 때, 상대방을 죽이는 것을 늦추고자 할 것이며, 상대방을 오로지 자신에게만 봉사하도록 할 것이다. 또한 그는 이것으로 상대방에게 어떤 해를 끼치지 않을 것이다. 왜냐하면 그가 자신의 삶의 가치보다 더 큰 노예 상태의 고통에 처할 때마다, 그의 주인의 의지에 저항함으로써 자신이 원하던 죽음을 얻을 수 있는 힘(power)이 그에게 있기 때문이다. 이것이 합법적 정복자와 포로(노예) 사이에서 지속되는 전쟁 상황에 다름 아닌 노예 상태의 완전한 조건이다.[37]

이런 철학자들이 출발점으로 삼고 있는 근대 철학의 전제와 위와 같은 종류의 인종주의 사이에는 어떤 특수한 연결고리들이 있지 않을까 하는 의문이 제기된다. 여러 저자들은 그런 연결고리를, 특히 경험론과 인종주의 사이의 연결고리를 증명하려고 노력해 왔다. 여기서 호르크하이머와 좀 더 최근의 인물인 브래큰(H. M. Bracken)을 예로 들 수 있다. 호르크하이머는 기본적으로 주관적 이성과 객관적 이성 사이를 구별하는 논의를 제시하고 있다.[38] 그는 계몽 철학자들이 이성의 이름으로 종교와 형이상학을 공격하였지만 결국에는 이성 자체를 파괴하였다고 말한다. 종교와 형이상학 체계는 객관적 이성에 근거를 두고 있었다. 객관적 이성은 선

---

37. J. Locke, *Two Treatises of Civil Government*(London: Dent, 1955), book 2, ch. 4, sections 23 and 24, p. 128. See also section 85, p. 158. [강정인 외 옮김, 『통치론』, 까치, 2007.]
38. See M. Horkheimer, *Eclipse of Reason*(New York: Seabury Press, 1974).

함(goodness)과 위계(hierarchy), 그리고 목적과 의도의 바람직함과 연관되어 있는 실재의 내재적 원리이다. 근대 철학자들은 객관적 이성을 주관적 이성의 이름으로 공격한다. 주관적 이성은 하나의 목적에 이르는 적정한 수단을 찾아내는 것과 연관된 인간 현존재의 기능 또는 도구이다. 이성은 형식화된다. 이성은 더 이상 목적이나 의도의 바람직함과 아무런 연관이 없게 된다. 이성은 오로지 수단과 관계할 뿐이다. 객관적 이성은 독단적이며 권위주의적인 것으로 공격당했다. 주관적 이성은, 결코 과학에 의하여 결정될 수 없는 가치로움과 바람직함을 가지고 있는 다른 지위의 사람들에 대한 관용과 존중을 불러일으킨다.

그런데 관용이라는 관념은 이중적이다. 한편으로, 관용은 도그마적인 권위로부터의 자유를 의미한다. 다른 한편으로, 관용은 모든 정신적 내용에 대한 중립의 태도를 촉진시킴으로써 상대주의로 넘어가게 된다.[39] 주관적 이성의 지배는 자기 이해(self-interest)의 지배를 의미한다. 그러므로 관용과 자유, 그리고 평등과 같은 중대한 원리들이 결코 더 이상 객관적 이성의 원리들에 의해 정당화될 수 없으며, 따라서 객관적 원리들의 지적인 기초가 사라지게 됨을 의미한다. 주관적 이성 또는 과학은 하나의 가치가 그 가치의 대립물보다 더 낫다는 것을 결코 결정할 수 없다. 객관적 이성에 근거한 가치들의 철학적 기초가 사라지자마자, 어떤 부류 또는 집단의 사람들은 어떤 가치들이 자기들한테는 좋을 수 있지만 다

---

39. Ibid., p. 19.

른 사람들에게는 그렇지 않음을 주장할 수 있게 되었고, 또한 어느 누구도 이성에 근거한 논의를 반박할 수 없게 되었다. 이성이라는 개념이 도구적인 개념 그리고 실재에 내재한 원리라는 관념으로부터 분리된 개념이 되면 될수록, 더욱더 이 이성이라는 개념은 대부분의 뻔한 거짓말들에 자신의 이름을 빌려주려고 할 것이다.[40]

　호르크하이머는 미국 남북전쟁 당시에 "흑인 노예제는 정당하지 않은 것이 아니다. 그것은 정당하며, 현명하고 이득이 되는 것이다."라고 말한 찰스 오코너(Charles O'Conor)를 예로 들고 있다.[41] 주관적 이성이 인종주의와 노예제를 정당화할 수도 있는 이유는 바로 이 이성이 어떤 것에도 순응하기 때문이다. 주관적 이성은 절대적인 원리들, 가치들 또는 도덕들과 연관된 문제(이슈)들을 결코 이러저러하다고 판결할 수 없다. 흄 자신이 "도덕성의 규칙들은 …… 우리 이성의 결론들이 아니다."라고 주장했을 때, 그는 이것을 매우 잘 표현하였다. "이성이 우리의 정념이나 행위들에 대해 어떠한 영향도 미치지 않는다고 믿는 한, 도덕성이 오로지 이성으로부터의 추론(연역)을 통해서만 발견될 수 있다고 그럴듯하게 말하는 것은 쓸데없는 일이다."[42] 흄은 계속해서 "이성이 자신에게 모순되거나 또는 승인됨에 따라서 결코 직접적으로 어떤 행

---

40. Ibid., p. 24.
41. Ibid., p. 25.
42. D. Hume, *A Treatise of Human Nature*(Oxford: Oxford University Press, 1978), p. 457. [이준호 옮김, 『오성에 관하여(인간 본성에 관한 논고 1)』, 서광사, 1994.]

위를 금지하거나 창출할 수 없다. 이성은 결코 이러한 영향력이 있다고 발견되는 도덕적 선과 악 사이를 구별할 수 있는 근원지가 될 수 없다. 행위들은 칭찬받을 만하거나 비난받을 수 있다. 그러나 그 행위들은 결코 이성적이거나 비이성적인 것이 될 수 없다. …… 이성은 전적으로 비행위적이며(inactive), 또한 결코 양심이나 도덕감과 같은 행위 원리의 원천이 될 수 없다."[43] 이성의 총체적 주관화(total subjectification)에 대해 이보다 더 분명한 사례들은 없다. 결론은 이성의 영역 바깥에 속하는 모든(whole) 도덕 영역이 상대적으로 된다는 것이다.

그 다음으로 로크는 세계 이성(world reason)의 여러 의미들을 구별한다. "때때로 그것은 참되고 명료한 원리들로 받아들여지며, 때때로 그것은 이런 원리들로부터 공정하게 추론된 것으로 받아들여진다. 그리고 때때로 그것은 원인, 특히 최종적인 원인으로 받아들여진다."[44] 그러나 이성이라는 객관적 개념과 연관될 수 있는 이러한 의미 모두를 그는 다음과 같이 말하면서 버린다. "내가 여기서 이성에 대해 고려하고자 하는 것은 이런 모든 이성의 의미와는 매우 다른 것이다." 즉, 이성은 인간 능력의 지표로서, 인간을 야수와 구별시키는 것이라고 가정되는 것이다.[45] 이성은 인간에게 봉사하는 능력이며 우리를 동물과 구별시켜 주는 도구이지

---

43. Ibid., p. 458.
44. J. Locke, *An Essay concerning Human Understanding*(London: Dent, 1948), book 4, ch. 17, section 1, p. 325. [조병일 옮김, 『인간 오성론: 통치론/사회계약설』, 휘문출판사, 1972.]
45. Ibid., pp. 325-326.

만, 하나의 원리 또는 최종 원인으로 생각되지는 않는다. 우리들은 최종 원인들 또는 원리들에 도달할 수도 있지만, 그것은 계시를 통해서이지 이성을 통해서는 아니다. 이성을 통해서 우리는 "정신의 자연적인 능력들, 즉 감각 또는 반성을 통해 가지게 된"[46] 관념들의 추론을 통해 정신이 도달하는 전제들에 관한 확실성에만 도달할 수 있을 뿐이다.

호르크하이머는 적어도 함축적으로는 근대 철학 내에 있는 경험론과 상대주의 사이의 구별을 지지하는 것처럼 보인다. 스피노자(Baruch de Spinoza)와 데카르트(René Decartes)는 여전히 이성을 자율적인 것으로서 지지하였다. 이와는 반대로 로크, 흄과 같은 경험론자들은 다른 방향으로 나아간다. 흄은 보편자의 존재와 인과적 필연성을 거부하였다. 정신은 감각과 감각적 경험들이 제공하는 것들과 관련해서만 작동한다. 거기엔 보편적인 법칙들이라는 것이 결코 있을 수 없다. 앎(지식)은 항상 특수한 것이다. 보편적 법칙들과 인과적 연결들에 관한 흄의 회의론은 인간 행위에 대한 그의 이해에 영향을 끼친다. 사실상 흄은 엄밀한 경험주의 논리학을 적용하여 이성의 역할을 사회-역사적인 물음들로 한정시킨다. 사회적 관습들, 제도들, 가치들과 구조들은 필연적으로 이성적인 것, 즉 이성의 생산물이 아니지만 과거에 효과적인 행위 형태들을 통해 나타난 결과일 수 있다. 흄은 사회적 실재를 합리주의적인 방식으로 재구상하고자 하는 인간의 의도에 반대한다.[47] 이러한

---

46. Ibid., ch. 18, section 2, p. 334.
47. 이것에 관해서는 R. Echeverría, *El Buho de Minerva*(Santiago: Programa

것은 흄이 얼마나 쉽게 인종주의에 동조하고 있는지를 보여준다. 만일 보편자 같은 것이 없다면, 즉 사람들이 일반화할 수 없다면, 인간 존재는 다른 존재, 즉 차이의 잠재성을 가지고 있으며 또한 받아들일 수밖에 없는 존재이다. 거기에 보편적 인간 권리 같은 것들은 없다.

브래큰은 로크 철학과 유사한 무엇인가를 보여주었다. 로크는 본유 관념이라는 데카르트의 교의와 어떤 실체가 본질적 속성들을 가질 수 있다는 데카르트주의자의 생각을 비판하였다. 그는 흄처럼 실제로 실체가 어떻게 구성되어 있는지, 그리고 이차 성질들이 실체와 어떤 연관을 가지고 있는지 알 수 없다고 주장하였고, 또한 비록 우리가 그것을 안다고 할지라도 그 안다는 사실이 보편적인 앎을 구성할 수도 없고 고작 해야 하나의 사례에 대한 확실성만을 우리에게 줄 뿐이라고 주장하였다.[48] 브래큰에 따르면, "그리하여 어떤 속성을 본질적인 것으로 다룰 수도 있고 또는 그렇지 않을 수도 있다. …… 다른 동물들로부터 인간을 구별시키기는 점점 더 어려워진다." 합리주의는 이전에 인간의 본질이 무엇인지를 정식화시킬 수 있었다. "그렇게 하는 동안에 인종, 색깔, 종교 또는 성을 우연적인 것과는 다른 것으로서 취급할 조심스러운 개념적 울타리가 마련되었다."[49] 따라서 로크가 정치체로부터 가톨릭을 배제하였다

Interdisciplinario de Investigaciones en Educación (PIIE), 1988), pp. 65-71을 보라.
48. Locke, *An Essay concerning Human Understanding*, book 4, ch. 6, section 7, p. 282.
49. H. M. Bracken, 'Essence, Accident and Race', *Hermathena*, 116 (1973), p. 84.

는 사실, 그리고 1689년 상고 법원의 판사가 되었으며, 1696년에 무역위원회의 창립 멤버였던 그가 식민지 구조와 노예제 정당화의 틀을 짜는 데 상당한 역할을 했다는 사실은 별로 놀라울 것이 없다.

역사주의와 단일성의 부정

나는 이미 도구적 이성에 대한 공격이 비판주의의 내적인 한 극으로서 모더니티와 동시에 시작되었다고 말했다. 역사에 대한 보편주의적이고 단선적이며 단일적인 개념들에 반하여, 역사주의 관점들은 각 문화권 인민(people) 정신과의 교감을 통해서만 이해될 수 있는 각 문화들의 차이와 특수성을 강조한다. 물론 역사주의는 상대주의, 본질주의 사상 계열에 속한다. 각 문화는 기본적으로 서로 다르며 역사적 공감이라는 행위 없이는, 즉 역사적 공감이라는 기본 정신과 연결시킬 수 있는 능력 없이는 파악하기 어려운 본질을 가지고 있다. 어떤 인물(person)이나 인민 정신과의 이러한 내적인 공감 관계는 해석학의 목적이다.

"만일 우리의 정신이 본질적으로 고대의 정신과 하나가 되지 않는다면", 예술에 대한 전반적인 기록물이나 저작이든 또는 개별적인 기록물이나 저작이든 간에 그것들을 우리는 이해할 수 없을 것이다. "그러므로 우리의 정신은 오로지 일시적이며, **상대적으로** 낯선 이러한 정신 자체와 병합될 수 있다." "어떤 낯선 세계뿐만 아니라 다른 사람에 대해서조차도 모든 걸 파악하고 이해한다는 것은 모든 정신적 내용에 대한 원초적 단일성과 유사성 없이는, 그리고 원초적으로 모든 것을 정신으로 통합시키지 않고서는 절대 불가능하다."[50]

이러한 이해의 노력은 자기 자신의 편견과 편협한 관점을 포기할 것을 요구하며, 따라서 타자를 자기 고유한 문화의 매개변수로 환원하는 것이 아니라 진정으로 차이 나는 존재로 인정하는 유일한 방식으로 쉽게 해석될 수 있다. 어떤 고유한 문화의 관점에서 다른 문화를 평가하고자 하는 경향은 문화적인 거만함으로 이어진다. 서로 차이가 나는 문화들의 가치와 이상은 상응할 수도 없거니와 다른 어떤 문화로 환원될 수도 없다. 이러한 것은 이상적 사회나 문화와 같은 것이 결코 없다는 데에 대한 이유가 된다. 헤르더(J. G. Herder)가 말했던 것처럼, "최상위의 유럽 문화라는 바로 그러한 생각이야말로 자연의 위엄에 대한 뻔뻔하고 무례한 태도이다."[51] 보편적으로 타당한 가치란 없다. 다른 문화를 이해하는 데 있어서 일반적인 척도라는 것이 없기 때문에 가치들에 대한 도덕적 판단이나 비교 평가는 쓸모없는 것이다. 모든 문화들이 동등하게 타당하다. 헤르더는 역사의 근본적인 단일성에 반대하면서 인간 정신의 단일성과 토지 사이의 상호작용으로부터 나온 다원주의

---

50. W. Outhwaite, *Understanding Social life*(London: Allen & Unwin, 1975), p. 19. 인용부로 되어 있는 부분은 J. Wach, *Das Vertehen*(Tübingen: Mohr, 1926), vol. 1, pp. 39 and 37에서 인용된 것들이다.
51. J. G. Herder, *Ideas for a Philosophy of the History of Mankind*, book 7, section 1, in *J. G. Herder on social and Political Culture*, ed. F. M. Barnard(Cambridge: Cambridge University Press, 1969), p. 311.

에 맞섰다. 사람들에게 정체성의 의미를 부여하는 것은 주로 공유된 언어들 속에서 나타난 공유된 문화이다. 이런 원리들 때문에 결과적으로 헤르더는 식민지주의와 노예무역에 반대하였다. 그런데도, 헤르더는 문화적 다양성을 강조하였을 뿐만 아니라 모든 인간 존재가 하나의 동일한 인간 종에 속한다는 사실과, 인종이라는 관념은 거부되어야 한다는 사실을 애써 강조하였다.

그러나 오, 인간인 그대여, 자신을 명예롭게 하라. 오랑우탄도 긴팔원숭이도 그대의 형제는 아니지만, 아메리칸 인디언이나 흑인은 그대의 형제**이다**. 따라서 이들은 당신을 억압하거나 죽이거나 또는 약탈하지 않을 것이다. 왜냐하면 그들은 당신과 같은 사람이기 때문이다. ……
나는 서로 다른 여러 인간 종의 구성원들 사이에서—과학적 엄밀성에 대한 아주 칭찬할 만한 열의로부터—만들어진 차별이 앞으로 더 이상 영향을 끼치지 않기를 진심으로 원한다. 예를 들어, 어떤 사람들은 인간을 혈통이나 피부색으로 4~5개의 지역으로 나누기 위해 인종이라는 용어를 쓰는 것이 적절하다고 생각하였다. 나는 이러한 용어를 쓰는 이유를 모르겠다. …… 피부색은 서로 각자가 가지고 있는 것이다. 겉모습(forms)은 유전적 특성에 따르는 것이다. 그리고 그들은 완전히, 그러나 최종적으로는 동일하고 거대한 그림의 다양한 형태들이다.[52]

그러나 헤르더가 인종의 차이를 최소화시켰다고 할지라도, 그는

---

52. Ibid., p. 284.

지나치게 문화적 차이를 강조하였다. 그에게 있어서, 서로 다른 언어로 말하는 모든 사람들은 각각 자신만의 고유한 정체성과 정부로 대표되는 서로 다른 민족이다. 헤르더에게 있어 집단 정체성의 의미는 민족적 행복에 이르는 방식으로서 아주 중요한데, 비록 그가 전쟁을 지지하지는 않았지만 그렇기 때문에 그는 다른 민족들과의 갈등이 그 자체로 선(good)인 내적 결속을 다지는 긍정적인 방식이 될 수도 있다고 느꼈다. 똑같은 심정으로, 헤르더는 협소한 민족주의와 편견 속에서 어떤 의미를 찾는 것을 싫어하지 않았다.

특정한 민족적 경향이 민족적 행복의 특정한 형태들로 발전해 나가는 과정에서, 만약 민족들 사이의 거리가 엄청나게 벌어지게 된다면, 우리는 편견들을 발견하게 된다. 이집트 사람들은 양치기와 유목민을 아주 싫어하며, 바보 같은 그리스 사람들을 업신여긴다. 비슷하게는, 두 민족이 생각하는 행복의 경향과 영역이 서로 충돌할 때, 군중심리와 협소한 민족주의와 같은 편견들이 나타난다. 그러나 편견은 그 편견이 나타나는 시간과 장소에 따라서는 선한 것인데, 왜냐하면 행복은 그 편견으로부터 튀어나올 수 있기 때문이다. 편견은 민족 구성원들을 그 중심으로 모이도록 하고, 그들로 하여금 좀 더 확실하게 그들의 뿌리를 찾게 만들며, 그들 종족에 대하여 자부심을 가지도록 하는 원인이 된다.[53]

---

53. J. G. Herder, *Yet Another Philosophy of History*, section 2, in *J. G. Herder on social and Political Culture*, pp. 186-187.

바로 이러한 원리들을 토대로 하여 헤르더는 프랑스 문화의 잠식에 대항하는 것으로서 게르만 민족성과 언어를 지키고자 하였다. 이사야 벌린(Isaiah Berlin)은 헤르더가 정치적인 의미에서는 아니지만 열렬한 민족주의자였다고 주장했다. 그는 지배라는 꿈을 가지지 않았으며, 국가 독재를 몹시 싫어하였다. 헤르더의 민족주의는 확실히 문화적인 의미에서 반프랑스적인 것이라 할 수 있겠다. 그는 순수한 민족적인 노래와 게르만 언어를 지키고자 하였다. 자유롭게 표현되는 헤르더의 반프랑스 감정은 문화적 자결주의를 위한 구실로 작용했을 것이다. 그렇지만 헤르더의 민족주의가 지닌 가장 나쁜 함의들을 어렵지 않게 볼 수 있다. 나는 다음과 같은 표현에 대해 정치적 함의를 부정하는 것이 가능한지가 의심스럽다. "센 강의 더러운 정액을 게워내다.", "독일 사람들의 본질이 무엇이건 간에, 사기꾼 같은 그리스 사람들과 프랑스 사람들 그리고 영국 사람들보다 더 나은 독일 사람들", "깨어 있는 게르만 민족" 등.[54] 벌린조차도 "사실상 이것이 다음 단계에서 완전히 호전적인 의미에서 민족주의적이고 쇼비니즘적으로 되어버릴 수밖에 없는 발전의 첫 단계일지도 모른다."는 점[55]을 인정하고 있다. 비록 이것이 자신의 고유한 문화를 지키려는 시도에만 국한된다고 할지라도, 이것은 역사주의가 차이를 과도하게 강조함으로써 역설적으로 타자를 위협적인 것으로 구성할 수 있음을 보여준다. 그러므로 문화적 인종 차별의 정

---

54. I. Berlin, 'Herder and the Enlightenment', in E. R. Wasserman (ed.) *Aspects of the Eighteenth Century*(Baltimore: Johns Hopkins University Press, 1965), p. 76.
55. Ibid., p. 74.

당화는 실제로 이러한 이론들에 의해 제공되고 있다.

벌린은 "합리주의와 과학적 방법의 전능함에 대한 무한한 신뢰에 반대하는 낭만적 반란을 이끄는 지도자들 중의 하나가 헤르더였으며," 그가 "프랑스 계몽주의에 대해 날카롭고 가차 없는 비판가였다."[56]고 주장하였다. 루카치는 좀 더 온건한 관점을 가지고 있으며, 어떤 사람도 결코 헤르더, 그리고 비코(Giambattista Vico)와 하만(Johann Georg Hamann)의 역사주의를 비합리주의로 환원시킬 수 없다고 믿고 있다. 그들은 이성과 진보를 공격하지 않았으며, 다만 역사에서 이성의 발전을 찾고자 하였다.[57] 헤르더에게 "비합리주의자"라는 딱지를 붙인다는 것에 반대한다는 점에서 아마도 루카치가 옳을 수 있지만, 헤르더의 상대주의와 본질주의 그리고 차이에 대한 강조는 가끔 인종주의와 구별되지 않는 민족주의의 형태로 귀결되었다.

셸링의 철학은 프랑스혁명에 의해 생겨난 철학적 위기에 대한 반동으로 출현하게 된 비합리주의의 첫 번째 경우들 중 하나라는 것은 명백하다. 셸링의 비합리주의는 앎(지식)이 근본적으로 지적 직관을 통해 획득되는 것이지, 이성에 의해 정교화된 개념을 통해 획득되는 것이 아니라는 그의 생각 속에 나타나 있다. 이러한 것은 지적 직관이 자기 자신을 객관화하는 예술 분야에서 주로 나타났다. 따라서 미학은 사물들 그 자체의 비밀 속으로 침투해 들어

---

56. Ibid., p. 47.
57. G. Lukács, *The Destruction of Reason*, p. 125. [한기상 외 옮김, 『이성의 파괴』, 심설당, 1997.]

가는 유일한 방식으로서, 철학의 중심이자 철학의 방법이 되었다. 셸링은 노년에 종교의 역할을 좀 더 비중 있게 강조하였고, 직관의 핵심으로서 미학의 역할을 덜 강조하였다. 헤르더와 셸링의 차이가 무엇이든 간에, 셸링은 차이와 불연속을 지나치게 강조하는 똑같은 과정을 통해서 인종주의의 생각들을 지지하는 것으로 결론이 나 버렸다. 그러므로 우리에게 헤겔을 생각나게 하는 대목에서 셸링은 다음과 같이 주장한다.

조밀하고 분리 불가능한 전체와는 거리가 먼 인간 종은 인간적 측면이 한쪽 부류에게만 해당되는 것과 같은 그러한 방식으로 두 개의 커다란 부류로 나누어진 것처럼 나타난다. 사실상 이러한 부류들 중의 하나, 즉 가장 커다란 부분을 차지하는 한 부류는 자기 자신이 인간 종이라는 공통적 전통으로부터 배제되어 있고, 역사로부터 배제되어 있으며, 역사가 시작되는 순간부터 자기 자신을 국가나 인간으로 조직할 능력이 없거나 인간 정신의 진보적 활동에 참여할 수 없고, 본능을 넘어서 있는 어떠한 예술과도 거리가 먼 인간 지식을 체계적으로 풍요롭게 할 수 없다는 것을 알게 된다.58

이런 모든 것은 특히 남미나 아프리카 원주민에게 해당된다. 그러나 셸링에 따르면, 남미 사람들은 다른 사람들보다 좀 더 유순하고 약해서 스페인 사람들에게 저항하지도 못하고 조만간 사라질 것이다. 합리성의 일반적인 표준이 의심스럽다는 점에서 인간 종

---

58. F. W. Schelling, *Introduction a la Philosophie de la Mythologie*(Paris: Aubier, 1945), vol. 2, p. 279. (my translation).

은 근본적으로 동등하지 않다. "**카피르 사람**과 **에티오피아 사람들** 그리고 **이집트 사람들** 사이에서 나타나고 있는 것과 같은 차이들은 관념들의 세계로 되돌아간다."[59]고 셸링은 주장한다. "결과적으로 노예제를 과학적으로 정당화시킬 수 있었던" 관점에 반대하는 사람들에 대해, 오히려 셸링은 흑인 노예제를 인디언과 흑인 영혼을 구제하기 위한 자비로운 운영 체제로 묘사하기 위하여, 남미 인디언으로부터 스페인을 지켜낸 위대한 스페인 지도자 바르톨로메 데 라스카사스 수교(Bartolomé de Las Casas)의 권위를 아무렇지도 않게 끌어대면서 어느 정도 그럴듯한 주장으로 대응한다.

라스카사스가 금은광산 채굴에 허약한 아메리카 종을 튼튼하고 건장한 아프리카 종으로 대체하고자 하는 프로젝트를 마음에 품고 실행에 옮겼던 이유는, 사악한 마음이 있어서나 사람들을 경멸했기 때문이 아니다. 이 프로젝트는 결론적으로 확실히 흑인 노예무역을 포함하고 있지 않았다. 왜냐하면 이 불행한 사람들이 이미 아주 경멸스러운 형태로 흑인 노예무역의 희생자가 되었기 때문이다. 그러나 어떤 자비로운 정신이 극심한 야만 상태에 빠져 있는 이 인간 종과, 영원한 죽음이라는 희망을 빼고는 거의 모든 것을 상실한 이 영혼들을 구원하기 위한 유일한 수단으로 봤을 수도 있었을 그런 흑인 수출은 포함하고 있었다.[60]

셸링은 라스카사스가 광산에서 아메리카 인디언을 흑인으로 대

---

59. Ibid., p. 286. (my translation).
60. Ibid., pp. 292-293. (my translation).

체하고자 하는 프로젝트를 입안했던 최초의 사람이 아니라는 것을 각주에서 인정하고 있지만, 라스카사스가 1517년에 그 프로젝트에 대하여 글을 썼고 그 프로젝트가 흑인 노예무역이 조직되었던 시점에 나왔다고 주장하고 있다. 라스카사스가 그런 생각을 가졌다는 사실은 역사적으로 맞다. 그러나 노예무역이 조직화되었다는 사실이 그의 말 때문이었다고 하는 것은 정확한 것이 아니다. 그가 이것에 관해 글을 썼을 때, 노예무역은 이미 시작되었다. 이후에 라스카사스가 그러한 생각을 제안했다는 데에 상당히 후회를 했다는 사실을 명확히 밝히지 않은 것은 부정직한 일이다. 어찌됐든 간에 셸링의 의도는 명확히 흑인 노예제를 정당화하는 것이었다. 따라서 이것은 차이를 과대평가하는 이론들이 인종주의에 빠질 수 있다는 것을 보여준다.

인종주의가 오로지 차이를 인정하지 않는 데, 즉 그 또는 그녀의 문화적 특수성을 지닌 그 또는 그녀로서 타자를 받아들이지 않는 데 있다고 믿기 쉽다. 그러므로 상대주의, 다원주의가 그 답이 되는 것 같다. 유럽 사람들에게 선한 것이 필연적으로 라틴 아메리카 사람들에게 선한 것은 아니다. 따라서 일련의 가치들을 문화적으로 받아들이고 사용하는 것을 넘어서는 진리는 의심스러우며, 다원주의가 더 좋은 것처럼 보인다. 만일 몇몇 신념들이 단지 어떤 문화 내에서 사회적으로 널리 퍼져 있는 생활 습관들이기 때문이 아니라 좋은 이성에 근거해 있기 때문에 정당화되는 것이라고 사람들이 주장한다면, 다원주의는 창가에서 사라져버리고 인종주의는 살며시 기어드는 것처럼 보일 것이다. 나는 텔레비전 프로그램에서 눈에 띄었던 그러한 관점을 생각해본다. 어떤 사람이 윤리적 가치를 지지하려 한다면, 그는 인종주의자가 될 것이다. 왜냐하면 그는 다른 사람들의 잘못된 가치들을 포용하려 하지 않을 것이기 때문이다. 거기에는 윤리학과 다원주의 사이의 대립, 진리와 좋은 인종적 관계 사이의 대립이 있는 것처럼 보인다.

그러나 이것은 단지 겉으로 나타난 모습일 뿐, 필연적으로 진리를 타자의 수용과 양립할 수 없도록 만드는 실제적인 역설이 아니다. 사람들이 인종주의와 진리에 대한 믿음 사이에서 어느 한쪽을 선택해야 하는 것을 가정하는 경우는 없다. 사실, 나는 문화적 상대주의에는 보다 깊은 인종주의가 자리 잡고 있음을 주장하고 싶었다. 공통적 진리나 보편적 가치에 대한 절대적인 부정은 비교할 수 없는 문화들의 구성원들 사이에서 공유된 본성을 부정하는 쪽으로 쉽게 이끌린다. 이로부터 타자를 절대적으로 차이가 나는 존재로서, 각기 서로 다른(그리고 일반적으로 열등한) 인간성의 표준을 가지는 존재로서 구성하는 형태를 취하는 것은 바로 인종주의에 살짝 다가서는 것일 뿐이다. "동양인들은 '우리'가 하고 있는 식의 자치의 의미를 결코 이해할 수 없으며," 따라서 "서구 정치 제도들의 심리학이나 역학을 아시아 또는 아랍 상황에 적용시키는 것은 순전히 월트 디즈니와 같다."[61]는 깁스(H. A. R. Gibbs)의 표현들 속에 등장하는 다원주의의 탈을 쓴 이러한 인종주의 형태는 사이드에 의해 폭로되었다.

---

61. Said의 *Orientalism*, p. 107에서 예시되어 있는 H. A. R. Gibbs in the Haskell Lectures, University of Chicago, 1945.

호의적인 영국 여성이 나에게 이와 비슷한 것을 말해주었다. 민주주의는 안정적이고 온건한 성격을 지닌 우리 영국 사람들에게는 전적인 권리이다. 그러나 민주주의가 라틴 특유의 열정으로 이끌린다면, 당신은 그에 대처할 독재 또는 권위의 왕국이 필요할 것이다. 민주주의는 당신의 세계에서 작동하지 않을 것이다. 이것은 좀 더 심오한 형태의 인종주의이다. 그것은 어떤 사람들이 다른 어떤 사람들이 가지고 있는 합리성에 결코 도달할 수 없다고 말하는 것이다. 즉, 그들은 너무나도 차이가 난다는 것이다. 이와 같은 예는 교육에서도 반복된다. 즉, 다수자 아이들을 위한 표준이라고 생각되는 것에 대해서 소수자 인종 출신 학생들이 준비하도록 하는 것 대신에, 그 학생들 자신의 특수한 문화에 좀 더 잘 어울리지만 공식 학과들에서 제외된다면, 결정적으로 그 학생들의 장래 기회들이 사회적으로 불이익을 당할 수밖에 없을 다른 학과들이 그 학생들에게 필요하다고 주장하는 것이다. 이러한 물음이 사이드에 의해 잘 표현되어 있다.

사실 인간 실재가 순수하게 분리되는 것으로 볼 수 있는 것처럼, 인간 실재를 서로 다른 문화, 역사, 전통, 사회, 심지어 인종으로조차 분리할 수 있으며, 그리고 그 결과들이 인간적인 것으로 남을 수 있는가 하는 물음을 통해서 내가 묻고자 하는 것은 사람들을 "우리(서구인)"와 "그들(동양인)"로 나눔으로써 표현되는 적대를 피할 어떤 방법이 있는가 하는 것이다. 왜냐하면 그러한 분리가 어떤 사람과 어떤 다른 사람들 사이의 구별의 중요성을 강조하기 위해 역사적으로 그리고 실제적으로 사용해 온 일반성이기 때문

이지, 대체로 어떤 특별한 감동적인 목적을 향한 것이 아니기 때문이다.[62]

    영국의 몇몇 인종적 소수자들에게 이러한 물음은 일방적으로 답하기 쉽지 않은 것처럼 보이는데, 왜냐하면 그들이 그들의 차이로 인해 존중 받기 원하고, 그 차이에 자부심을 가지며, 주류 문화에 동화되길 원하지 않지만 이런 이유 때문에 동시에 열등한 존재로 차별 받거나 또는 열등한 존재로 취급받기를 원치 않기 때문이다. 문제의 요지는 총체적 동일성도 총체적 차이도 둘 다 모두 진정으로 동등한 타자의 구성을 결코 보장할 수 없다는 점인 것처럼 보인다. 츠베탕 토도로프(Tzvetan Todorov)가 말했듯이, "우리는 필연적으로 정체성을 수반하지 않는 동등성을 원하지만, 우성/열성이라는 형태로 변질되지 않는 차이도 원한다."[63] 이런 이상과 관련하여, 모더니티 속에 공존하는 보편주의와 상대주의라는 주요한 두 담론은 몇몇 위험성들을 드러낸다. 합리주의 이론이 자민족중심주의(타자에 대한 존중의 결여), 총체주의(차이에 대한 존중의 결여), 보편주의(공간적이고 지역적인 특수성에 대한 존중의 결여)와 초역사주의(역사적이고 시대적인 특수성에 대한 존중의 결여)의 위험을 가지고 있다면, 역사주의는 인종적 특수주의(과도한 차이의 강조), 본질주의(불변적인 정신으로서의 문화정체성), 상대주의(진리 불가능성)와 비합리주의(이성에 대한 공격)의 위험을 가지고 있다.

---

62. Ibid., p. 45.
63. T. Todorov, *La Conquista de América: el Problema del Otro*(México: Siglo XXI, 1989), p. 259. (my translation).

2장

이데올로기 그리고 이성에 대한 공격

개요

모더니티가 시작되었던 바로 그때부터 이미 부르주아 사회의 모순과 비합리성은 이성에 대한 과도한 확신을 침식했고 해방의 가능성에 대한 회의를 촉진시켰다. 특히 19세기 전반에 걸쳐 이성의 우월성에 대해 회의하고, 사회적 삶에서 비합리적 요소들의 역할을 강조하는 몇몇 사상의 흐름들이 나타났다. 그러므로 비합리주의는 이성에 대한 부르주아지의 낙관적인 믿음과 진보와 해방을 믿는 새로운 사회주의적 세계관, 양자에 대한 대응이었다. 시장이 촉진시키는 자유와 평등이라는 정치적 사상과 종교, 형이상학에 대한 의심은 인간을 움직이는 실질적인 비합리적 영향력을 은폐하는 경향이 있는 이성과 그것의 정교한 체계에 대한 회의로 바뀌었다.

따라서 이성에 의해 논리로 치장되어 있었던 정념(passions)과 권력 충동(power drives)의 정체를 밝히고자 하는 새로운 종류의 이데올로기 비판이 나타났다.

이 장에서는 쇼펜하우어와 니체의 상대주의적이고 염세적인 철학에서 시작하여, 이성에 대한 더 현대적인 공격을 전개한 비판 이론으로 끝나는 몇 가지 비합리주의 이론들을 다룰 것이다. 다른 이론들보다 이 이론들이 가지고 있는 중요성은 20세기 후반의 주요한 지적 경향 가운데 하나인 포스트모더니즘이 출현할 수 있는 지형을 예비하고 있다는 점이다. 이 이론들은 이성 비판이 매우 일찍부터 시작되었고, 모더니티의 과정 그 자체의 일부분을 형성하고 있다는 점을 보여주고 있다. 포스트모더니즘은 18세기까지 거슬러 올라가는 비합리적 이론 계열의 최신판이며 그것에 의해 영향을 받아 왔다는 점에서, 포스트모더니즘이 모더니티와 총체적으로 결별한 것이라는 주장은 불가능하다.

루카치는 비합리주의가 자본주의 발전의 주요 위기들과 연결되어 있는, 부차적이고 퇴행적인 현상이라는 이중적 의미에서 반동의 형태라고 주장한다.[1] 제1기의 비합리주의는 프랑스혁명의 결과로서 이데올로기 개념의 출현과 거의 동시에 나타났으며, 제2기의 비합리주의는 파리 코뮌의 맥락 안에서 발전했다. 제1기의 비합리주의는 기본적으로 부르주아 합리주의에 대한 반대였던 반면, 제2기의 비합리주의는 공산주의라는 전체주의적 합리주의 안에서 보다

---

1. Georg Lukács, *The Destruction of Reason*(London: Merlin Press, 1980), p. 104. [한기상 외 옮김, 『이성의 파괴』, 심설당, 1997.]

커다란 위협을 발견한다. 이런 식의 논리는 1차 세계대전과 러시아혁명, 2차 세계대전과 프랑스 68혁명, 그리고 1970년대 말과 1980년대 말, 1990년대 말의 지속적인 경기 후퇴와 같은 자본주의의 잇따르는 위기로까지 확장될 수 있다. 68혁명과 그 이후의 경기 후퇴는, 포스트모더니즘이 후기 자본주의의 문화 논리라는 프레드릭 제임슨(Fredric Jameson)의 생각을 정당화하는 것처럼 보인다.2 나는 비합리주의의 특별한 형태와 특정 시기의 자본주의 위기 사이에 존재하는 밀접하면서도 기계적인 관계를 정립하려고 하지는 않겠지만, 이 둘 사이에 밀접한 연관성이 있다는 점을 항상 마음에 담아 둘 것이다.

의지의 우월성 : 쇼펜하우어

프랑스혁명과 부르주아적 지배권의 확장에 의해 영향을 받았던 대부분의 근대 유물론 철학들은 이성의 이름으로 종교를 비판한 반면, 쇼펜하우어 철학의 새로움은 종교 비판을 이성에 대한 믿음으로부터 분리시켰다는 점에 있다. 사실, 그는 종교적인 세계관뿐만 아니라 인간 본성에 대한 합리주의적 관점도 공격한다. 이렇게 함으로써 그는 니체까지 이어지는 사상의 길을 열었다. 이들에게 과학과 이데올로기 사이의 대립은 더 이상 중요한 의미를 가지지

---

2. F. Jameson, 'Postmodernism, or the Cultural Logic of Late Capitalism', *New Left Review*, 146 (1984), pp. 53-93.

않는다. 오히려 이들은 이성 그 자체를 왜곡의 원천이라고 의심한다. 그러나 이런 의심이 가능하기 위해서는 이성의 역할이 격하되어야 한다. 이런 과정은 지성(intellect)과 의지를 구분하고 의지의 역할을 보다 강조함으로써 시작된다. 따라서 쇼펜하우어는 관념과 의지의 구별을 물자체(物自體, thing-in-itself)와 현상이라는 칸트(I. Kant)의 구별과 관련시킨다. 관념 또는 표상들(representations)이 현상 세계를 구성한다면, 이에 반해 의지는 물자체이다.3 그는 다른 철학자들이 지성과 의지 사이의 균형을 오해해 왔다고 보고, 이를 바로잡고자 한다. 인간은 자신의 이성이 아니라 자신의 의지에 의해 지배된다.

의지는 언제나 우리 의식에 있어서 제일의 사실(primacy fact)이고, 지성을 넘어서는 탁월함(pre-eminence)을 유지한다. 지성은 부차적이고 종속적이며 조건 지워진 것이다. …… 이것이 무엇보다도 먼저 증명될 필요가 있다. 왜냐하면 나 이전의 모든 철학자들은 처음부터 끝까지 인식적 의식이 본질, 어쨌든 인간의 핵심을 구성한다고 했기 때문이다.
나의 철학에서 인간의 본질을 구성하는 제일성은 의식이 아니라 의식과 반드시 연결되어 있는 것은 아닌 의지이다. 의지가 의식, 즉 인식과 맺는 관계는, 실체가 그것의 우연과 맺는 관계, 빛과 빛이 밝힌 대상과 맺

3. A. Schopenhauer, *El Mundo como Voluntad y Representación*(Buenos Aires: Aguilar, 1960), vol. 2, section 21, p. 110(쇼펜하우어에 관한 이 인용문과 다른 인용문들은 내가 번역하였다). 영어판, *The World as Will and Representation* (New York: Dover Publications, 1969)은 스페인판과 언제나 일치하는 것은 아니다. [곽복록 옮김, 『의지와 표상으로서의 세계』, 을유문화사, 1994.]

는 관계와 같다.4

　의지는 세계에서 가장 일차적이고 본질적인 힘이다. 의지의 현
존은 인식에 의존하지 않으며, 이것은 의지가 모든 자연의 맹목적
인 힘과 모든 동물적 행동 속에서 현존하고 "모호하고 어두운 충
동(vague and dark impulse)"으로 자기 자신을 드러낸다는 사실을 보
여준다. 의지는 오로지 인간의 경우에만 지성과 함께하는데, 그럴
때에도 의식의 통제를 받지 않는 모든 육체적인 기능들 안에서 맹
목적으로 작동한다. 그러나 보다 높은 단계에서 의지는 "개인의
생명을 유지하고 종족을 번식하기 위해서 꼭 필요한 보조 수단으
로서의 인식을 요구한다."5 그러면 인식과 이성은 의지의 다양한
기능들이 낳는 불이익을 보충하는 데 필수적인 의지의 도구 또는
수단으로 간주된다. 역설적이게도 이성의 현존은, 보다 높은 단계
에서 삶을 위해 이성이 나타나야 하는 만큼 의지는 확실한 지위를
잃어버리게 된다. "합리적 인식은 행위에서 의지의 충분한 구체화
를 방해하는 망설임, 불확실성, 오류를 만들어낸다. 이성과 함께
의지의 표현은 오류에 의해서, 즉 참된 것의 자리를 차지하려는
명백한 동기를 가짐으로써 거짓된 것으로 될 수 있다."6
　이것은 인식이 의지의 효능에 영향을 미칠 뿐만 아니라, 더 나아
가 의지의 작동이 우리가 진리를 알 수 있는 능력을 약화시킬 것이

---

4. Ibid., vol. 2, section 18, pp. 70 and 71.
5. Ibid., vol. 2, section 27, p. 150.
6. Ibid., pp. 151-152.

라는 점을 의미한다. 의지가 "무의식적이고 맹목적이고 저항할 수 없는 충동"으로 존재하는 한, 인식은 의지의 결정을 방해할 수 없지만 잘못된 정보와 자료를 제공함으로써 실제 행위를 의지와 일치되지 못하도록 할 수도 있다.7 다른 한편, 쇼펜하우어는 다음과 같이 말한다.

의지가 침묵하고 있지 않는 한, 지성은 자신의 기능을 명료하고 정확하게 수행할 수 없나. 의시의 모든 감각적인 동요는 지성의 작동을 혼란시킬 것이다. 그리고 그런 침입은 잘못된 결과를 낳는다. …… 본성상 항상 진리를 향하는 지성은 그 자신을 강제하며, 진실이 아니거나 믿을 수 없거나 때때로 가능하지 않는 것들을 참된 것으로 받아들인다. 이 모든 것을 지성이 하는 까닭은 의지를 달래거나 진정시키거나 잠재우려 하기 때문이다. 거기서 당신은 누가 주인인지와 누가 하인인지를 구별할 수 있다.8

다시 말해, 의지의 하인인 이성은 의지의 결정에 의해 오염될 수 있다. 이성은 종종 의지의 결정을 위한 잘못된 동기 또는 환영적인 동기들을 제공하도록 강제되지만, 이런 강제는 항상 의지의 결정 이후에만 가능한 것이다. 지성은 의지의 결정을 완전히 꿰뚫어 볼 수 없다. 지성은 오직 **후험적으로**(a posteriori) 동기와 정당화를 제공할 수 있다. 쇼펜하우어는 우리가 어떻게 이런 현상들

---

7. Ibid., vol. 3, section 55, p. 28.
8. Ibid., vol. 2, section 19, p. 83.

을 일상적인 삶에서 경험하는지를 보여줌으로써 이런 주장을 입증하고자 한다.

사랑과 증오는 전적으로 우리의 판단을 그릇되게 만든다. 우리는 자신의 적에 대해서는 결점만을, 우리가 사랑하는 것에서는 우수성만을 본다. …… 마찬가지로 우리가 어떤 계급이든 간에 우리의 관심은 우리의 판단에 대해 영향을 끼친다. 우리는 자신의 이익에 적대적인 것을 불공정하고 혐오스러운 것으로 판단한다. 따라서 모든 사람이 계급, 직업, 부문, 종교 등의 편견을 가지고 있다. 우리가 신봉하는 가설은 그 가설을 확증해주는 모든 것을 볼 수 있게 해주지만 그 가설에 반대하는 모든 것에 대해서는 눈을 감게 만든다. 우리의 지성은 우리의 성향이 만들어내는 환영을 따라 매혹되고 환각을 일으킨다.9

따라서 이성이 개인의 생명 유지와 종족의 번식을 위한 의지의 불가피한 도구라 하더라도, 이성은 세 가지 한계를 지닌다. 첫째, 이성은 사물의 본질을 완전히 이해할 수 없고 단지 사물들 사이의 외부적인 관계만을 지각할 수 있는 겉모습의 세계에 한정되어 있다. 사물의 내적인 존재로서 실체는 이런 외부적인 파악을 넘어서 있다. 둘째, 의지가 물자체로 정의됨으로써 이성은 의지를 실제로 이해할 수 없다. 셋째, 이성이 본질적으로 진리를 향한다고 하더라도 이성은 본래 의지의 도구이며, 바로 그렇기 때문에 이성은 종종

---

9. Ibid., p. 84.

의지에 의해 속임을 당하고 그래서 자신이 추구하는 진리라는 목표로부터 빗나간다. 우리가 보았듯이, 의지로부터 나온 본래의 관심은 인식을 편견으로 바꾸어 놓고, 지성으로 하여금 가면을 만들도록 강제하고, 행동에 대한 잘못된 동기를 제공하도록 한다. 이것은 "삶이 지속적인 고통"[10]이며, 의지가 가혹한 결정을 해야 하기 때문에 필연적이다. 만약 의지가 이성으로 하여금 원초적인 잔혹함을 감추도록 강제하지 않거나 적어도 희망으로 하여금 고통을 감추도록 하지 않는다면, 어떤 사람도 삶을 지속시키길 원하지 않을 것이다. 쇼펜하우어가 주장했듯이, 희망은 "의지 안에서 구성된다. 말하자면, 의지가 원하는 대상을 제공하지 못했을 때, 지성으로 하여금 최소한 그것의 이미지라도 내놓도록 강제하고, 아이를 달래는 유모처럼 위안자의 역할을 수행하도록 하며, 진리의 겉모습을 제공하는 이야기를 하도록 강제한다."[11]

따라서 위의 세 번째 한계는 삶을 속이는 이중적 왜곡의 의미를 드러낸다는 점에서 이데올로기에 대한 비판적 생각을 제안하고 있다. 첫 번째 의미에서 이데올로기는 현존의 고통을 완화시키는 수단이자 위안자, 마취제로서 이성에 의해 만들어진다. 두 번째 의미에서 이데올로기 안에서 인식의 결과물은 정념, 이해, 성향, 충동들, 즉 의지의 가능한 표현들 모두에 의해 왜곡된다. 베이컨(F. Bacon)은 우상의 공통적인 원천을 결코 의지라고 생각하지 않았다. 그럼에도 불구하고 베이컨의 우상이론은 이런 이데올로기의 함축

---

10. Ibid., p. 100.
11. Ibid., p. 83.

적인 개념과 유사성을 가지고 있다. 이런 두 가지의 경우에, 우상 또는 의지가 가만히 있다면 이성은 진리에 도달할 수 있다. 그러나 베이컨은 인간이 마음속에서 일어나는 우상을 통제할 수 있다고 본 낙관론자였다면, 쇼펜하우어는 지성이 결코 의지를 통제할 수 없다고 본 비관론자였다. 이성이 목표로 할 수 있는 것은 오로지 의지에 의해 영향을 받지 않는 것뿐이며, 잠시라도 의지의 영향으로부터 해방되는 것뿐이다. 오직 예외적으로, "미(美)에 대한 지각과 미학에서, 그리고 천재의 의식 속에서만 우리는 의지로부터 완전히 해방된 의식의 상태, 순수 의식에 도달한다."[12] 이것이 의미하는 바는 오직 지성활동이 최고의 단계에 도달할 때에만 기만으로부터 벗어난 객관적 인식을 획득할 수 있다는 것이다. 이것은 오직 천재들에게서만 일어난다. 쇼펜하우어는 다음과 같이 주장한다.

천재의 인식 형태는 의지로부터 자유롭다. 지성이 본질적으로 의지를 피해 갈 수 있을 때에만 탁월한 작품이 생산될 수 있다. 이것은 어쩌다가 한 번씩만 일어난다. 평범함은 본질적으로, 지성이 여전히 의지에 종속되어 있고 의지의 명령에 따라 작업하기 때문에 전적으로 의지에 봉사한다는 사실에 있다.[13]

매우 예외적이기는 하지만, 만약 의지의 몰아침이 전적으로 활기

---

12. Ibid., vol. 2, section 22, p. 136.
13. Ibid., vol. 2, section 31, p. 279.

가 없을 때라면 이성은 진리에 도달할 수 있고 이 경우, 이성은 일 상적으로 작동하는 거짓된 동기와 거짓말, 선입견을 드러낼 수 있을 것이다. 그러나 이런 경우에서조차 쇼펜하우어가 했던 것처럼 이성은 의지의 도구일 뿐이라는 결론에 도달할 수밖에 없다. 그럼에도 불구하고 여기서 분명한 하나의 문제가 제기된다. 도대체 의지의 단순한 도구에 불과한 이성이 어떻게 이데올로기적 속임수를 비판하기 위해서일 뿐만 아니라 자신의 노예 상태를 인식하기 위해서 의지로부터 완전히 분리될 수 있는가? 사실상 삶에의 의지에 봉사하는 도구일 뿐인 이성이라는 개념과 삶에의 의지가 간섭하지 않을 때 진리에 도달할 수 있는 이성이라는 개념은 서로 모순적이다. 삶에의 의지는 그 자체로 진실이며 간섭을 멈출 수 없는 것이거나 아니면 이성은 의지의 노예를 넘어선 어떤 것이다. 쇼펜하우어의 이론은 삶과 삶의 무수한 난관이라는 관점에서 볼 때, 전반적으로 염세주의적일 뿐만 아니라 다소 희망적으로 본다고 할지라도 근본적으로 엘리트주의와 귀족주의일 뿐이다. 오직 천재들과 위대한 예술가들만이 의지의 지배를 벗어나 진리에 도달할 수 있다. 나머지 인간들에게서 평범함은 운명인 것처럼 보인다.

　루카치는 쇼펜하우어가 이론과 실천, 또는 이론과 인간 활동의 모든 관계가 이론을 더럽히는 것으로 나타날 수밖에 없을 정도로 본질과 현상, 현상과 실체 사이의 급진적인 분리를 도입했다는 점을 지적하고 있다. 따라서 적절한 이론은 순수한 관조(contemplation)여야만 한다.[14] 이런 측면에서 쇼펜하우어 철학의 이데올로기적 성격이 전면에 떠오른다. 그것의 전반적인 염세주의와 엘리트주의는,

모든 사회적 활동을 무의미한 것으로 간주하기 때문에 사회를 변화시키려는 어떠한 노력도 의미가 없다는 수용과 체념을 양산한다. 루카치가 지적했듯이, 염세주의는 처음부터 모든 정치적 활동의 부조리를 설명하는 철학적 근거였다.[15] 그러나 더 주목해야 할 점은 쇼펜하우어 철학에서의 이데올로기적 메커니즘은 보통의 염세주의 철학보다 훨씬 더 세련돼 있다는 사실이다. 그는 단순하게 사회의 모순을 감추고 부인하지 않는다. 그는 사회의 모순들로부터 출발한다. 그러나 그는 이런 모순이 가지고 있는 의미를 제거한다. 그는 사회의 모순들이 자본주의로부터 나온 문제이며 정치적 행위에 의해 극복될 수 있는 문제라고 하는 대신에 사회의 모순들이 모든 실존의 일반적 조건이라는 식으로 둘러댄다. 그는 모순들을 삶의 자연스러운 귀결로 잘못 이해함으로써 그것들의 해결 가능성을 부인한다.

힘에의 의지 : 니체

니체가 이성에 대한 공격에서 쇼펜하우어의 영향을 받았다는 점은 분명하다. 그러나 그는 의지가 활동을 하지 않는, 매우 드물지만 불가능하지 않은 상황을 천재들이 성취할 수 있다면 지성은 진리에 도달할 수 있다는 쇼펜하우어의 관점을 기각했다. 이것은 쇼펜

---

14. Lukács, *The Destruction of Reason*, pp. 232-233.
15. Ibid., p. 203.

하우어에게 이데올로기란 지성에 의해 생산되는 것임에도 불구하고 이데올로기의 실제적인 원인은 의지에 오염된 간섭과 속임이라는 것을 의미한다. 니체에게 이것은 환상이다.

인식하는 자를 위하여 거대한 욕정의 권리를 되찾아야 한다! 무아와 객관성의 숭배가 인식의 영역에서 잘못된 등급의 위계를 창조하고 난 이후에 말이다. 쇼펜하우어가 "참된 것", 인식으로 가는 유일한 길은 정확히 의지로부터 자유로운 상태에 놓여 있을 때이고, 의지로부터 해방된 지성은 사물의 참된, 실제적 본질을 볼 수 있다고 말했을 때 오류는 정점에 도달했다.[16]

쇼펜하우어는 아직까지 희미하게나마 의지와 정념들에 대한 비판, 그리고 간섭과 오염 같은 효과들에 대한 비판을 감추고 있었다. 거기에는 아직까지 지성에 적합한 대상인 진리의 가치에 대한 향수가 명백히 존재했다. 그러나 이와 반대로, 니체에게서 문제는 이성을 오염시키는 의지 안에 머무르는 것도, 진리를 이성의 주요한 목적으로 믿는 데에도 있지 않았다. 그것이 왜 니체와 더불어 비합리주의적 전통의 예리함이 더욱 강화되고 이데올로기에 대한 더욱 비판적인 개념이 이끌려 나오는가 하는 이유이다. 우선, 그는 인식, 의식, 논리, 이성의 형식적 범주들, 과학, 진리에 대한 폭넓은 비판을 전개한다. 니체에게 이런 것들은 모두 힘에의 의지

---

16. F. Nietzsche, *The Will to Power*(New York: Vintage Books, 1968), section 612, p. 329. [강수남 옮김, 『권력에의 의지』, 청하, 2003.]

로 간주되는 생명의 보존을 위한 하인이자 도구일 뿐이다. 힘에의 의지는 삶을 위한 통제와 지배를 추구할 뿐 보편적인 진리에 대한 관심을 가지고 있지 않다. 니체가 모든 형태의 인식과 진리 자체의 타당성을 의심했다는 맥락에서 그가 관심을 가지고 있는 것은 이성에 대한 물음이 아니라 힘에 대한 물음이다. 니체는 "순수이성", "절대정신", "인식 그 자체"와 같은 범주를 기각하고 의식적인 상대주의(conscious relativism)를 제기한다. 나중에 칼 만하임(K. Mannheim)이 "지식사회학(Socoiogy of Knowledge)"에서 발전시킨 관점주의라는 생각을 진전시키기 위해 니체는 "**오로지** 관점적인 봄, 관점적인 '인식'만이 있을 뿐이다."[17]라고 주장한다.

인식이란 삶을 증진시키는 데 이용되는 수단, 도구일 뿐이다. 인식의 기원은 "전유와 정복을 향한 충동으로까지 거슬러 올라갈 수 있다."[18] 그래서 진리는 인식의 주요한 목적이 될 수 없다. 생명 유지라는 측면에서 거짓은 진리만큼 중요하거나 진리보다 더 중요한 것이 될 수 있다. 니체는 "기만당하지 않기 위한 어떤 추상적이고 이론적인 욕구가 아니라, 자기보존의 유용성이 인식 기관의 발전 배후에 있는 동기"[19]라고 주장한다. 사실, 삶은 "논거들을 드러냄으로써 근절할 수 없는"[20] 거짓된 가치들을 요구한다. 니체는 "최상의 거짓된 판단들은 …… 우리에게 매우 필수적인 것이며 ……

---

17. F. Nietzsche, *On the Genealogy of Morals*(New York: Vintage Books, 1989), section 12, p. 119. [김정현 옮김, 『니체전집 14』, 책세상, 2007.]
18. F. Nietzsche, *The Will to Power*, section 423, p. 227.
19. Ibid., section 480, p. 266. [같은 책.]
20. Ibid., section 262, p. 151. [같은 책.]

거짓된 판단들을 포기하는 것은 삶을 포기하는 것이며 삶을 부정하는 것"[21]이고 주장한다. 다른 한편, 어떤 "진리"는 "정신의 강함이 진리를 희석시키고, 감추고, 부드럽게 만들고, 기세를 꺾고, 거짓으로 만드는 것을 **요구하는** 정도에 …… 의해 측정될" 정도로, "너무나 해롭고 위험한 것"[22]이다.

다시 말해, 의식은 실제로 개별적 존재가 아니라 무리 안에서 의사소통을 해야 하는 인간의 필요성으로부터 출현한, 유기체의 진화 과정에서 매우 뒤늦게 발전된 것으로 간주된다. 의식은 의식과 다른 본질적인 인간의 본능들이 더 강력하다는 사실에 의거하지 않고 있다는 바로 그 점 때문에, 인간을 죽음으로까지 이끌 수 있는 무수한 오류와 기만들의 원천이다.[23] 사실, 니체는 "의식성의 증대는 위험"[24]이고 동물적 기능이 의식보다 "수백만 배" 더 중요하다고 주장한다. 의식은 동물적 기능을 위한 도구로 봉사하는 경우를 제외하고는 과잉이다.[25] 문제는 "의식성을 총체적인 삶의 도구이자 특수한 측면으로 이해하는 대신에, 우리가 의식을 삶의 기준이자 조건으로 단정한다."[26]는 점에 있다. 논리와 이성의 범주에 대해서도 동일하게 말할 수 있다. 니체는, 사람들이 논리와 이성

---

21. F. Nietzsche, *Beyond Good and Evil*(New York: Prometheus Books, 1989), section 4, pp. 8-9. [김정현 옮김, 『니체전집 14』, 책세상, 2007.]
22. Ibid., section 39, pp. 53-54.
23. F. Nietzsche, *La Gaya Ciencia*(*The Gay Science*)(Buenos Aires: Ediciones del Mediodia, 1967), section 11, p. 27.
24. Ibid., section 354, p. 206.
25. F. Nietzsche, *The Will to Power*, section 674, p. 355.
26. Ibid., section 707, p. 376.

의 범주를 "공리적 목적을 위해 세계를 조정하는 수단(기본적으로 편리한 **위조**(falsification)를 향하는 것)으로 보는 대신에, 논리와 이성의 범주 속에서 파악된 것들을 진리와 **실재성**(reality)의 기준이라고 믿는다."[27]는 점에서 철학의 탈선이라고 혹평하고 있다. 니체에게 "비논리적인 것은 인류를 위한 필요"이며, "보다 많은 좋음(good)은 비논리적인 것에서 생긴다."[28]

니체는 진리가 한편으로 불활동(inertia), 즉 "만족을 불러일으키는 가설"[29]과 같은 종류라고 주장한다. 왜냐하면 사람들은 일반적으로 진리가 발견되어지는 것이라고 믿기 때문이다. 진리는 무지와 오류를 제거한다고 가정되며, 그 결과 "검증, 탐구, 신중, 실험에의 의지는 마비되고" 계몽과 인식을 향해 작동하는 힘은 차단된다.[30] 니체에 따르면, 진리는 "거기에 있는 어떤 것, 발굴되고 발견되어야 할 어떤 것이 아니라 오히려 창조되어야 할 어떤 것이다."[31] 다른 한편, 진리는 오류에 대한 반정립(antithesis)이 아니고 오히려 인류가 가진 진리는 궁극적으로 반박할 수 없는 오류들이다.[32] 니체는, 사실상 "우리의 유기체는 진리와 상반되는 것을 향해 나아간다."[33]고 주장한다. 또한 그는 "진리는 어떤 생명을 가진

---

27. Ibid., section 584, p. 314.
28. F. Nietzsche, *Human all too Human*(Cambridge: Cambridge University Press, 1986), section 31, p. 28. [김미기 옮김, 『니체전집 7』, 책세상, 2007.]
29. F. Nietzsche, *The Will to Power*, section 537, p. 291.
30. Ibid., section 452, p. 248.
31. Ibid., section 552, p. 298.
32. F. Nietzsche, *La Gaya Ciencia*, section 265, p. 141.
33. Ibid., section 110, p. 103.

종이 살기 위해 만들어낸 오류의 일종"34이라는 주장을 유지한다. 이런 특별한 종류의 오류에 대한 필요성은 생명 보존과 성장을 위한 요구들로부터 생겨난다. 이것은 모순적이지 않다. 왜냐하면 이것은 "어떤 것이 참된 것이다."라고 말하는 것이 아니라, "필요로 되는 것이 참된 것을 간직하고 있는 어떤 것**이다.**"35라고 말하기 때문이다. 따라서 생명을 위한 진리의 도구적 성격(instrumentality)이 다시 확인된다. 그리고 생명은 힘에의 의지이기 때문에 진리의 원천은 힘 안에서 추구되어야만 한다. 니체가 말했듯이, "진리의 방법은 진리의 동기로부터 창조된 것이 아니라 힘에의 동기로부터, 우월한 자가 되고자 하는 동기로부터 창조되었다."36 이것이 왜 진리가 전쟁의 무기이며 파괴의 도구라고 말해질 수 있는가 하는 이유이다.37 따라서 니체는 진리의 기준을 "힘에의 감정의 고양 속에 있는 것"38으로 설명한다.

사람들은 니체에게서 과학이 다르게 다루어질 수 있거나, 또는 금욕적이고 종교적인 이상에 대항하는 치료제가 될 수 있다고 오해하는 경향이 있다. "아니다! 내가 금욕적 이상의 천성적 적대자를 찾을 때 과학은 나에게 적합하지 않다."39 과학 또한 "믿음에 의거하기"40 때문에 종교와 마찬가지로 이데올로기적 성격을 피할 수

34. F. Nietzsche, *The Will to Power*, section 493, p. 272.
35. Ibid., section 507, pp. 275-276.
36. Ibid., section 455, pp. 249-250.
37. Ibid., section 457, pp. 250-251.
38. Ibid., section 534, p. 290.
39. F. Nietzsche, *On the Genealogy of Morals*, section 25, p. 153.
40. F. Nietzsche, *La Gaya Ciencia*, section 344, p. 189.

없다. 따라서 니체는 "오, 오늘날 과학이 은폐하지 않는 것이 있을까! 과학은 적어도 얼마나 많은 것을 은폐**해야만 하는가**! …… 자기 최면 수단으로서의 과학, **당신은 그것의 경험을 가지고 있는가?**"[41]라고 외치고 있다. 금욕적 이상에 반대하기 위해 과학은 금욕적 이상과 더불어 본질적인 것, 말하자면 진리에 대한 믿음과 과대평가를 공유하고 있다. "그러나 〔과학〕하는 자들을 **강제하는 것**, 즉 진리를 향한 무조건적인 의지는 비록 무의식적인 정언명법(定言命法)일지라도 **금욕적 이상 그 자체에 대한 믿음**이다. 이 점을 착각해서는 안 된다. 이것은 **형이상학적** 가치, **진리**의 절대적 가치 안에 있는 믿음이며 이런 이상에 의해서만 시인되고 보증되는 믿음이다."[42] 이것이 현대 과학과 금욕적 이상 사이의 필연적인 동맹을 만들었다. 니체는 진리에 대한 믿음이 형이상학적 믿음이라는 점을 지적한다. 왜냐하면 진리에 대한 믿음은 "삶의 세계, 자연의 세계, 그리고 역사의 세계와는 다른 세계를 긍정"[43]하기 때문이다. 진리의 가치는 정당화를 요구한다. 그러나 대부분의 철학자들은 이것을 깨닫지 못한다. 왜냐하면 "지금까지 금욕적 이상이 모든 철학을 **지배했고**, 진리는 존재, 신, 최고 법정에의 호소로 단정되었으며 진리가 문제시되는 것을 **허용하지** 않았기 때문이다."[44] 따라서 "진리에의 의지는 비판을 요구한다. …… 한번은 실험 삼아 진리의 가치를 **문제** 삼아야만 한다."[45]

---

41. F. Nietzsche, *On the Genealogy of Morals*, section 20, p. 147.
42. Ibid., section 24, p. 151.
43. Ibid., p. 152.
44. Ibid.

그렇다면 니체의 인식과 이성에 대한 체계적인 비판은 이데올로기 비판을 향하고 있다. 인식과 이성은 세 가지 의미에서 이데올로기적인 왜곡의 형태이다. 첫째, 인식과 이성은 "의미가 없는 거짓, 잔혹, 모순, 유혹적인" 것으로서 세계의 현실을 은폐한다. 둘째, 인식과 이성은 생명의 보존이 위조, 기만, 거짓, 공격과 위해(危害)를 요구한다는 사실을 은폐한다. "우리는 이 현실(reality)을 정복하기 위해서 **거짓을 필요로 한다**. ······ 그런 거짓은 살기 위해 필요로 되는, 겁이 많고 의심스러운 실존이 가진 성질 그 자체의 일부"[46]라는 사실을 인식과 이성은 감춘다. 셋째, 인식과 이성은 초연한 척하면서 보편적인 진리의 하인을 자처한다. 이것은 니체에게 이제까지 범해왔던 가장 거대한 오류이다. "사람들은 자신이 이성의 형식 안에서 현실의 기준을 소유하고 있다고 믿었다. 그러나 사실 사람들은 현실의 주인이 되기 위해서, 그리고 약삭빠른 방법으로 현실을 오인하기 위해서 인식과 이성을 부여잡고 있다."[47]

인식의 이데올로기적 오류와 기만은 이중의 역할을 수행한다. 한편으로, 그것들은 우리에게 삶을 지속시킬 수 있는 힘을 제공하며 우리로 하여금 삶에 유혹당하도록 한다. 만약 삶이 신뢰받도록 고양되지 않으며, 잔혹과 무의미의 현실이 가진 무시무시한 성질이 은폐되지 않는다면 사람들은 살기를 원하지 않을 것이다. 이것이 왜 형이상학, 도덕, 종교 그리고 과학이 거짓의 다양한 형태들임에

---

45. Ibid., p. 153.
46. F. Nietzsche, *The Will to Power*, section 853, p. 451. reality는 문맥에 따라 현실 또는 실재성으로 번역하였다.—옮긴이
47. Ibid., section 584, pp. 314-315.

도 불구하고 "이런 거짓의 다양한 형태들의 도움과 함께 사람들이 삶에 대한 **믿음**을 가질 수 있게"[48] 되는가 하는 이유이다. 이것은 특히 도덕성이 가진 진실이다.

인간에 의해 모독당하고 억압받은 사람이나 계급들이 절망에 대항하여 생명을 보호하고 무(nothing)를 넘어서게 하는 것은 도덕이다. 자연이 아니라 인간에 대항하는 힘없는 존재의 경험이 현존에 반하는 가장 심각한 자포자기를 낳기 때문이다. …… 만약 고통을 겪고 억압받는 자들이 힘에의 의지를 경멸하는 권리를 가지고 있다는 믿음을 잃어버린다면, 그들은 희망을 상실한 절망의 단계로 들어갈 것이다.[49]

이런 이성과 도덕의 역할을 예술 또한 공유하고 있다. 니체에게 예술은 "삶을 가능하게 하는 위대한 수단이며, 삶에의 위대한 유혹이며, 삶의 위대한 흥분제(stimulant)"[50]이기 때문이다. 다른 한편, 이성의 이데올로기적 성질은 자기 자신을 보호하고 정복자를 위해서 타자를 감추고 속이는 데 사용될 수 있는 무기이다. 심지어 진리에의 의지는 힘에의 의지에 봉사하기 위해 "**부도덕한** 수단들을 사용"하며,[51] 이미 앞에서 보았듯이 전쟁의 무기와 파괴의 수단으로 간주될 수 있다. 삶을 창조하는 자들의 등급이 올라가면 올라갈수록 위선도 그만큼 더 거대하게 증가한다.[52] 니체는 "더 높

---

48. Ibid., section 853, p. 451.
49. Ibid., section 55, pp. 36-37.
50. Ibid., section 853, p. 452.
51. Ibid., section 583, p. 314.

고 더 근원적인 삶의 가치는 일반적으로 가상·기만에의 의지, 이기심과 탐욕에 할당되어지며"[53] "위대한 인간 속에는 부정의, 거짓, 착취와 같은 삶의 자질들이 최대로 들어 있다."[54]고 주장한다.

이런 생각들이 이데올로기 이론을 향하고 있는 한에서, 니체는 도덕에 대한 특별한 분석, 더 정확히 주인의 도덕과 무리 또는 노예의 도덕을 비교함으로써 이런 생각들을 완성하고 있다. 주인의 도덕은 "승리자의 긍정 그 자체"로부터 나오는 반면, 노예의 도덕은 "밖에 있는 것, 나른 것, 그리고 '그 자신이 아닌 것'에 대해 NO라고 말하는 데에서 시작한다. 그리고 **이** NO가 노예도덕의 창조적인 행위(deed)이다."[55] 니체에게 노예의 도덕은 세 가지 종류의 위조를 수반한다는 점에서 이데올로기적 형태로 여겨진다. 적은 악으로 위조된다. 노예 자신의 허약성은 덕(德)으로 위조된다. 그리고 지배를 향한 자연스런 본능은 나쁜 것(bad)으로 위조된다.

첫째, 노예의 도덕은 억압하는 계급 또는 주인의 이미지를 위조해야만 하기 때문에, 억압하는 계급 또는 주인에 대한 필수적인 참조(necessary reference)를 요구한다. 만일 사람들이, 유사한 위조 메커니즘이 하층계급에 대한 귀족적인 경멸에서도 나타난다고 주장한다면, 이에 대해 니체는 "심지어 경멸의 효과, 즉 우월한 자가 위에서 내려다보는 것의 효과가 경멸하고 있는 것의 이미지를 **위**

---

52. Ibid., section 544, p. 292.
53. F. Nietzsche, *Beyond Good and Evil*, section 2, p. 7.
54. F. Nietzsche, *The Will to Power*, section 968, p. 507.
55. F. Nietzsche, *On the Genealogy of Morals*, section 10, p. 36.

조한다고 하더라도 그것은 어떤 경우에도 무기력한 자의 퇴행적 증오와 복수가, 물론 이 또한 그 초상에 대한 것이지만 자신의 적을 위조하는 것에 비해서 훨씬 덜한 것"[56]이라고 주장한다. 고귀한 사람은 도덕을 그 자신의 행위에 관한 적극적인 확신으로부터 끌어내기 때문이다. "그들은 적을 심문함으로써 자신의 행복을 인위적으로 꾸미거나 또는 **원한**을 가진 모든 인간들이 습관적으로 하는 것처럼 자신이 행복하다고 자기 자신을 설득하거나 **속일** 필요가 없었다. 게다가 그들은 에너지가 충만하고 따라서 **필연적으로** 활동적인 원숙한 사람으로, 행복이 행위로부터 분리될 수 없다는 것을 알고 있다."[57]

위조의 두 번째 유형은 노예의 무능력을 마치 의지된 것이며 가치 있는 성취라도 되는 듯이 가장하려는 시도이다. 노예는 허약하고 수동적이고 조심스럽다. "그러나 심지어 벌레마저 소유하고 있는 하층민의 이런 신중함은 …… 무능력의 위조품이며 자기기만 덕택에, 마치 천한 인간의 **본질**이고 결과이며 그들의 피할 수 없는, 제거할 수 없는 현실인 약자의 허약성이 자발적인 성취였고 의지된 것이자 선택된 것이며 **증서이자 칭찬받을 만한** 행위였던 것처럼 신중함 자체에 평온, 조용한 체념의 덕이라는 화려한 옷을 입힌다."[58] 이것이 왜 니체가 노예가 가진 행복에 대한 생각을, "긴장을 완화시키고 사지를 풀어놓는, 간단히 **수동적으로** 만드는, 본

---

56. Ibid., p. 37.
56. Ibid., p. 37.
57. Ibid., p. 38.
58. Ibid., section 13, p. 46.

질적으로 마취제이고 마약이며 안식처이며 평화이며 '안식일'"[59]이라고 서술할 때, 그 용어가 맑스가 종교의 이데올로기적 기능을 서술할 때의 용어와 유사한가 하는 이유이다. 노예의 도덕이 가진 이데올로기적 메커니즘은 실천적으로 그들의 상황을 변화시킬 수 없는 무능력에 대한 보상을 마음속으로 추구하는 것이다. 니체가 말했듯이 노예는 "상상적인 복수(imaginary revenge)로 보상받으면서 진정한 반작용, 행위에 의한 반작용을 부정한다."[60]

셋째, 노예의 도덕은 사랑과 증오, 관대와 복수, 좋은 본성과 분노가 함께 있다는 사실, 그리고 "얼마나 악한 존재인가를 아는 조건 하에서만 선한 존재가 될 수 있다."[61]는 사실을 은폐한다. 이것은 "누군가의 적이 될 수 있고, 해(害)를 끼칠 수 있고, 격노할 수 있으며, 복수할 수 있는 그런 사람은 자신의 본능을 거세해야 한다."[62]고 요구함으로써 노예의 도덕이라는 가면을 쓰고 부정하는 삶의 본성이다. 니체는 이데올로기라는 용어를 매우 드물게 사용했는데, 그중에 한 곳에서 그는 덕에 대한 이런 일면적 고려, 힘(force)과 자기 확신과 삶에 대한 이런 거부를 "병과 이데올로기적 반자연성"으로, "선과 악의 이데올로기"로 묘사하면서, "이때까지 이보다 더 위험한 이데올로기는 결코 존재하지 않았다."는 주장을 굽히지 않는다.[63] 노예의 도덕은 너무나 위험하다. 왜냐하면 노예

---

59. Ibid., section 10, p. 38.
60. Ibid., p. 36.
61. F. Nietzsche, *The Will to Power*, section 351, p. 191.
62. Ibid., p. 192.
63. Ibid., pp. 192-193.

의 도덕은 "고차적인 유형을 성취하기 위한 자연스러운 노력에 대항하는 적대적 운동"을 구성하기 때문이다. "그것의 결과는 전반적인 삶에 대한 불신이고 …… 감각들에 대한 적의이며 …… '고차적인 본성'의 타락이자 자기 자신의 파괴이다. 왜냐하면 정확히 그런 것들 안에서만 갈등이 의식되기 때문이다."[64]

맑스에게서 이데올로기는 분명히 지배 계급의 이해에 봉사하고 피지배 계급에 대한 지배를 돕는 니체의 이데올로기는 노예의 도덕 안에 있는 "거짓 평가"로서, 고차적 유형에 대항하고 피지배 계급 대중의 이익을 목적으로 하는 것처럼 보인다. 첫째, 이데올로기는 절망에 대항하여 삶을 보호하기 때문이다. "만약 고통을 겪고 억압받는 자들이 힘에의 의지를 경멸하는 권리를 가지고 있다는 믿음을 잃어버린다면 그들은 희망을 상실한 절망의 단계로 들어갈 것이다."[65] 둘째, 이데올로기는 "최고로 근사하면서 우수한 인간을 부정하는 것"에 도움을 주며 "정복자들에 대항하는 피지배자들의 권리에 대한 복종을" 촉진시키기 때문이다.[66] 이것이 왜 니체가 노예의 도덕을 "보편적인 부정직(university dishonesty)"을 야기하는 병이라고 하면서 생명을 부정하고 최상의 인간조차 좀먹는 암이라고 반대하는가 하는 이유이다. 사실, 니체는 자연 선택이 보다 더 강한 유형을 선호한다는 다윈(Erasmus Darwin)의 낙관적인 견해에 반대하고 "최고로 강하면서도 복 받은 사람조차 조직된 무리 본능과

---

64. Ibid., section 400, p. 216.
65. Ibid., section 55, p. 37.
66. Ibid., section 362, p. 198.

맞서게 되었을 때 허약해지며,"67 무리의 가치가 상층의 인간을 사로잡는다는 점을 고수한다. 그러나 니체는 그것의 다른 측면을 깨닫지 못할 정도로 영리하지 못한 사람이 아니다.

"사랑"과 자기 긍정의 **억압**, 끈기와 인내, 도움, 그리고 말과 행동의 협력을 강조하는 원리와 종교는, 지배자들의 관점에서 나온 것이라고 할지라도 그런 계급들[하층계급-옮긴이]에게 최상의 가치가 될 수 있다. 왜냐하면 그런 원리와 종교는 경쟁자의 감정, 즉 혜택을 적게 받는 사람들에게 너무나 자연스러운 감정인 **분노**와 시기심의 감정을 억누르기 때문이다. 심지어 그것은 노예, 종속, 빈곤, 병적인 삶을 신성시하며 겸손과 복종의 이상(ideal)으로 그들의 열등감을 신비화한다. 이것이 왜 지배하는 계급이나 인종, 그리고 개인들이 언제나 무욕에의 동경과 비천한 자의 복음, 그리고 "십자가 위의 신"을 떠받드는가 하는 이유이다.68

이데올로기로서 노예의 도덕은 이미 보았듯이 세 가지 의미에서 왜곡과 위조일 뿐만 아니라 "양심의 가책"의 형태이다. 다시 말해, 사람이 사회로 들어가는 순간, 사람은 자신을 부추기는 충동으로서 배회, 공격, 정복과 파괴로부터 더 이상 자유로울 수 없으며 이때 그는 의식을 단순화한다. "밖으로부터 부여된 책임을 벗어나려는 모든 본능은 **내부를 향한다**. …… 적의, 잔인함, 학대, 공격, 변화, 파괴에서의 쾌감, 이 모든 것은 그런 본능들을 소유한 자들에 대

---

67. Ibid., section 685, p. 364.
68. Ibid., section 373, p. 201.

항하는 것으로 전환한다. **이것이** '양심의 가책'의 기원이다."[69] 이런 입장은 몇 년 후에 보게 될 프로이트의 이론에 영향을 미쳤다. 심지어 니체는 "인류가 그 자신의 동물적 과거로부터 강제적으로 분리되어 나온 결과로, 아직까지 치유하지 못하고 있는 매우 위독하면서도 무시무시한 병, **인간에 대한, 자기 자신에 대한** 고통이라는 병"[70]에 대해 말하고 있다.

또한 노예의 도덕은, 마치 맑스가 부르주아지는 계급의 환상을 만들어내는 그 자신의 이데올로그를 가지고 있다고 했던 것처럼 그들의 이데올로기를 퍼뜨리는 대행자들(agents)을 가지고 있다. 무리의 이데올로그는 맹수에 대항하여 무리를 방어하는 금욕적인 사제이다. 그러나 그들의 방어는 활동적이거나 혁명적인 것이 아니다. 오히려 그것은 "**원한**의 방향"을 바꾸고, 고통에 무감각해지는 수단을 제공하며 위안을 주는 것으로 구성되어 있다.[71] 무리의 구성원은 불평을 한다. "나는 고통스럽다. 누군가가 그것에 대해 책임을 져야 한다." 이에 금욕적인 사제가 답변한다. "오, 그래, 나의 어린 양이여! 누군가는 그것에 대해 책임을 져야 한다. 그러나 너 자신이 바로 그 누구이다. 너 자신이야말로 그것에 대한 책임을 져야 마땅하다. …… 이것은 너무나 뻔뻔스럽고 그릇된 말이다. 그러나 이것으로 적어도 한 가지는 이루어졌다. **원한**의 방향은 **변경되었다**."[72] 말하자면, 원한은 고통을 받는 자의 등 뒤로 감추어

---

69. F. Nietzsche, *On the Genealogy of Morals*, section 16, pp. 84-85.
70. Ibid., p. 85.
71. Ibid., section 15, p. 127.
72. Ibid., p. 128.

지고, 그런 과정을 통해서 원한은 "병자를 어느 정도 무해하고" "더 건강하게 구성된" 호위병으로 만든다.73 종교가 인류의 문제이 며 오직 비판주의만이 종교로부터 인간을 해방시킬 수 있다고 생 각하는 포이어바흐(L. A. Feuerbach)와 헤겔 좌파의 사상 때문에 맑 스가 그들을 비판했던 것처럼, 니체도 금욕적인 사제가 "고통의 원인이나 실질적인 병과 싸우는 것이 **아니라** 고통 그 자체, 고통 받는 자의 불쾌에 대해서만 싸운다."74고 말하고 있다.

니체는 금욕적인 사제에 의해 수행되었던 몇 가지 전략들, 즉 무리의 구성원이 느끼는 불쾌한 감정과의 전투 과정에서 생기는 이데올로기적 메커니즘과 관련되어 있는 전략들을 서술하고 있다. 금욕이나 무관심처럼 생명의 감정을 최저 수준으로 축소하거나 기 계적인 활동으로 환원하기. 쾌락을 제공하거나 선을 행함으로써, 또는 다른 것들과 결합함으로써 대단히 강한 쾌락을 야기하기. 그 러나 불쾌와 싸우는 가장 흥미로운 수단들은 "길게 끌어지는 고통 을 둔감하게 하거나 마비시키는 가장 효과적인 수단으로 채용되는 **감정의 탐닉**(orgy of feeling)과 같은 종류"75이다. 감정의 탐닉은 대부 분 죄책감과 양심의 가책이다. "병자는 '죄인'으로 변형되어 왔다." 병자는 "자신의 고통을 **처벌**로 이해해야만 한다." 금욕적인 사제가 성취한 것은 "고통을 죄책감, 공포와 처벌의 감정으로 재해석하는 것이다."76

---

73. Ibid.
74. Ibid., section 16, pp. 129-130.
75. Ibid., section 17, p. 131; section 18, pp. 134 and 135; section 19, p. 136.
76. Ibid., section 20, pp. 140-141.

니체에게서 이데올로기는, 하층민과 노예의 원인이고 삶에 대항하는 것이기 때문에 싸워야만 하는 병이다. 최근에 인용된 구절들은 다른 그림을 보여주고 있는데, 여기서 니체의 이데올로기가 하는 역할은 이데올로기에 대한 맑스의 평가와 거의 다르지 않다. 따라서 니체는 해결할 수 없는 모순의 덫에 절망적으로 사로잡혀 있는 것 같다. 그는 한편으로, 자유로운 삶을 위해 노예의 도덕을 파괴하고 이 "위험스러운 이데올로기"의 병을 제거하려고 애써야만 한다. 그러나 다른 한편으로, 바로 그 노예의 도덕, 바로 그 이데올로기가 **원한**을 고통 받는 자의 등 뒤로 감춤으로써 삶을 따르는 강자의 승리를 지키는 데 도움을 준다. 니체는 문제를 전혀 해결하지 못하거나 심지어 이런 역설조차 보지 못한 채, 두 개의 극단 사이에서 동요하고 있다. 애매함이 분석 전체에 걸쳐 퍼져 있다. 노예의 도덕은 지배 계급에게 유용한 것으로 나타난다. 왜냐하면 노예의 도덕은, 지배 계급이 가진 힘에의 의지를 해체하는 것으로 나타남에도 불구하고 동시에 노예의 인간성과 수동성을 가치 있는 것으로 만들기 때문이다. 니체는 도덕의 속임으로부터 자유로운 삶 자체를 추구했다. 그러나 삶 자체는 우월한 인종이 가진 힘에의 의지의 승리를 의미할 수밖에 없고, 속임은 우월한 인종을 위한 훌륭한 도구인 것처럼 보인다. 그래서 니체는 이데올로기가 지배자를 속이는 한에 있어서만 이데올로기에 대해 비판적이다. 그러나 니체는 이데올로기가 지배를 받는 자들을 속일 때는 그것의 진가를 인정한다. 이런 니체의 이론에는 그 이론이 가진 이데올로기적 성격과 그 이론이 지닌 고유한 모호함 둘 다 나타난다. 니체는 실천적으로 주인과 노예 양자의 이해에 봉사하는 이데올로기 개념을 제안했다. 그러나 그의 이데올로기 이론은 주인에게만 유용한 것이 되길 원한다.[77]

이것은 니체의 생각 안에 있는 보다 핵심적인 문제를 향하고 있다. 니체는 한편으로 도덕, 이성과 과학에 관한 생각을 위조와 오류라고 비난한다. 그러나 그는 그것들을 이데올로기적 오류라고 비난하거나 비판하면서도, 다른 한편으로 그런 명제의 위조를 추적할 수 있도록 하는 어떤 진리, 어떤 척도의 존재를 전제하고 있다. 그럼에도 불구하고 그는 모든 진리 주장이 힘에의 의지에 의해 지배되는 한에서 모든 진리 주장의 타당성을 부정한다. 다시 말해, 그는 다른 모든 인식의 형태에서는 부정하는 타당성을, 그 자신의 접근에서는 강요하고 있는 것처럼 보인다. 이성과 과학은 진리와 오류를 결코 식별할 수 없다. 그러나 니체의 철학은 진리와 오류를 식별할 수 있다. 만일 진리와 오류의 식별이 가능하고 니체와 다른 사람들 사이에 차이가 있다고 가정한다면, 그렇다면 어떻게 사람들은 니체가 새롭게 발견한 "진리"와 항상적으로 반복되는 원리, 즉 삶은 진리보다는 속임, 사기, 거짓에 관련되어 있다는 원리를 서로 조화시킬 수 있는가? 삶은 사기뿐만 아니라 니체적인 진리와도 관련되어 있는 것처럼 보인다! 다시 말해, 모든 철학은 오류인 것도 아니고 삶이 사기하고만 관계하는 것도 아니다! 다른 한편, 진리의 기준을 개별자의 생존을 위한 유용성, 힘의 문

---

77. 이것에 관해서는 Lukács, *The Destruction of Reason*, p. 354를 보라.

제로 환원시키는 니체는 오직 실용주의와 총체적인 상대주의로 나아갈 뿐이다.

니체는 어떤 보편적인 지식도 존재하지 않으며 오직 "관점적 (perspective)" 인식들과 생리학적 이해에 의해 지배되는 다양한 "진리들"만이 존재한다는 것을 제안한다. 그러나 만약 그렇다면 사람들은 니체 자신의 철학 원리가 보편적으로 적용 가능하다거나 수용 가능하다는 주장을 의심할 수 있다. 니체는, 자신에게 진리는 이미 완성되거나 주어진 것, 또는 정초된 것이거나 발견된 것이 아니라 창조되어야만 하는 것이라고 반박할 수 있다. 결국, 진리는 강한 인간 또는 주인이 다른 사람에게 강제하는 것인 한에서 주인들이 말하는 것, 주인들의 지배에 편리한 것이다. 모순은 니체 자신이 무리에 의해 부여된 진리의 침투와 침략적인 확장을 인식하고 있다는 점이다. 가장 대표적인 표현은 그가 당혹스럽게 보았던 유럽에서의 민주주의의 발전이다. 진리는 주인 종족에 의해 부과되어야 마땅하지만 실제로 진리는 무리에 의해 부과되어 왔다는 사실을 어떻게 조화시킬 수 있는가? 유럽 안에 있는 무리의 도덕이 만들어내는 데카당스(decadence)와 평범함(mediocrity)에 대항하여 싸우면서 니체는 암묵적으로 아직 창조되지 않은 고차적인 진리 개념, 하지만 아직 도래하지 않은 우월한 자인 초인 (superman)에 의해 창조되어야만 하는 그런 고차적인 진리 개념에 의지하고 있지 않은가? 이런 일이 일어나기 전에 니체는 그것을 어떻게 정당화할 수 있는가? 만약 그가 한탄할 정도로 노예의 도덕이 실천적으로 승리했다면 니체는 무슨 근거로 주인 도덕의 우월성을 선언할 수 있는가? 또 한 번 니체는 다른 것을 공격하면서도 그 자신의 전제를 정당화해야 하는 일을 회피하고 있다. 이런 의미에서 니체의 귀족적인 이데올로기 이론은 자기 패배적이다. 왜냐하면 바로 그 이론의 원리가 그 자신의 입장을 타당하지 못한 것으로 만들 수밖에 없기 때문이다.

니체의 주인의 도덕은 인종주의인가? 이것은 답변하기 어려운 문제이다. 한편으로, 니체는 반유대주의와 국가주의를 반복적으로 비난하며, 사람늘은 의심스러운 점을 선의로 해석하고사 하는 니체 옹호자들의 관점을 볼 수 있다. 다른 한편, 이 문제는 니체의 철학적 원리가 생물학적 요소들에 의해 지지되고 있는 귀족적 관념에 기초하고 있으며, 암묵적이면서 회피할 수 없는 인종주의적 종류와 관련되어 있는 것처럼 보인다. 사실상, 저급한 부류와 주인 종족 사이의 차이는 주인 종족이 "야심적인 유대인들 사이에서 사용되는 유명한 말"인 "영혼의 귀족들(aristocrats of spirit)"로 형상화될 수 없는 한에서 생물학적이다. "영혼만으로 고귀해질 수 없기 때문에 거기에는 오히려 영혼을 고귀하게 만들 수 있는 어떤 것이 있어야만 한다. 그러면 무엇이 요구되는가? 피(blood)다."[78] 심지어 니체는 의식적이고 인위적으로 우월한 유형을 길러낼 수 있다는 생각을 조롱한다.[79] "가치를 창조하는 것은 특별한 **주인의 권리**이다."[80]라고 말하듯이, 그의 이론은 가치를 창조하고 저급한

---

78. F. Nietzsche, *The Will to Power*, section 942, p. 496.
79. Ibid., section 954, p. 501.
80. F. Nietzsche, *Beyond Good and Evil*, section 261, p. 233.

계급을 불량하고 경멸할 만한 것으로 분류할 수 있는 주인 종족의 권리를 가정한다. 더 나아가, 주인 종족은 저급한 부류에 대한 승리자이며, 이런 승리는 삶 그 자체로 정당화된다. 다음 구절의 의미를 고려해 보라. "삶 그 자체는 **본질적으로** 낯선 것과 허약한 것들을 자신의 것으로 만드는 전유이자 침해하고 정복하는 것이며, 억압이자 가혹함, 특별한 형태의 강요이자 동화이며, 가장 부드럽게 말한다 해도, 적어도 착취이다."[81] "정의 또는 부정의 **그 자체**를 말하는 것은 아무 의미가 없다. 삶은 **본질적으로** 그 자신의 기본적인 기능들 안에서 상처, 폭행, 착취, 파괴를 통해서 작동하고, 이런 성질 없이는 도대체 생각할 수 없는 것이기 때문에 어떤 상처나 폭행, 착취, 파괴도 **그 자체로는** 당연히 '부정의'한 것이 될 수 없다."[82]

그러면 어떤 사람들은 삶의 목적을 받아들이는 자들이어야만 한다는 것은 피할 수 없다. 유럽을 위한 새로운 주인 종족의 창조와 육성에 있어서, 모든 사회의 밑바닥에 있는 노예, 병약자, 이방인, 저급한 개인들은 "금발의 야수"를 위한 자연 그대로의 먹이이다. 실제로, 역사에서의 어떤 진보 또는 진전은 "심지어 희생되어야 하는 대중들의 양에 의해 측정될 수 있다. 대중에 속하는 인간은 단 하나의 **더 강력한** 인간 종족의 번창을 위해 희생된다. 그것이 존재이며 진보**일 것이다.**"[83] 그 뿐만 아니라 다른 종족에 속한 인민은

---

81. Ibid., section 259, p. 226.
82. F. Nietzsche, *On the Genealogy of Morals*, section 1, p. 76.
83. Ibid., section 12, p. 78.

희생되어야만 하는 대중의 구성원이다. 인종적 소수자들이 억압받고 착취당하는 "타자"의 일부를 구성하고 있는 한, 사람들은 인종적 소수자들이 경멸당하고 어떤 권리도 가지고 있지 않으며 잔인함과 모욕의 자연적인 대상이라는 것은 정당하다고 말할 수 있다. 실제로, 인종적 소수자들은 병자이고 위험스러운 자들로 묘사된다. "**병자**는 인간에게 가장 치명적인 위험이다. 그들은 악마도 **아니며** '먹이를 노리는 야수'도 **아니다**. 출발부터 유린당하고 짓밟히며 실패한 자들은, 인간 중에서 삶을 훼손해야만 하며 삶에 대한 우리의 믿음에 가장 위험스러운 의문을 던지고 독을 퍼뜨리는 **최고로 허약한 자들이다**."[84]

만약 어떤 사람이 왜냐고 묻는다면, 니체는 인종적 소수자들 중에는 "복수의 감정과 깊은 원한의 감정을 가진 벌레가 있다. 또한 비밀과 은폐의 냄새가 악취를 풍긴다. 여기서는 언제나 가장 악의적인 모든 음모의 그물망, 잘나고 승리한 사람에 대한 고통받는 자의 음모가 거미줄을 친다."[85]는 식으로 상세히 설명할 것이다. 그러면 무엇을 할 것인가? 이제, 니체는 "병자가 건강한 사람을 병들게 하지 **못**하도록", 따라서 "건강한 사람은 병자와 **분리**되어야 하고, 심지어 병자의 관점으로부터 보호해야 한다."는 생각을 제안한다.[86] 그런데 어떻게 사람들이 이런 관점에서 인종 분리정책과 같은 종류의 인종주의를 추론해내는 것을 피할 수 있단

---

84. Ibid., section 14, p. 122.
85. Ibid.
86. Ibid., p. 124.

말인가?

그럼에도 불구하고 소위 저급한 종족 또는 인종적 집단은 필연적으로나 운명적으로 고통을 받아야 하는 유일한 자들이 아니다. 니체는 여성에 대해 훨씬 더 분명하다. 그는 그가 한탄하는 민주주의적 경향과 여성에 대한 존중의 증가를 동일시하며, 이에 대해 무리의 도덕으로 응수한다. 니체에게서 여성은

남성을 **두려워하는** 것을 잊고 있다. 그러나 '두려워하는 것을 잊고 있는' 여성은 가장 여성적인 본능을 포기한 것이다.

…… '여성해방'은, 천박한 남성만이 아니라 여성 자신이 원하고 요구하는 한에 있어서 가장 여성적인 본성을 약화시키고 죽이는 경향의 뚜렷한 징후라는 점을 증명하고 있다. 이 운동에는 **어리석음**이 있다.

…… 마치 심오하면서도 무신론적인 남성에게 경건함이 없는 여성이 완전히 불쾌하고 웃기는 존재가 아니라는 듯이, 백치의 남성들을 포함한 사람들은 여기저기서 여성을 자유로운 사상가와 문학자로까지 만들려고 한다.

…… 그녀는 매일 더 신경질적이 되고 강한 아이를 낳는다는 여성에 부여된 최초이자 최후의 기능을 할 수 없는 것으로 만들고 있다.[87]

니체가 가톨릭에 대해서 매우 비판적이었기 때문에 여성에 대한 이런 평가가 가톨릭의 평가와 일치한다는 것은 매우 놀랍다. 니체

---

87. F. Nietzsche, *Beyond Good and Evil*, section 239, pp. 187, 188 and 189.

에게 여성은 또한 고귀한 남성들의 유희를 위한 중요한 역할을 수행하는 존재인 듯하다. 고귀한 남성은 다른 것들 중에서도 그의 즐거움을 여성에게서 받아들이는 자이다.

아마 더 작지만 더 섬세하고 더 영묘한 종(種)으로서의 여성에게서의 유쾌함. 오로지 댄스, 우둔함, 머리의 장식만을 한 창조물을 마주한다는 것이 얼마나 즐거운 일인가! 여성들은, 삶의 거대한 책임감에 짓눌려, 극히 긴장되어 있고 심각한 남성의 영혼에 즐거움이었다.[88]

따라서 니체의 이론은 첫 장에서 언급했던 실천적인 모든 차원에서 심오하게 이데올로기적인 것 그 자체의 존재에 대한 뚜렷한 업적을 성취해낸다. 그것은 지배를 위한 주인의 우월한 권리를 긍정함으로써 하층계급에 대한 지배를 정당화할 뿐만 아니라, 이런 짓밟힘이 우월한 자의 권리이며 이 우월한 자의 권리가 삶 자체에 고유하고 자연스럽다는 것을 짓밟힌 자에게 납득시키고자 한다. 또한 그것은 여성과 인종적 소수자에 대해서도 비슷한 논리를 따라가고 있다. 니체의 이론은 계급, 성, 인종이라는 세 종류의 억압을 정당화할 뿐 아니라 삶의 향상을 위해서는 필수적인 것으로 제시한다. 쇼펜하우어처럼 니체도 문제와 모순들의 존재를 부정하지 않았다. 하지만 니체는 그런 문제와 모순들을 단지 인간의 슬픈 현실로 받아들이기만 하는 것이 아니라, 오히려 삶의 요구로서 그런

---

88. F. Nietzsche, *The Will to Power*, section 943, p. 497.

문제와 모순들에게 갈채를 보낸다. 그럼에도 불구하고 은폐의 이데올로기적 효과는 동일하다. 니체에게서는 바뀔 수 있는 모순적 체계로서 자본주의 시스템에 대한 어떤 구체적인 논의도 발견할 수 없다.

잔기(殘基)와 파생체 : 파레토

니체의 연구 방법 중 많은 요소들은 파레토의 사회학 논문으로 발전하였다. 파레토의 연구 방법 중 가장 중요한 원리는 사회에서 합리적 행위보다는 비합리적 행위(irrational behaviour) 혹은 "비논리적 행위(non-logical actions)"가 더 중요하다는 것이다. 이런 사실에도 불구하고 콩도르세(Marquis de Condorcet), 존 스튜어트 밀, 오귀스트 콩트(Auguste Comte), 허버트 스펜서(Herbert Spencer), 그리고 특히 18세기 프랑스의 계몽주의 철학자들과 같은 대부분의 근대 저자들은 사회에서 이성과 논리적 행위의 역할을 강조하고 있다. 그들은 "'이성', '진리', '진보'와 이와 유사한 실체들을 숭배하는 것이 모든 사이비 종교와 마찬가지로, 비논리적 행위들로 분류될 수 있다."[89]는 점을 깨닫지 못하고 있었다. 사실, 감정에 의해 영향을 받은 사람들만이 이론들을 참 또는 거짓으로 분류할 수 있다.[90] 그럼에도

---

89. V. Pareto, *A Treatise on General Sociology*, ed. A. Livingstone(New York: Dover Publications, 1963), p. 198.
90. Ibid., p. 7.

불구하고 파레토는, 니체와 달리 자기 자신을 감정에 의해 좌우되지 않으며, 사실과 사태의 토대 위에서 엄밀하게 주장을 전개하며, 실험과 관찰로부터 엄밀하게 취한 증거들을 제공하는 과학자라고 생각했다.[91] 이 두 가지의 입장은 명백히 조화될 필요가 있다. 그렇지 않으면 파레토 자신의 뻔한 모순, 말하자면, 그에 따르면 진리는 신화와 같은 것임에도 불구하고, 그는 그 자신의 이론에 대해서는 진리를 주장한다는 비난을 감수할 수밖에 없기 때문이다.

사실 파레토의 입장은 언뜻 본 것보다 훨씬 더 일관적이다. 그의 입장은 비논리적 행위가 사회에서 우선적이라는 그 자신의 원리로부터 나온다. 그러면 필연적으로, 진리는 사회에서 어떤 자리도 가질 수 없게 된다. 그렇다면 어떻게 그는 자신의 이론이 진리라고 주장할 수 있는가? 여기서 파레토는 대담하게 사회적 유용성, 수용 가능성, 공평성으로부터 거리를 둔 채로, 자신이 진리를 관찰하는 데에서의 엄밀함을 확증하는 세 가지 원리를 덧붙인다. 첫 번째 원리는 정직하고 총명한 사람들이 참다운 명제를 수용할 수밖에 없다는 점을 부정한다. 두 번째 원리는 참다운 것이 또한 사회적으로도 유용하다는 관념을 기각한다. 세 번째 원리는 참다운 이론이 어떤 사회적 계급에게는 이득이 되지만 다른 계급에게는 손해가 될 수 있다는 것이다.[92] 다시 말해, 파레토는 그가 참다운 명제를 만들 수 있다고 주장하지만, 그것은 그의 이론이 사회를 위해 좋다거나

---

91. Ibid., p. 36.
92. Ibid., p. 8.

그에게 대립적인 다른 이론이 사회에 해악적이라고 주장하는 것이 아니다. 그것은 정직하고 총명한 사람이 그의 이론을 수용해야 할 수밖에 없다거나 그의 이론이 사회의 모든 계급들에게 이익이 된다고도 주장하지 않는다. 이런 방식으로 파레토는 그의 이론이 진리라는 주장을 유지하면서도, 사회에서의 그 중요성은 상대적이라는 주장을 유지한다. 그것은 마치 홉스가 종교를 공포와 무지의 산물이라고 비판하면서도 공화국의 유지에서 그 중요성을 인정하는 것과 동일한 방식이다.

파레토는 사회에서의 비논리적인 행위들의 거대한 확장과 함께 비논리적인 행위들을 합리화하고, 거기에서 합리적 발전을 보려는 인간들과 저자들에 의해 이루어진 체계적인 노력을 탐색한다. 이것을 위한 두 가지의 주요한 근거가 있다. 첫째, 인간 행위가 비논리적이라기보다 논리적이라고 가정했을 때 인간 행위에 대한 이론을 고안하기 더 쉽다. 둘째, 많은 이론가들은 무엇이 존재하는지를 설명하는 데 관심을 가지고 있을 뿐만 아니라 무엇을 해야 하는지를 제시하길 원하며, 후자가 "최상의 논리적인 통치"[93] 영역이다. 비록 파레토가 이데올로기라는 개념을 사용하지는 않았지만 여기가 이데올로기에 대한 비판적 개념이 출현하는 곳이다. 이데올로기는 비논리적 행위들을 무시하거나 교묘하게 해명 또는 은폐하려는 노력들이 될 것이다. 이런 노력들에 대항하여 싸우면서 파레토는 그 자신의 이론이 이데올로기에 대한 비판, 즉 "비논리적

---

93. Ibid., pp. 178-179.

행위가 쓰고 있는 가면을 벗기고 그것들이 시야로부터 감추고 있는 것들을 드러내는"[94] 하나의 시도가 되길 바란다. 이런 과정에서 파레토는 이데올로기가 자신의 기능을 수행하는 다양한 길들을 발견한다. 이데올로기가 수행하는 기능은 예를 들어, 비논리적 행위들을 완전히 무시하기, 비논리적 행위들을 편견으로 간주하기, 비논리적 행위들을 개인들에 의해 사용되는 속임수로 간주하기 등이다.[95] 이런 방식으로 파레토의 이론은 또한, 인류의 불행을 종교적 오인과 편견, 사람들을 무지 속에 남겨두고자 노력했던 성직자석 음모 탓으로 간주했던 드 트라시(Destutt de Tracy), 돌바크(P. H. D. d'Holbach), 엘베시우스(Claude Adrien Helvètius)를 비롯한 계몽주의 철학자들이 이미 발전시켰던 이데올로기 비판에 대한 비판이 되었다.

파레토는 논리적인 행위와 비논리적인 행위 사이의 일반적인 차이를 잔기(residues)와 파생체(derivations)라는 더 특수한 구별을 가지고 나눈다. 잔기는 주로 어떤 식의 행동을 하도록 사람들을 설득할 때 나타나는 "감정과 본능의 표현들"[96]이다. 그것들은 개인들, 집단들, 그리고 사회들을 특징짓는 인간 행동에서의 상수이다. 그는 조합(combinations), 집합의 유지(persistence of aggregates), 외적인 행위에서 감정 표현의 욕구, 사회성, 개인들의 통합, 성과 같은 여섯 가지의 포괄적 유형에 대해 말하고 있다. 그런데 이 중

94. Ibid., p. 171.
95. Ibid., p. 200.
96. Ibid., p. 511.

에서도 파레토의 이론에서 실질적으로 중요한 잔기는 조합과 집합의 유지이다. 조합은 혁신과 실험, 그리고 모험을 감수하려는 능력인 반면, 집합의 유지는 사물을 고정시키고 전통적인 방식으로 유지하려는 능력을 의미한다. 조합의 잔기 가운데에는 파레토가 "비논리적 행위에 논리의 광택을 칠하고자 하는 사람들의 감정을 설명하는" "논리적인 개발을 위한 배고픔"이라는 목록이 있다.[97] 이것은 파생체가 비논리적 행위를 논리적 방식으로 해명하고자 하는 이론 또는 논변이며, 과학적 방법보다는 감정으로부터 그것들의 강제력을 이끌어낸다는 것을 의미한다. 파생체들은 언제나 "사람들이 이런저런 행위의 양식이 가진 실제적 특성을 감추거나 변형하거나 설명하려는 방식에 우리의 관심을 집중시킬 때"[98] 발견된다.

파레토에 따르면, 파생체들은 사유에 대한 인간 자신의 굶주림에서 생겨나며 순수하게 본능적인 행위와 경험 과학 사이에 존재하는 행동 전체에서 발견된다. 그는 주장, 권위, 감정 또는 원리에의 일치, 언어적 증거들과 같은 파생체들의 몇 가지 유형을 구분한다.[99] 과학자들은 이데올로기 형태로서 파생체들을 피해야 한다. "파생체들은 과학자의 연구 대상들이지 결코 설득의 도구가 아니다."[100] 그러나 이것은 과학이 파생체들보다 더 설득력이 있다는 것을 의미하는 것이 아니다. 논리학자는 논변에서 오류를

---

97. Ibid., p. 591.
98. Ibid., p. 885.
99. Ibid., p. 899.
100. Ibid., p. 891.

발견하지만, 왜 그런 오류가 광범위하게 받아들여지는가를 밝히는 것은 사회학자의 역할이다. 논리적 행위만이 선하고 가치 있으며 이로운 반면, 비논리적 논변들은 악하고 해롭다고 믿는 것은 오류다. 파레토가 제기했듯이, "우리는 결코 어떤 유물론자의 형이상학처럼 논리와 경험을 감정에 의해 수용된 독단보다 더 힘 있고 위엄이 있는 것으로 찬양하려는 어떤 의도도 가지고 있는 것이 아니다."[101]

모든 파생체들은 "어떤 비경험적인 실체의 자의적 사용"[102]이라는 공통의 특성을 가지고 있다. 다시 말해, 파생체들은 사회적 사실에 대응한다는 의미에서 진리인 것이 아니다. 파생체들이 가진 사회적 유용성은 이와 다른 문제이며 그것들이 가진 경험적 진리(experimental truth)에 의존하지도 않는다. 파레토에게 진리라는 개념은 복수적인 의미(multiple meanings)를 가진 파생체들일 것이다. "경험적인" 의미에서 과학자가 되길 원하는 사람처럼, 그는 관념과 사실 사이의 대응이라는 진리에 대한 고전적인 정의를 고수한다. 그러나 또한, 파레토는 진리가 "믿는 자의 동의를 유발하는 어떤 감정의 일치"[103] 그리고 의미와 형성체 사이에서의 어떤 감정의 일치를 의미한다는 점을 받아들이며 거기에 다른 많은 매개적인 의미들이 있다는 점을 받아들인다. 파레토는, 경험적인 의미에서 거짓임에도 불구하고 어떤 파생체들은 "더 고차적" 진리일 수 있으며

101. Ibid., p. 24.
102. Ibid., p. 1104.
103. Ibid., p. 1011.

경험적 진리보다 더 큰 사회적 의미를 가질 수 있다는 점을 인정한다. 그러나 그렇다고 하더라도 파레토는 경험적 진리의 관점을 받아들이고 경험적 진리를 다른 진리들, 비록 고차적인 것일지라도 이것들과는 구별하기를 원한다.[104]

진리의 개념이 파생체일 수 있는 것과 마찬가지로, 파생체와 실천 사이의 관계에 관련된 공통의 파생체가 있다. 파레토는 이 파생체와 실천의 관계를, 맑스가 『독일 이데올로기*The German Ideology*』에서 관념과 실천 사이의 전도라고 독일 철학자들을 묘사했던 것과 거의 동일한 방식으로 서술하고 있다. 파레토가 단언했듯이, 오류는 "실제로 행위가 파생체의 원인임에도 불구하고 일반적으로 파생체를 행위의 원인으로 간주하는, 파생체와 인간 행위 간에 존재하는 용어의 전도에서뿐만 아니라 대상적 실존을 순전히 파생체에 속한 것이라고 생각하는 데에서도 찾을 수 있다."[105]

파레토 이론의 귀결 중 흥미로운 점은 사회에서의 잔기와 파생체의 분배가 사회계층들 사이에 평등하지 않다[106]는 사실이다. 이것은 사회가 위계적인 성격을 가지고 있다는 점을 의미한다. 사회적 평형 상태라는 관점으로부터 두 개의 주요한 집단 또는 계급이 구별되어야만 한다. 한편에는 엘리트가 있다. 모든 사회에서 엘리트는 "사회적 활동의 지류들에 관한 고도의 지침들을 가지고 있는 계급"이며, 지배적인 엘리트와 비지배적인 엘리트로 나

---

104. Ibid., p. 1024.
105. Ibid., p. 1121.
106. Ibid., p. 1185.

누어질 수 있다.[107] 다른 한편에는 비엘리트가 있다. 비엘리트는 그들의 활동에서 낮은 점수를 받는 개인들로 구성된 하급 계층이다. 각각의 계급은 성질상 구별되는 잔기와 파생체의 독특한 조합을 가지고 있다. 그러나 어떤 개인들은 그들이 나온 집단의 감정과 태도를 받아들이면서 하나의 집단에서 다른 집단으로 이동한다. 대부분의 귀족들은 수적으로나 질적으로, "자신들의 활력(vigour)을 잃어버린다는 의미에서, 그리고 거기에는 자신들이 권력을 획득하고 유지할 수 있도록 하는 잔기의 비율이 줄어든다는 의미에서"[108] 쇠퇴하는 경향이 있다. 따라서 귀족들의 구성원은 새로운 활력과 잔기의 적절한 조합을 제기하는 하층계급 출신의 개인들에 의해 대체된다. 그러면 거기에는 영구적인 계급의 순환 또는 엘리트의 순환이 존재한다. 만약 이런 순환이 멈춘다면 폭력혁명이 폭발한다.

대부분의 정부는 권력을 지키기 위해 무력을 사용하지만, 예를 들어 이성, 보통선거, 또는 "민주적" 방편에 근거하고 있는 관념과 같은 파생체들을 이용하여 이런 무력의 사용을 은폐하기도 한다. 이런 파생체들은 일반적으로 지배 계급의 감정과 이해관계를 표현한다. 그러나 지배 계급은 피지배 계급의 무력행사를 정당화하고 권위에 의한 무력행사를 비난하는 파생체들에 직면하게 된다. 파레토는 지배 계급이 너무나 인간주의적이 되고 집단-존속(group-persistence)의 잔기가 너무나 허약해져서 심지어 국가의 자립을 위

---

107. Ibid., p. 1423.
108. Ibid., p. 1430.

협하게 될 때 혁명에 유리해진다는 점을 발견한다.109 그러나 지배 계급의 활력은 무력 사용을 강요하는 집단-존속의 잔기들을 사용하는 것으로만 구성되어 있는 것은 아니다. 지배 계급은 반란을 막기 위해서 종종 설득, 외교, 속임수, 매수에 의존한다. 즉, 집단 존속의 잔기들은 약화되는 반면, 조합 잔기들의 질은 향상된다. 피지배 계급의 유능한 개인들을 지배 계급으로 동화시키는 것은 피지배 계급의 잠재적인 지도자들을 빼앗아 피지배 계급이 가진 조합의 잔기를 약화시키는 것이다. 만일 그렇지 않다면 사람들의 감정을 바꾸는 어떤 통치도 이루어질 수 없다. 반대로 "통치의 방식은 감정들을 파괴하는 무익한 노력에 사람들의 에너지를 소모하도록 하는 것이 아니라 그런 감정을 고양시키는 방법을 발견하는 데 놓여 있다."110

여기서 이데올로기에 대한 이중의 평가가 등장한다. 과학자들은 어떤 대가를 치루든 이데올로기를 벗어나야 하며 파생체들이 아니라 확신을 줄 수 있는 논리를 이용해야만 하는 반면, 정치가들은 확신을 주기 위해서 논리가 아니라 파생체들을 사용해야만 한다.

엔지니어가 최상의 기계를 고안할 때, 그는 전혀 그 기계를 팔 때의 곤란함을 가지고 있지 않다. 그리고 파생체가 함께 필요로 될 때조차 그는 대개의 경우, 논리적이고 경험적인 논변들을 이용할 것이다. 정치가는 그

---

109. Ibid., p. 2192.
110. Ibid., p. 1281.

렇지 않다. 그에게 상황은 정확히 정반대이다. 그가 중요하게 의지하는 것은 때때로 모순적인 것들인 파생체여야만 한다.[111]

파레토가 정치에서도 "과학적 논변들"을 사용한다는 것을 몰랐던 것은 아니다. 그는 과학이 정치적 도구로서 얼마나 유용한지를 깨달을 수 있을 만큼 충분히 그의 시대 속에서 이미 그 영향을 받아왔다. 그러나 파레토는 마르쿠제나 하버마스와는 달리, 과학을 이네올로기 또는 이네올로기의 필수적인 원천이라고 말하지 않는다. 그는 과학 그 자체가 아니라 오히려 파생체, 즉 과학에 대한 비논리적 숭배에 대해 말하고 있다. 이것이 왜 그가 다음과 같이 말할 수 있는가 하는 이유이다. "논리적이고 경험적인 과학에서의 진보가 과학에 대한 숭배의 감정을 낳으며 그런 감정은 납득할 만한 것이 되어야 한다. 그러나 이것은 그리 어려운 일이 아니다. 왜냐하면 만약 평범한 사람의 파생체가 '과학적인 것'과 별로 닮지 않았고 실제로 닮지 않았다면, 평범한 사람은 납득하게 될 것이기 때문이다."[112] 이런 방식으로 파레토의 이데올로기 이론은 과학의 영역에서 이성의 관념을 유지하는 반면, 정치의 영역에서 이성의 관념을 전체적으로 억압한다. 따라서 이 두 개의 영역 사이의 이분법은 과학적인 도구적 이성이 정치의 영역으로부터 객관적 이성을 대체함으로써 도입되었으며, 이런 과학적인 도구적 이성은 프랑크푸르트학파의 이성 비판에서 중요한 핵심이 되었다. 파레토 이론은

111. Ibid., p. 1299.
112. Ibid., p. 1300.

다음의 두 가지, 즉 모든 사회에 필수적인 것으로 가정하고 있는 엘리트 이론으로 자신의 이론을 해소시킴으로써 자본주의의 계급적 시스템을 자연화하고 은폐한다는 점과 지배 엘리트들이 정치적인 목적으로 대중을 기만하는 것을 정당화한다는 점에서 그 자체로 이데올로기적이다.

도구적 이성의 문제 : 비판 이론

니체의 이성 비판과 이데올로기로서의 도덕에 대한 비판은 프랑크푸르트학파의 중요한 두 대표자 아도르노와 호르크하이머에게 지대한 영향을 주었다. 그들의 접근방식인 비판 이론은 자연의 주인이면서 신화로부터 자유로운 인간을 추구했지만, 결국 사물화된 관계의 비인격적인 지배에 인간 자신을 종속시키는 것으로 끝나버린 계몽을 전체주의적인 현상으로 보는 비판적 관점에서 출발했다. 세계의 탈신화화에 대한 모든 성공은 새로운 종류의 비인격적인 힘에의 복종, 새로운 신화의 재창조라는 대가를 지불했다. 이런 새로운 종류의 소외는 과학을 보급하고 모든 것을 기술적 유용성과 자기이해로 환원하는 도구적 이성에 의해 이루어졌다. 따라서 과학은 무엇보다도 경제적 생산의 보조수단이 되었으며, 과학의 활동은 조작과 사물화의 영역으로 제한되었다. 계몽주의 철학자들은 이성의 이름으로 종교와 형이상학을 공격했지만 종국에는 이성 자체를 파괴하였다. 호르크하이머는 어떻게 이성이 주체화되었고, 오직 수단의 조작에만 관심을 가지게 되었으며, 목적이 정당한 것인지 아닌지에 대해 결정할 수 없게 되었는가를 다룬다. 따라서 이성은 자율적이기를 중단하고 어떤 것에 순응하는 경향을 가지고 있다. 그는 다음과 같이 썼다.

주체화된 이성이 지배자가 되었을 때, 자기이해는 수령이 되었고 평등, 자유, 관용 등과 같은 모든 원리들은 자신의 지적 뿌리와 정당성을 상실한 주관적 이성의 원리 위에 세워졌다. 자유가 부자유보다 좋다는 것은 주관적 이성(과학)에 의해 입증될 수 없다. 이전의 철학적 토대는 사라졌다. 일군의 집단은, 자유란 다른 자들이 아닌 자신들을 위해 좋은 것이며, 민주주의란 지배 계급에게 이득인 한에서 좋은 것인 반면, 독재라도 그것이 더 나은 방식으로 자신들의 이익을 보호하는 한에서 좋은 것이라고 주장한다. 여기에는 이성에 근거한 어떤 저항적 반대의 가능성도 없다.[113]

자본주의에 대한 맑스의 비판은 비인격적이고 사물화된 모습을 띤, 시장의 힘에 의해 유지되는 새로운 지배 형태의 정체를 폭로했지만 정작 이러한 모습을 초래한 이성의 문제를 비판하지 않았다. 소외의 역사적 원인인 부르주아 계급 시스템과 생산의 자본주의적 착취 양식은 필연적이다. 그러나 그것은 역사적 이성을 고갈시킬 수 없다. 비판 이론은 맑스가 이성을 도구적 이성으로 환원했던 부르주아의 입장을 무비판적으로 수용했다고 비판한다. 호르크하이

---

113. M. Horkheimer, *Eclipse of Reason*(New York: Seabury Press, 1974), p. 19.

머와 아도르노는 더 이상 맑스의 이데올로기 비판을 신뢰하지 않는다. 왜냐하면 바로 그 비판의 토대가 되는, 불가피한 생산력의 확장, 즉 도구적 이성의 확장이 자본주의적 모순에 대한 대안적 해결책이 될 것이라는 믿음은 더 이상 가능하지 않기 때문이다. 만약 경제적 생산의 성장이 더 공정한 세계를 위한 조건을 낳는다는 것이 진실이라면, 사물화된 경제적 힘에 직면해 있는 개인들은 아무런 가치도 가질 수 없게 될 것이다.[114] 맑스의 이데올로기 비판에 대한 공격을 하는 와중에 그들은 암묵적으로 이데올로기 비판을 시도하고 있다. 이데올로기 비판에 대한 그들의 시도는 부르주아지의 사물화라는 정체를 벗겨내려는 시도일 뿐만 아니라, 맑스주의 이데올로기 비판이 지니고 있는 환상을 벗겨내려는 시도이기도 하다. 하버마스는 다음과 같이 지적하고 있다.

호르크하이머와 아도르노는 이데올로기 비판의 토대가 부서졌다고 생각했다. 그러나 그들은 아직까지 계몽에 관한 기본적인 형상을 고수하고 있는 것처럼 보인다. 그래서 그들은 계몽이 신화에 대해 행했던 것을 전체로서 계몽의 과정에 적용한다. …… 이데올로기에 대한 의심은 **총체적인 것**이 된다. 그러나 어떤 방향의 변화도 없다. 이데올로기에 대한 의심은 부르주아적 이상의 비합리적 기능뿐만 아니라 부르주아적 문화 그 자체의 합리적 잠재력에 대한 것으로 전환되었다. …… 그러나 그 목적은

---

114. M. Horkheimer and T. Adorno, *Dialectic of Enlightenment*(London: Verso, 1979), p. xiv. [김유동 외 옮김, 『계몽의 변증법』, 문예출판사, 1996.]

정체를 폭로하는 효과를 생산하는 것으로 남아 있다.115

맑스의 이데올로기 개념에 대한 비판에도 불구하고, 아도르노와 호르크하이머는 정체를 폭로하는 비판적인 방향뿐만 아니라 정체를 폭로하는 과정이 내재적인 비판에 의해 수행된다는 점에서 방법론적 원리 또한 맑스와 공유하고 있다. 이런 의미에서 그들은 이데올로기의 한계를 "실존적으로 결정된" 존재가 가진 사실로 환원하는 만하임에 반대한다. 따라서 아도르노는 "이데올로기 개념이 진리 또는 그것이 지시하는 비진리와의 관계에서만 의미를 만들어내며,"116 철학적 진리가 가진 내용을 사회적 기능으로 대체하는 것은 적절하지 않다고 주장한다.

호르크하이머는 "역사적으로 조건이 부여된〔명제나 일반적 관점의 성격〕에 관한 통찰력은 결코 그것이 이데올로기적이라는 증거와 동일시될 수 없다. 오히려 이런 통찰력을 위해서 필요한 것은 …… 그것이 가진 사회적 기능에 대한〔이해〕"117라고 주장한다. 비록 "사회적 기능"이라는 표현과 관련하여 두 저자 사이에는 모순이 있는 것처럼 보임에도 불구하고, 나는 그들이 이 개념을 다른 의미로 사용했다고 믿는다. 아도르노는 단순히 철학에 조건을 부여

---

115. J. Habermas, *The Philosophical Discourse of Modernity*(Cambridge, Mass.: MIT Press, 1987), pp. 118-119. [이진우 옮김, 『현대성의 철학적 담론』, 문예출판사, 1994.]

116. T. Adorno, *Negative Dialectics*(London: Routledge & Kegan Paul, 1973), p. 197.

117. D. Held, *Introduction to Critical Theory*(London: Hutchinson, 1980), p. 186 에서 인용.

하는 관심들에 주목한 반면, 호르크하이머는 이런 관심들만으로 충분하지 못하며 명제의 이데올로기적 성질은 이데올로기가 사회적 현실을 왜곡하든 왜곡하지 않던 간에 이데올로기의 사회적 기능에 대한 이해를 요구한다는 점에 주목하고 있다. 호르크하이머가 말하는 사회적 기능은 맑스에게도 존재한다. 관념들은 이데올로기적이다. 관념들이 사회적으로 결정되기 때문이 아니라 지배 계급의 이해 안에 있는 모순을 왜곡하고 은폐하는 특별한 역사적 맥락 속에 존재하기 때문이다.

프랑크푸르트학파의 철학자들은 개인의 의식을 통제하고 복종과 순응을 증진시키는, 사물화된 대중문화의 증가를 분석하고 비판하기 위해 이데올로기에 대한 부정적 개념을 사용하였다. 이런 대중문화는 자발적으로 증가하는 것이 아니다. 그것은 산업적 생산의 논리를 따르는 문화 수준에서의 표현으로서, 그들이 "문화산업"이라고 부르는 것에 의해 조종된 것이다.[118] 예술과 문화 형태들은 레저와 엔터테인먼트 산업이 증가한 결과 점차 규격화되고 상품화된다. 개인의 자유 시간은 시스템에 봉사하도록 도구화되어 간다. 문화 산업에 의해 양성된 엔터테인먼트는 수동적이고 무비판적인 개인들을 목표로 삼는다. 영화, 텔레비전, 라디오는 개인들의 환상이나 지성에 도전하지 않고, 수동적인 관객의 상상력과 자발성의 결핍에 의존하고, 전제하며, 촉진시킨다. 문화 산업은 새로움의 중단이며 실험을 원하지 않는다. 오히려 문화 산업은 자기 자

---

118. 이것에 대해서는 M. Horkheimer and T. Adorno, *Dialectic of Enlightenment*, pp. 120-167을 보라.

신들이 새로움인 것처럼 그 자신의 생산물을 제공할 필요가 있다. 문화 산업은 개인들을 소비자로 바꾸어 놓으며 다른 방식으로는 그 자신의 체계적 메시지를 인식할 수 없도록 만든다. 아도르노가 말했듯이, "문화 산업은 자기 스스로 의식적으로 판단하고 결정할 수 있는 자발적이고 독립적인 개인의 발전을 방해한다."[119]

이러한 모든 것은 계몽으로부터 풀려나온 과정의 결과이다. 우리가 보았듯이 아도르노와 호르크하이머에 따르면 계몽과 기술은 사물화된 관계라는 새로운 주체화의 형식을 만들어낸다. 자연을 지배하기 위해 이성은 주체화되고 조작적이면서 순전히 도구적인 것이 되었다. 그러나 이것은 지배의 내면화[120], 즉 "직접적으로 주어진 것에 이성을 종속시키는 복종"[121]이라는 대가를 지불해야 했다. 따라서 주어진 것과 기술을 지배하는 힘의 사물화는 이데올로기의 새로운 내용이다.[122] 그러나 이데올로기의 새로운 형태는 고전적 맑스주의의 허위의식이라는 견해와 다르다. 이데올로기 비판은, 자유주의가 했던 것처럼 이데올로기가 합리적 요소를 포함하는 한에서만 그 자신의 진리를 내세우면서 이데올로기와 대결할 수 있다.[123] 이데올로기의 현대적 형태는 그런 합리적 요소를 결여하고 있고, "그 자신의 사회적 뒤엉킴을 깨닫지 못한 자율적 정신"이며,

---

119. T. Adorno, 'Culture Industry Reconsidered', *New German Critique*, 6 (1975), p. 19.
120. M. Horkheimer, *Eclipse of Reason*, p. 93.
121. M. Horkheimer and T. Adorno, *Dialectic of Enlightenment*, p. 26.
122. Ibid., p. 13.
123. Frankfurt Institute for Social Research, *Aspects of Sociology*(London: Heinemann, 1973), p. 190.

"대중을 소비자라는 올가미에 걸려들도록 날조하며, 가능하다면 대중들의 의식 상태를 주조하고 강제하는 것의 총체"[124]로 이해되어야 한다.

심지어 나치즘 이후로 이데올로기의 새로운 형태는 자신의 이론적 지위를 상실하고 "조작적인 고안물"이 되어가고 있다. 아도르노가 지적한 것처럼, "부르주아 시대에 우세한 이론은 이데올로기였고 반대파의 **실천**은 그것에 직접 맞섰다. 오늘날 이론은 더 이상 존재하지 않으며 억누를 수 없는 **실천**의 톱니바퀴로부터 이데올로기만이 윙윙거릴 뿐이다."[125] 비판 이론에서 이데올로기는 가면이 되는 것을 중단했다. 그것은 "세계의 얼굴"이 되었다. 그것은 현실로 수렴된다. 아니, 오히려 현실은 그 자신의 이데올로기가 된다.[126] 훗날 마르쿠제는 이것을 자신의 소비사회 비판으로 확장하고 발전시킨다. 이데올로기는 현실을 흡수해버리고, 생산 과정으로부터 유래하는 난공불락의 힘이 되어버린다. 이데올로기는 아직까지 허위의식의 형태를 가지고 있을지 모른다. 그러나 그것은 거짓에 면역성을 가진 자가 된다.[127] 이성과 지배는 모순적인 힘이길 중단한다. 마르쿠제는 아도르노와 호르크하이머의 도구적 이성 비판의 논리적 결론을 받아들이면서 "오늘날, 지배는 기술을 통해서

---

124. Ibid., p. 199.
125. T. Adorno, *Prisms*(London: Neville Spearman, 1967), p. 29. [홍승용 옮김, 『프리즘』, 문학동네, 2004.]
126. Frankfurt Institute for Social Research, *Aspects of Sociology*, pp. 202-203.
127. H. Marcuse, *One Dimensional Man*(London: Abacus, 1972), p. 24. [차인석 옮김, 『일차원적 인간』, 삼성출판사, 1994.]

만이 아니라 기술로서 그 자신을 영구화하며 확장한다. 그리고 문화의 모든 영역을 흡수하는 정치적 권력의 확장에 거대한 합법성을 제공한다."128고 주장한다. 게다가 더 나아가 "어쩌면 기술적 이성이라는 개념 그 자체가 이데올로기적인 것일지 모른다. 기술의 적용뿐만 아니라 기술 그 자체, 즉 방법적이고 과학적이며 계산되거나 계산하는 통제가 자연과 인간에 대한 지배이다."129

하버마스는 아도르노와 호르크하이머가 모더니티의 이미지를 지나치게 단순화하고 문화적 모더니티의 합리적 내용을 정당하게 평가하지 않았다고 올바르게 비판하고 있다. 아도르노와 호르크하이머는 자기를 성찰하는 과학이 "단지 기술적으로 유용한 인식만을 낳는 것을 넘어서" 나아간다는 점을 보지 못했다. 또한 비판적 이성의 파괴를 예고하고 모든 곳에서 이성을 도구적 이성으로 환원함으로써 그들 자신의 비판을 만들 수 있는, 바로 그 토대를 허물어버렸다.130 하버마스는 마르쿠제 또한 이와 유사한 방식으로, 기술적 합리성을 너무나 과도하게 이데올로기와 지배로 환원하고 있으며, 기술적 합리성이 "과학적 기술 진보의 원죄라는 모델도 아니며 그것을 정당화하는 무죄의 모델도 아니라는"131 점을 보여주길 원했다고 주장한다. 발전된 자본주의에서 이데올로기는 기술

---

128. Ibid., p. 130.
129. H. Marcuse, *Negations*(Harmondsworth: Penguin, 1972), pp. 223-224. [차인석 옮김, 『부정』, 삼성출판사, 1994.]
130. J. Habermas, *The Philosophical Discourse of Modernity*, p. 112, 113 and 119.
131. J. Habermas, *Toward a Rational Society*(London: Heinemann, 1972), p. 89. [장일조 옮김, 『이성적인 사회를 향하여』, 종로서적, 1993.]

관료적 의식의 형태이지만 그것이 사회가 과학적 합리성 없이 움직일 수 있다거나 현대 기술이 질적으로 다른 것을 위해 부정되어야 한다는 것을 의미하는 건 아니다.[132] 아도르노, 호르크하이머, 그리고 마르쿠제는 모더니티의 업적을 정당화하는 데 실패했으며 결국 그들은 이성을 권력과 지배로 융합시켰을 뿐이다.

물론 아도르노와 호르크하이머가 했던 것처럼 문화 산업이 낳은 사물화와 소외의 정체를 폭로하는 것은 가치 있는 일이다. 그러나 문화 산업의 작동을 통해서 개인들이 필연적으로 동화된다는 제안은 잘못이며 비관적이다. 하버마스가 우리에게 상기시켰듯이 그들의 비판 그 자체가, 모든 사람들이 자신들의 자율성과 비판 능력을 상실한 것이 아니라는 점과 그들이 비판한 계몽 그 자체로부터 그들 자신의 비판적 무기를 끌어내고 있다는 점을 보여준다. 알튀세르(L. Althusser)에게 이데올로기의 통합적 권력에 대한 과대평가의 위험이 있는 것과 마찬가지로 아도르노와 호르크하이머에게도 개인을 소외시키는 문화 산업의 권력에 대한 과대평가의 위험이 있다. 그러나 그 외에도 거기에는 톰슨이 "내재론의 오류"라고 불렀던 것, 즉 "문화적 생산물을 생산물 자체로부터 나온 결과로 읽어"내려는 경향이 있다. 따라서 해석과 동화의 복잡한 과정을 무시한다.[133] 문화 산업의 생산물이 개인들에게 실제로 영향을 미치는 것을 실천적으로 읽지 않으면서 특별한 효과를 가지고 있다고 가정

---

132. Ibid., p. 87.
133. J. B. Thompson, *Ideology and Modern Culture*(Cambridge: Polity Press, 1990), p. 105.

하는 것은 오류이다. 이것이 아도르노와 호르크하이머의 이론이 지닌 이데올로기적 측면이다. 그들 이론이 지닌 비관주의는 정치적인 변혁 활동을 해산시키고 무력화시킨다.

3장

구조주의 그리고 알튀세르주의의 해체

개요

구조주의는 역사주의, 맑스주의적 휴머니즘 그리고 암묵적으로
는 비판 이론에 대한 가장 강력한 현대적 비판 중 하나로 등장했
다. 그것은 인류학, 기호학, 문화 연구 그리고 맑스주의를 포함하
는 많은 지적인 영역에서 영향력을 발휘하게 되었다. 구조주의의
가장 중요한 공헌은 언어를 문화와 사회적 삶을 이해하기 위한 핵
심적 현상으로 고려한 것이었다. 구조주의의 주요 문제점은 역사
를 경시하고 사회적 삶을 담론으로 해체시키려는 경향이었는데,
이것이 구조주의를 포스트구조주의와 포스트모더니즘으로 이끌게
된다. 처음부터 구조주의는 문화와 사회에 대한 연구는 역사주의

에서 제공한 것보다 더 엄밀하고도 과학적으로 접근할 필요가 있다는 생각과 밀접하게 연관되어 있었다. **파롤**(parole)을 설명할 수 있는 구조로 **랑그**(langue)를 제시하는 소쉬르(F. Saussure)의 연구와 음운의 기초를 이루는 구조로 음운론 체계를 연구하던 프라하 서클의 사고에서 과학적 지위를 얻으려는 욕구는 이미 나타나고 있었다. 문화 현상이 역사적·통시적 법칙의 토대 위에서가 아니라 구조적·공시적 법칙의 토대 위에서 설명되어야 한다는 생각은 이러한 원리들에서 비롯된 것이다. 레비스트로스(C. Lévi-Strauss)는 그 원리들을 신화 연구에 적용한 반면, 알튀세르는 이데올로기 분석에 적용했다.

새로운 과학적 출발이라는 생각은 알튀세르와 그의 추종자들의 저작에서 특히 두드러지는데, 역사주의와 비판 이론의 방식에서는 나타나지 않던 이성에 대한 신뢰로의 회귀를 보여주었다. 그러나 이성으로의 이러한 회귀가 특별히 비판적인 성격을 띠는 것은 아니다. 자기 자신을 정당화하는 것을 거부하기 때문이다. 도미니크 르쿠르(Dominique Lecourt)는 알튀세르의 입장을 "**진리는 그 자신과 거짓의 기준이다**(veritas norma sui et falsi)."라는 스피노자의 생각과 "과학적 진리의 진리는 **스스로 진리를 부여한다**."[1]는 바슐라르(G. Bachelard)의 생각으로까지 거슬러 올라가서 우호적으로 확인하였다. 진리는 그 자신이 자신의 척도이며 자동적으로 자기 밖에 있는 모든 것을 평가절하한다. 그러므로 과학의 역사는 비합리주의

---

1. D. Lecourt, *Marxism and Epistemology*(London: New Left Books, 1975), p. 12. [박기순 옮김, 『프랑스 인식론의 계보』, 새길, 1996.]

를 타파하는, 거꾸로 되돌릴 수 없는 진보의 형태로 나타난다. 당연히 과학은 자신을 정당화할 필요가 없는 이데올로기 비판이다. 바슐라르와 알튀세르는 과학의 타당성을 입증할 필요가 있다고 생각하지 않는다. 그들은 단지 과학의 타당성을 인정하고 있을 뿐이다. 이렇게 이성의 우월성을 정당화하기 위해 이성의 사용을 거부하는 것은 역설적이게도 알튀세르주의자와 포스트모더니스트의 입장 사이의 접점들 가운데 하나이다. 포스트모더니스트들은 알튀세르주의자와는 반대로 이성을 비판하지만 자신의 입장에 관해 설명하는 것도 거부한다. 알튀세르주의자들의 저작 활동, 특히 이데올로기에 관한 저작 활동과 뒤이은 알튀세르주의의 해체는 포스트구조주의와 포스트모더니즘의 출현을 이해하는 데 특히 중요하다. 그러므로 이 장에서 알튀세르주의와 그것의 전개를 다루는 것은 알튀세르주의의 여러 갈래들을 확인하기 위한 것일 뿐만 아니라 그 갈래들 속에 있는 요소들, 즉 맑스주의와 구조주의를 포스트구조의적·포스트모더니즘적 입장으로 해체하게 한 요소들을 찾기 위한 것이다. 그러나 알튀세르주의의 전개는 알튀세르 자신에 의해서 어느 정도 예시되었다고 할 수 있기 때문에 알튀세르 자신에서부터 출발할 것이다.

알튀세르의 이율배반

알튀세르는 처음부터 어려움을 겪을 수밖에 없었다. 맑스주의자로서 경제적 토대-상부구조 패러다임 안에서 이데올로기의 역할을 설명하려 했지만, 동시에 경제 환원주의는 피하려 했기 때문이다. 그는 토대와 상부구조의 문제는 재생산의 관점에서 제시되어야 한다고 주장함으로써 방정식의 첫 부분을 풀었다. 그래서 그는 생산관계의 재생산에 관한 문제를 제기하면서, 숙련되어 있을 뿐만 아니라 이미 확립된 규칙에 순응하는 노동력의 재생산에 관한 문제를 제기하면서 이데올로기에 관한 그의 주요 논의를 시작했다. 노동력과 생산관계는 국가권력 이외에도 주로 이데올로기에 의해서 재생산된다는 것이 알튀세르의 결론이다.2 이데올로기는 생산 조건을 재생산하면서 작동한다. 그리고 개인들을 호명하고 (interpellating) 그들을 체제에 순종하는 주체로 구성해냄으로써 생산 조건의 재생산을 완수한다. 호명 과정 그 자체는 새롭게 구성된 주체가 자신의 존재 조건을 상상의 형태로 재현하게 만든다. 말하자면, 자신의 복종을 자유로운 선택으로 보게 하는 것이다.3 그러므로 이데올로기는 참된 앎을 낳을 수 없다. 반면에 과학은 이데올로기와는 "언제나 완전히 다른 것"이며 "늘 가면을 쓰고 나타나는 이데올로기를 비판할" 수 있다.4

알튀세르는 이러한 입장을 자신의 비환원주의적이고 비결정론적 의도와 어떻게 화해시켰는가? 그의 해결책은 사회의 지배적이

2. L. Althusser, *Lenin and Philosophy and other Essays*(London: New Left Books, 1971), pp. 123-141. [이진수 옮김, 『레닌과 철학』, 백의, 1991.]
3. Ibid., p. 169.
4. L. Althusser, *For Marx*(London: Verso, 1977), pp. 167 and 171. [이종영 옮김, 『맑스를 위하여』, 백의, 1997.]

며 결정적인 심급들(instances) 간의 구별에 근거해 있는데, 이런 구별 덕택에 각각의 심급 또는 상부구조의 "층(floor)"은 "상대적인 자율성"과 그 자신의 효과 지수(index of effectivity)를 갖게 된다.5 이것은 알튀세르가 사회적 총체(totality)를 일종의 복합 구조로 이해했다는 것을 의미한다. 이 복합 구조는 완전히 다를 뿐만 아니라 상대적으로 자율적인 심급들을 통해서 구성된 것이기에, 모든 사회적 현상 속에서 자신을 외적으로 산출하거나 드러내는 어떤 하나의 내적 본질과 같은 단순성으로 환원할 수 없는 것이다. 바로 이런 이유 때문에 알튀세르는 자신의 사회적 "전체(whole)" 개념을 설명하기 위해 기계적·표현적(expressive) 인과성 개념을 거부하고 새로운 "구조적" 또는 "환유적" 인과성 형태를 제안했던 것이다.6

알튀세르는 이데올로기를 현저하게 주관적인 성격을 지닌 것으로, 말하자면 개인의 주관에 의해 산출된 의식의 형태로 받아들이는 모든 입장에 대해 비판적이었다. 그러한 입장들에서는 이데올로기가 관념들로 이루어지며, 오직 개인들의 마음속에서만 정신적 실존 형태를 가지기 때문이다. 알튀세르와 그의 추종자들에 따르면, 이런 식으로 개념화하는 것은7 맑스가 『독일 이데올로기』에서 공

---

5. Ibid., p. 213.
6. L. Althusser and E. Balibar, *Reading Capital*(London: New Left Books, 1975), p. 97. [김진엽 옮김, 『자본론을 읽는다』, 두레, 1991.]
7. See Althusser, *Lenin and Philosophy*, pp. 150-151; J. Mepham 'The Theory of Ideology in *Capital*', in J. Mepham and D. H. Ruben (eds), *Issues in Marxist Philosophy*(Brighton: Harvester Press, 1979), vol. 3, pp. 144-145, and N. Poulantzas, *Political Power and Social Classes*(London: New Left Books, 1973), p. 20. [홍순권 옮김, 『정치권력과 사회계급』, 풀빛, 1986.]

식화한 것에서 파생될 수 있다. 맑스는 다음과 같이 말한다. 이데올로기 안에서 세계는 "카메라의 어둠상자에서처럼", 또는 "망막 위의 대상이 전도된 것처럼", "인간의 두뇌 속에 형성된 환영"처럼 위아래가 뒤바뀐 것으로 나타난다. 따라서 이데올로기는 "계급 자체에 대한 계급적 환상을 완벽하게 만들어내는 것을 자신들의 주요한 생계 수단으로 삼는"[8] 지배 계급의 사상가들, 개념적 이데올로그들에게서 나오는 것이다. 그러므로 이데올로기는 환상으로서, 현실의 전도로서, 즉 인간 정신 속에서 잘못된 인식 과정에 의해 산출되거나 또는 계급적 이해관계에 의해 야기된 자기기만에 의해 산출되는 것처럼 제시되고 있다. 올바로 서 있기만 한다면 완벽하게 이해할 수 있는 현실을 이데올로기는 잘못 지각하고 잘못 인식하는 것일 수 있다. 알튀세르가 언급한 바에 따르면, 『독일 이데올로기』에서 맑스는 이데올로기를 "순수한 환상, 순진한 꿈, 즉 아무것도 아닌 것으로" 정식화해서 이해한다. "이데올로기의 모든 현실성은 이데올로기의 외부에 있다."[9]

　이러한 것은 또한 루카치의 이데올로기 개념과 관련된 문제일 것이다. 알튀세르와 그의 추종자들에 따르면, 루카치의 이데올로기 개념은 관념론의 축소판이며, 주체의 역할을 잘못 전하고 과학의 자율성을 공격하는 역사주의적 설명이다. 예를 들어, 풀란차스 (N. Poulantzas)는 계급 주체와 그 이데올로기 간의 관계를 발생학

---

8. K. Marx and F. Engels, *The German Ideology*, in K. Marx and F. Engels, *Collected Works*(London: Lawrence & Wishart, 1976), vol. 5, pp. 36 and 60. [김대웅 옮김, 『독일 이데올로기 Ⅰ』, 두레, 1989.]
9. L. Althusser, *Lenin und Philosophy*, p. 150.

적 의미로 이해하는 루카치를 비난한다. 이데올로기가 "계급 주체의 등에 붙어 있는 번호판"이 되어버린다는 것이다.[10] 다음으로 존스(G. S. Jones)는 사회주의 이데올로기와 계급 의식을 동일시하고 있는 루카치를 비판한다. 과학은 계급 의식으로 와해되고, 부르주아의 이데올로기적 지배를 유지하는 제도적 장치도 고려하지 못한다는 것이다.[11]

역사주의적 · 인간주의적 편향으로 동화되어버린 주관주의적 입장과는 대조적으로 알튀세르와 그의 추종자들은 근본적으로 다른 개념을 제시하는데, 그들은 그것이 맑스의 『자본론 *Capital*』과 그 밖의 완숙기 저작에 표현되어 있다고 보았다. 이런 생각은 맑스 자신에게서조차도 숨겨져 있던 새로운 과학적 문제틀에 해당하는 것이며, 징후 발견적 독해(symptomatic reading)에 의해서 추출되어야 하는 것이다. 이러한 견해에 따르면, 이데올로기는 장치, 의례, 실천에서 물질적 실존성을 갖는다. 이데올로기는 정신적이거나 이념적인 것이 아니다. 그것은 주관적인 것이 아니라 물질적이고 외적인 것이다. 그것은 사회의 한 객관적 수준이고, 사회적 총체의 한 심급이며, 어떤 주체에 의해서 산출되는 것이 아니라 주체를 다듬고 구성하는 구조화된 담론이다. 알튀세르에게 이데올로기는 표상들(representations)의 체계이다. "그러나 대부분의 경우 이 표상들은 "의식"과 아무런 관련이 없다. 표상들은 보통 이미지이고 가끔은

---

10. Poulantzas, *Political Power and Social Classes*, p. 205.
11. G. Stedman Jones, 'The Marxism of the Early Lukács: An Evaluation', *New Left Review*, 70 (1971), pp. 53-54 and 48-49.

개념이지만, 이 표상들은 대부분의 인간에게 무엇보다도 구조로서 부과되는 것이지 인간의 "의식"을 통해서 부과되는 것이 아니다."12

알튀세르는 이데올로기가 현실을 잘못 인식하는 것, 또는 개인이 자신의 실제적 존재 조건을 상상적 관계로 표상하는 것이라는 점을 부정하지 않는다. 그러나 그는 그렇게 잘못 이해하는 것, 또는 상상적으로 표상하는 것은 주체의 생산물이 아니고 현실을 전도시키는 환상이나 허위의식도 아니라고 주장한다. 그는 이렇게 말한다.

이데올로기의 왜곡은 사회적 총체 그 자체의 본성이 갖는 기능으로서, 좀 더 자세히 말하면 사회적 총체의 구조에 의한 결정 기능으로서 사회적으로 필연적인 것이다. 그 구조는 모든 사회적인 것과 마찬가지로 이미 만들어진 것이고, 이러한 구조에 의해 결정된 한 장소를 점유하고 있는 개인에게는 잘 드러나지 않는다. 사회구조의 불투명성은 필연적으로 사회적 응집에 필수적인 것으로서, 세계에 관한 표상을 신화적인 것으로 만들어버린다.13

이 외에도 알튀세르는 "이데올로기 일반"에 관한 이론과 "특수 이데올로기들"에 관한 이론을 구별한다.14 이데올로기 일반의 기능은 주로 생산관계를 재생산하고 사회적 총체의 응집을 보장하는

12. L. Althusser, *For Marx*, p. 233. [고길환 외 옮김, 『마르크스를 위하여』, 백의, 1990.]
13. L. Althusser, *La Filosofía como Arma de la Revolución*('Philosophy as a Weapon of Revolution') (Córdoba: Cuadernos de Pasado y Presente; 1970), p. 55. (my translation).
14. L. Althusser, *Lenin and Philosophy*, p. 150.

것이다. 이데올로기 일반은 개인을 주체로, 즉 스스로 현존하는 질서에 자유롭게 복종한다고 생각하는 주체로 구성하기 위해 개인을 호명함으로써 이러한 응집을 보장하는 것이다. 이데올로기는 주체가 자신들에게 할당된 과업을 수행하도록 하며 주체가 자신들의 상황을 견뎌내도록 돕는다. 이러한 점에서 이데올로기는 영원하며 전역사적(omnihistorical)이다.[15] 그러나 이데올로기 일반의 이러한 핵심 기능은 계급 사회의 구체적인 역사적 상황과 계급 사회의 특수 이데올로기들 속에서 중층결정된다(overdetermined). 이 같은 중층결정은 이데올로기 일반이 피착취자들로 하여금 자기들의 조건을 받아들이도록 만듦으로써 지배 계급의 지배를 안정화하는 기능을 하는 가운데 이루어진다. 이데올로기가 계급 사회에 존재하는 한, 이데올로기 그 자체는 여러 가지 이데올로기적 경향, 주로 지배 이데올로기와 피지배 이데올로기들로 나뉜다.[16]

어떤 상황에서는 피지배 이데올로기가 피착취 계급의 저항을 표현할 수도 있다. 하지만 그러한 이데올로기는 지배 계급에 종속되어 있으며, 지배 계급의 언어와 논리 속에서 피지배 계급의 불평불만을 자연발생적으로 형식화한 것이다. 바로 이런 이유 때문에 노동 계급은 부르주아 이데올로기로부터 자기 자신을 해방시킬 수 없고 과학이라는 외적 도움을 필요로 하는 것이다. 알튀세르에 따르면, "노동 계급의 자생적 이데올로기가 부르주아 이데올로기로부터 해방되는 지점까지 변화하기 위해서는 밖으로부터 과학의 도

---

15. Ibid., p. 152.
16. Althusser, *La Filosofía como Arma de la Revolución*, p. 56.

움을 받을 필요가 있으며, 이데올로기와는 근본적으로 다른 새로운 요소, 좀 더 정확히 말하면 과학의 영향 아래에서 그 자체를 변모시킬 필요가 있다."[17]

여기서 흥미로운 점은 이러한 설명과 더불어 알튀세르가 맑스주의와 노동 계급의 자생적 의식을 근본적으로 구별하는 레닌주의와 부정적 이데올로기 개념을 조화시켰다는 것이다. 이것은 이데올로기 개념을 레닌이 설정했던 과학의 영역에서 자생적 의식의 지형으로 옮겨 놓음으로써 이룩된 것이다. 맑스주의는 그 기원과 이론적 틀에서 노동 계급의 자생적 의식으로부터 계속 분리되어 왔다. 하지만 맑스주의는 이제 더 이상 이데올로기가 아니다. 맑스주의는 과학이다. 노동 계급의 이데올로기는 부르주아 이데올로기에 자연스럽게 종속되는 자생적 의식이다. 그러므로 노동 계급의 이데올로기를 포함해서, 모든 이데올로기는 일그러지고 신비화된 표상 체계이다.

그러나 부정적 이데올로기 개념과 두 종류의 의식에 대한 레닌의 구별을 이렇게 조화시킨 것은 당연히 그 대가를 치른다. 왜냐하면 두 가지 중대한 이율배반이 발견되기 때문이다. 첫째, 이데올로기를 사회를 이해하는(comprehensive) 심급으로 보는 동시에 과학의 적대자로 보는 것이 어떻게 가능한가? 둘째, 만일 이데올로기가 기존 질서에 "자유롭게" 복종하는 주체를 구성함으로써 생산 조건을 재생산하는 것이라면, 누군가가 그 질서에 대해 근본적으

---

17. Ibid., pp. 56-57 and 48-49. (my translation).

로 비판하는 것이 어떻게 가능한가? 어떤 개인이 어떻게 이데올로기에서 벗어날 수 있는가를 이해하는 것은 거의 불가능하다. 물론 알튀세르주의자는 과학에 의지하고 있다. 그러나 다음과 같은 문제가 발생한다. 과학은 어디에서 오는가? 맑스의 말로 바꿔 말하면, 과학에 의지하는 것은 교육자와 과학자들 자신이 교육받아야 한다는 것을 잊은 것이다. 그들은 어떻게 이데올로기에서 벗어날 수 있는가?

이제 알튀세르의 이데올로기론은 곤란한 선택에 직면한 것으로 보인다. 사회를 두 집단으로 나눠야 하는 것이 그 하나이다. 두 집단 중 하나는 과학을 소유하고 있으며, 다른 집단을 구해야 하기 때문에 우월한 집단으로 가정된다. 마치 포이어바흐에 관한 세 번째 테제에서 맑스가 비판한 프랑스 계몽주의 철학자들이 자신들을 무지하고 수동적인 인민 대중을 계몽할 수 있는 이성의 타고난 소유자라고 믿은 것처럼 말이다. 그것이 아니라면 알튀세르의 이데올로기론은 이데올로기가 어떤 장치 속에서 단순하게 실현되고 심지어 이데올로기가 반대자들의 의지에 반해서, 좀 더 정확히 말하면 자기도 모르게 한 노력에 의해서 사회에 부과되는 것으로 여겨지는 한, 지배 이데올로기가 필연적으로 지배한다는 이론으로 파악되어야 하는 것이다. 이런 점이 알튀세르가 진보적 교사들에게 사과해야 하는 이유가 될 수 있을 것이다. 알튀세르에 따르면, 그들은 "체제가 그들에게 …… 하도록 강제하는 일을 의심조차 하지 않는다. …… 이렇듯 의심하지 않는 바람에 그들의 헌신은 이러한 이데올로기적 표상을 유지하고 자양분을 제공하는 학교라는 데에 공헌하게 되는 것이다.”[18]

1976년 12월, 이러한 문제에 대한 강력한 비판이 있은 후에 그리고 별로 믿을 만하지도 않은 자기비판을 마지못해 시도한 후에,[19] 알튀세르는 생각을 바꾸고 부정적 이데올로기 개념을 확실히 포기한 것으로 보인다. 그는 자신의 초기 발상에서부터 있었던 이데올로기의 근본 메커니즘으로서의 호명 개념은 유지한다. 그렇지만 지배 이데올로기에 필연적으로 복종한다는 개념으로부터는 이 호명 개념을 분리해낸다. 그러므로 그는 공산낭이 그 자신을 구성하기 위해서 의지하고 있는 프롤레타리아 이데올로기에 관해 말할 수 있다. 프롤레타리아 이데올로기는 개인을 체제에 대항하는 투쟁적인 주체로 호명하는 것이다.[20] 알튀세르는 이제 프롤레타리아 이데올로기가 순수하게 노동 계급의 자생적 활동에 근거한 것이 아니라, 맑스주의에서 제공된 객관적 지식에 의해 형성된 것이라고 주장한다. 그러므로 프롤레타리아 이데올로기는 하나의 매우 특수한 이데올로기다. “그것은 개인을 주체로 호명함으로써 모든 이데올로기와 마찬가지로 대중의 수준에서 기능하지만, 역사적 경험에 몰두하고 과학적 분석의 원리에 의해 계몽된다.”[21] 부정적 이데올로기 개념 그리고 과학과 이데올로기 간의 대립은 사라졌다.

---

18. L. Althusser, *Lenin and Philosophy*, p. 148.
19. See L. Althusser, *Essays in Self-Criticism*(London: New Left Books, 1976).
20. L. Althusser, 'Nota sobre los Aparatos Ideológicos de Estado'('Note on Ideological State Apparatuses'), in L. Atthusser, *Nuevos Escritos*('New Writings')(Barcelona: Editorial Laia, 1978), p. 99.
21. Ibid., p. 100. (my translation).

알튀세르는 결국 레닌주의의 울타리로 돌아온 것이다.

그런데 이번에는 더 나아가 그람시(A. Gramsci)에게 의지하여 노동 계급의 자생적 의식과 과학 사이의 간격(gap) 문제를 말한다. 이것은 관점의 중대한 변화를 가리키는 것이기 때문에 중요하다. 그람시는 과학과 자생적 상식(common sense) 사이의 분리를 연결하는 결정들의 이중적 경향을 보여주려고 했다. 맑스주의는 지식인에 의해 창안되었지만, 지식인과 비지식인 사이의 절대적 구별은 있을 수 없다. 맑스주의는 회복할 수 없을 정도로 결함이 있는 의식을 대체하는 것이 아니라 집합 의지를 인지하고 표현한다. 집합 의지란 좀 더 비판적일 수 있는 상식으로서 계급 속에 이미 존재하는 역사적 지향이다.22 이러한 그람시의 견해에 의거하여 알튀세르는 이제 다음과 같이 단언한다.

물론 맑스주의 이론은 방대한 문화를 지니고 있는 지식인에 의해 기획되었지만, 지식인은 노동 계급의 운동 내부로부터 그렇게 한 것이다. …… 인민에서 탄생하지 않은 지식인은 …… 인민의 투쟁에 참여함으로써…… 인민이 되어야 한다. 맑스가 한 것이 바로 이것이다. **그는 프롤레타리아의 유기적 지식인이 되었다**(그람시). …… 그러므로 맑스주의 이론을 외부로부

---

22. A. Gramsci, *Selections from Prison Notebooks*, ed. and trans. Quintin Hoare(London: Lawrence & Wishart, 1971), p. 331: "'모든 사람'이 철학자라는 것을 보여주기 위해" 실천 철학은 처음에 상식에 근거해야 한다. "그리고 모든 사람들의 삶 속에 과학적 사고 형태를 아무것도 없는 상태에서(from scratch) 주입하는 것이 문제가 아니라, 이미 존재하는 활동을 '비판적인 것'으로 개선하고 만드는 것이 문제다." [이상훈 옮김, 『그람시의 옥중수고 2』, 거름, 1993.]

터 수입한다는 잘못된 문제는 **노동 계급 운동 내에서 착상해낸 이론을 노동 계급 운동 내에서 확산하는 문제로 바뀐다.**[23]

심각한 이율배반을 해결하는 이러한 방향 전환에도 불구하고, 알튀세르의 이론에서는 여전히 이데올로기가 주체를 외부와 대면하게 하는 담론으로 이해된다. 이러한 관점에서는 주체가 **보조자**일 뿐이다. 주체는 특정한 이데올로기가 부여하는 의미를 **갖는 자**이고 그 의미를 위해 구성된 사이다. 실제로 알튀세르에게 사회적 총체와 역사는 주체 없는 과정으로 이해된다. 주체가 관념의 산출자이고 사회적 총체를 구성하는 과정의 산출자라는 것을 거부하기 위해 알튀세르주의자들은 주체가 어떤 표상을 위해 만들어졌고 구성되었다고 주장한다. 다시 말해, 주체는 어떤 객관적인 사회적 실천들이 결정화(crystallization)하는 장소로 이해된다. 그러나 여기에서 실천은 사회 현실을 구성하는 의식적 인간 활동이 아니다. 이 실천은 속이 빈 객관적 형태, 즉 구조적-기능주의적 전통에서의 역할 개념처럼 따로 분리된 채 외부에서 주체를 형성해내는 것으로서, 주체에게 어떤 역할을 기대하고 있는 미리 주어진 체계와 같은 것이다. 주체에 대한 맹공격 그리고 담론의 우선성에 대한 강조는 나중에 포스트구조주의와 포스트모더니즘의 기본 전제가 될 것을 예기한다.

사회적 총체의 통일성(unity)에 관한 알튀세르의 이해는 동일성

---

23. L. Althusser, 'Nota sobre los Aparatos ideológicos de Estado', p. 102. (my translation).

(identity)의 논리가 아니라 차이(difference)의 논리에 토대를 두고 있는데, 이것 역시 중요한 결과를 낳았다. 알튀세르 자신은 총체성에 관한 관념이나 궁극적으로는 경제구조가 결정적 역할을 한다는 것을 고수했지만, 그의 추종자 중 일부는 차이의 논리를 극단적으로 다루었으며 끝내는 구조와 총체성이라는 개념을 버리기 때문이다. 알튀세르에게는 상대적으로 자율적인 많은 심급들의 접합(articulation)이었던 것이 포스트구조주의자들에게는 절대적으로 자율적인 영역들 내에서 불가피하게 비(非)대응적인 것, 이질적인 것으로 된다. 담론으로 이해되는 이데올로기적 심급은 이제 더 이상 경제에 의해 궁극적으로 결정되는 것이 아닐 뿐만 아니라, 오히려 그 자체가 사회적 삶의 모든 측면을 구성하게 될 것이다.

알튀세르의 이데올로기론은 하나의 복합적 시도로 출발했다. 그는 보다 더 엄밀하고도 비환원론적인 맑스주의를 모색하면서 맑스에 대한 인간주의적이고 역사주의적인 해석을 공격하려고 했던 것이다. 알튀세르 이론이 갖고 있는 모호성이나 이율배반의 대부분은 이러한 구도에서 나온 것이다. 과학의 표면상의 절대적 자율성과 이데올로기의 상대적 자율성, 부정적 이데올로기 개념과 주체에 대한 과소평가, 특수한 역사적 상황에서의 이데올로기론과 일반적 이데올로기론, 경제에 의한 궁극적인 결정과 담론의 자기 완결성 등을 결합하려는 시도에서, 알튀세르는 결국 이론 자체의 해체를 이끌어내는 매우 곤란한 문제의 씨를 뿌렸다.

알튀세르 학파의 분열과 해체

1976년 알튀세르가 얼마나 그리고 어느 정도 극적으로 전향했는지는 영어권에 크게 알려지지 않았는데,24 어쨌든 그 일은 알튀세르의 영향력이 이미 퇴색하기 시작했을 때 일어났다. 그러므로 알튀세르주의의 광범위한 영향력이 주로 그의 초기 접근 방식에서 비롯됐다는 사실은 놀라운 일이 아니다. 그 밖에도 두 가지 다른 사실을 명심해야 한다. 한편으로, 알튀세르가 기여했던 작업의 독창성과 차별성은 그가 이데올로기와 과학의 강한 대립을 포기했을 때 어느 정도 상실되었다는 것이다. 다른 한편으로, 이데올로기에 관한 알튀세르의 초창기 이론이 호소력을 갖는 이유 중 일부는 1960년대 말과 1970년대 초에 유행했던 구조주의적 테마와 확실히 연결되어 있었다는 데 있다. 그러나 "젊은" 알튀세르에게 영향을 받은 몇몇 저자들은 일찍이 알튀세르의 이론적 결점을 비판하기 시작했으며, 이후 알튀세르 자신의 관점이 어떻게 변할지를 어느 정도 예견하고 있었다는 것 또한 사실이다.

초기 알튀세르에 관한 나의 비판적 태도에도 불구하고, 많은 분야의 다양한 저자들이 알튀세르의 초기 노력들이 갖고 있는 여러 측면에 의해 영향을 받았다는 점, 그리고 그 노력 가운데 몇몇은 경험적 연구가 성과를 내는 데 영감을 줄 수 있었다는 점은 알튀세르의 원래 이론이 갖고 있는 놀라운 지적인 힘을 증언해 주고

---

24. 나는 스페인어 *Nuevos Escritos*("새로운 저작들")라는 제목으로 출판된 저작집 중에서 영어로 번역된 것을 알지 못한다.

있다. 연구 영역을 간단히 개관해 보아도 알튀세르의 영향력이 사회과학의 거의 모든 분야에 걸쳐 있다는 것을 알 수 있다. 인류학, 철학, 사회학, 정치학, 언어학, 기호학, 의미론, 문화 연구, 문학 비평, 범죄학, 심리학 따위에서 활동하는 영향력 있는 지식인들이 알튀세르의 영향을 받았다. 인류학에서는 고들리에(M. Godelier),[25] 테레(E. Terray),[26] 듀프레(G. Dupré)[27] 그리고 레이(P. Rey)[28]의 저작 속에서 알튀세르의 접근법이 남긴 결정적인 흔적을 볼 수 있다. 발전 사회학에 관한 테일러(J. Taylor)[29]의 접근은 전적으로 알튀세르주의의 과학과 생산 양식 개념에 기초해 있다. 정치학에서는 풀란차스,[30] 라클라우,[31] 무페[32]가 이데올로기 개념과 관계를 맺고 있는 모든 면에서 알튀세르주의의 전제로부터 출발하고 있다. 마찬

25. See M. Godelier, 'Fétichisme, religion et théorie générale de l'idéologie chez Marx', in *Annali*(Rome: Feltrinelli, 1970), pp. 22-39. See also *Rationality and Irrationality in Economics*(London: New Left Books, 1972) and *Horizon, trajets marxistes en anthropologic*(Paris: Maspero, 1973).
26. See E. Terray, *Marxism and 'Primitive' Societies*(New York: Monthly Review Press, 1972).
27. See G. Dupré and P. P. Rey, 'Reflections on the Pertinence of a Theory of the History of Exchange', *Economy and Society*, 2, 2 (1973), pp. 131-163.
28. See P. P. Rey, *Les Alliances de Classes*(Paris: Maspero, 1978).
29. See J. Taylor, *From Modernization to Modes of Production*(London: Macmillan, 1979).
30. See Poulantzas, *Political Power and Social Classes*.
31. See E. Laclau, *Politics and Ideology in Marxist Theory*(London: New Left Review, 1977) and '"socialism", the "people", "Democracy": the Transformation of Hegemonic Logic', *Social Text*, 7 (1983), pp. 115-119.
32. See C. Mouffe, 'Hegemony and Ideology in Gramsci', in C. Mouffe (ed.), *Gramsci and Marxist Theory*(London: Routledge & Kegan Paul, 1979), pp. 168-204; see also E. Laclau and C. Mouffe, *Hegemony and Socialist Strategy*(London: Verso, 1985). [장상철·이기웅 옮김, 『그람시와 마르크스주의 이론』, 녹두, 1992.]

가지로 홀(S. Hall)33은 알튀세르주의의 구조주의와 체계적으로 토론하는 가운데 문화 연구, 이데올로기, 인종에 관한 접근법을 발전시킨다. 문학 비평을 보면, 마슈레(P. Macherey)34의 작품에서 알튀세르의 이데올로기 개념이 갖는 영향력을 볼 수 있으며, 그것보다 적긴 하지만 이글턴(T. Eagleton)35의 초기 저작에서도 그 영향력을 찾아볼 수 있다. 법과 이데올로기에 관한 섬너(C. Sumner)의 연구도36 알튀세르의 개념에 큰 빚을 지고 있다.

철학이나 사회과학 이론에서 메팜(J. Mepham),37 힌데스 그리고 허스트38의 저작은 거의 전적으로 알튀세르 이론의 논리를 비판하거

33. See S. Hall, 'Some Problems with the Ideology/Subject Couplet' *Ideology and Consciousness*, 3 (1978), pp. 113-121; 'Cultural Studies: Two Paradigms', in T. Bennett et al. (eds), *Culture, Ideology and Social Process*(London: Batsford Academic, 1981), pp. 19-37; 'The Whites of their Eyes, Racist Ideologies and the Media', in G. Bridges and R. Brunt (eds), *Silver Linings*(London: Lawrence & Wishart, 1981), pp. 28-52; 'The Problem of Ideology-Marxism without Guarantees', in B. Matthews (ed.), *Marx, 100 years on*(London: Lawrence & Wishart, 1983), pp. 57-85; and 'The Toad in the Garden: Thatcherism among the Theorists,' in C. Nelson and L. Grossberg (eds), *Marxism and the Interpretation of Culture*(London: Macmillan, 1988).
34. See P. Macherey, *A Theory of Literary Production*(London: Routledge & Kegan Paul, 1978).
35. See T. Eagleton, *Marxism and Literary Criticism*(London: Methuen, 1976).
36. C. Sumner, *Reading Ideologies : An Investigation into the Marxist Theory of Ideology and Law*(New York: Academic Press, 1979).
37. See Mepham, 'The Theory of Ideology in *Capital*'
38. See B. Hindess and P. Hirst, *Pre-Capitalist Modes of Production*(London: Routledge & Kegan Paul, 1975); B. Hindess and P. Hirst, *Mode of Production and Social Formation: An Auto-Critique of 'Pre-Capitalist Modes of Production'*(London: Macmillan, 1977); A. Cutler et al., *Marx's Capital and Capitalism Today*(London: Routledge & Kegan Paul, 1977); B. Hindess, 'The Concept of Class in Marxist Theory and Marxist Politics' in J.

나 확장하는 것에 기초하고 있다. 기호학과 심리학에서는 크리스테바(J. Kristeva), [39] 보드리(J. Baudry)[40] 그리고 저널 《텔켈Tel Quel》에 관여하던 솔레르스(P. Sollers)[41]와 그 밖의 프랑스 지식인들이 언어학, 정신분석, 그리고 알튀세르주의의 맑스주의를 함께 다루어보려고 했다. 그들의 저작은 영국에서 큰 반향을 불러일으키는데, 이는 코워드(R. Coward)와 엘리스(J. Ellis)[42] 그리고 저널 《이데올로기와 의식Ideology and Consciousness》의 일원인 아들람(D. Adlam)과 그 밖의 많은 저자들[43]의 공헌이다. 그들은 자기들의 분석 초점을 주체의 구성과 이데올로기에 맞추고 있다. 또한 의미론의 영역에서는 페쇠(M. Pêcheux)[44]가 담론 분석을 위한 방법론을 알튀세르주의의 이데올로기 개념과 결합하려고 했다.

이들 저자들과 그들의 공헌 모두를 논의하는 것은 가능하지 않

Bloomfield (ed.), *Class, Hegemony and Party*(London: Lawrence & Wishart, 1977), and P. Hirst, *On Law and Ideology*(London: Macmillan, 1979).

39. J. Kristeva, 'La Sémiologie: science critique et/ou critique de la science' in *Tel Quel* (eds), *Théorie d'ensemble*(Paris: Éditions du Seuil, 1968), pp. 80-93.

40. J. L. Baudry, 'Écriture, fiction, idéologie' in *Tel Quel* (eds), *Théorie d'ensemble*, pp. 127-147.

41. P. Sollers, 'Écriture et révolution', in *Tel Quel* (eds), *Théorie d'ensemble*, pp. 67-79, and *Sur le matérialisme*(Paris: Editions du Seuil, 1974).

42. R. Coward and J. Ellis, *Language and Materialism*(London: Routledge & Kegan Paul, 1977).

43. D. Adlam et al., 'Psychology, Ideology and the Human Subject', *Ideology and Consciousness*, 1, (1977), pp. 5-56.

44. M. Pêcheux, *Les Vérités de la Palice*(Paris: Maspero, 1975). There is an English version entitled *Language, Semantics and Ideology: Stating the Obvious*(London: Macmillan, 1982).

을 뿐만 아니라 이 장의 범위를 넘어서는 것이다. 그래서 나는 이데올로기 개념에 관한 글이나 논의와 좀 더 직접적으로 관련이 있는 이론과 저자에 집중하려 한다. 나는 이데올로기 개념과 관련된 분야에서는 알튀세르의 영향이 매우 불명료하다는 점을 주장하고자 한다. 알튀세르의 영향은 부정적 이데올로기 개념을 고수하는 생각들과 중립적 견해를 채택하는 여러 다른 생각들을 만들어냈다. 그것은 과학과 이데올로기 간의 강한 대립을 지지하는 데 사용되기도 했고, 대립의 폐지를 지지하는 데 사용되기도 했다. 또한 많은 연구 영역에서 맑스주의의 이데올로기 분석을 사려 깊고도 유용하게 이끌었지만, 자주 자기모순과 맑스주의의 완전한 포기를 이끌어내는, 독단적이고도 추상적인 유형의 이론화로 끝나기도 했다.

이러한 근본적인 모호성과 연관해서 개괄적으로 보면 알튀세르주의자들 내에 있는 세 가지 큰 가닥을 구별해낼 수 있다. 첫째, 부정적 이데올로기 개념뿐만 아니라, 계급이 관념과 정치적 과정을 결정한다는 것과 관련된 맑스주의의 몇몇 기본 전제도 다 고수하려는 경향이 있다. 여기서는 과학과 이데올로기 간의 알튀세르주의적 대립이 알튀세르주의의 가장 중요한 특성 중 하나로 유지된다. 둘째, 그람시주의에 기원을 둔 일종의 중간적 경향이 있는데, 이 경향은 부정적 이데올로기 개념 그리고 과학과 이데올로기의 대립을 포기하면서 주로 호명으로서의 이데올로기에 초점을 맞추는 것이다. 이러한 입장은, 계급과 계급투쟁의 중대한 역할을 유지하면서도 동시에 계급 환원론은 배제하기 위해 접합 개념을 끌어들임으로써, 계급 결정에 관한 맑스주의적 기본 전제를 재규정하려는 것이다. 마지막으로, 부정적 이데올로기 개념에 도전할 뿐만 아니라그 개념 대신에 담론을 모든 사회적·정치적 삶의 구성 원리로 확립하려는 경향이 있다. 그렇게 해서 경제구조와 계급 분석에 근거해 있는 사회적 결정이라는 모든 생각을 폐기하는 것이다. 이러한입장은 결국 맑스주의를 본질주의, 경제주의, 환원주의의 한 형태로서 공격하는 것으로 이어져 포스트구조주의로 진입하게 된다.

알튀세르주의의 정통 노선

첫 번째 그룹으로는 자신들의 경력 내내 이론 분석에서 대체로맑스주의 노선을 취하고 유지했던 풀란차스, 고들리에, 메팜, 페쇠 같은 저자들을 들 수 있다. 그들 모두는 알튀세르주의의 몇몇기본 전제를 공유하고 있지만, 역시 맑스를 깊이 있게 연구했고또 맑스에 관해 잘 알고 있었다. 그래서 그들은 맑스 저작에 관한자신들만의 고유한 독자적 해석을 진전시킬 수 있었을 뿐만 아니라 그에 기반해서 근본적이고도 실질적인 이론적 기여를 할 수 있었다. 풀란차스는 계급론과 국가론, 좀 더 일반적으로 말하면 오늘날의 선진 자본주의 사회의 정치적·이데올로기적 영역에 관한이론을 내놓는다. 고들리에는 원시 사회에서의 이데올로기와 문화에 관한 이론을 발전시키는데, 그것은 상품 물신성(commodity fetishism)에 관한 맑스의 역작과 원시 사회에서의 친족 관계의 역할에 관한 레비스트로스의 생각에서 끌어낸 것이다. 메팜은『독일 이데올로기』는 배척하고『자본론』에만 의존해서 맑스주의의 이데올로기론에 대한 해석을 정교화한다. 페쇠는 담론 분석과 역사적 유물론의 상관관계를 탐구한다.

이데올로기 개념에 관한 한, 그들 모두는 알튀세르의 허위의식 비판을 공유하고 있으며 다음과 같은 전제로부터 출발한다. 즉, 주체가 관념으로서의 이데올로기를 생산하는 것이 아니라, 실천과 의례(rituals)라는 물질적 실습으로 이해되는 이데올로기가 주체를 구성한다고 보았다. 그러나 허위의식 개념에 반대하고 있지만 최소한 형식상으로는 맑스의 이론과 같은 선상에 있는 그들 모두는 초기 알튀세르가 제시한 부정적 이데올로기 개념을 유지하고 있다. 그들은 이데올로기라는 관념을 과학에 대립해 있는 "상상적 전이(轉移, transposition)"로 강조한다. 그리고 이데올로기가 개인들을 주체로, 지배 체제를 재생산하도록 하는 근본적인 오인(misrecognition) 속에 있는 주체로 호명한다는 사실을 강조한다. 물론 맑스의 이데올로기 개념과 이 저자들이 진전시킨 개념 사이에는 중요한 차이가 있다. 그러나 또한 몇 가지 두드러진 유사점들도 있는데, 그것은 그들이 이데올로기가 지닌 부정적 개념과 몇몇 기능들을 맑스와 함께 공유하고 있다는 사실에서 유래하는 것이다.

풀란차스는 우선 이데올로기에 관한 역사주의적 개념을 비판한다. 맑스주의 내에 있는 이러한 전통은 추측컨대 청년 맑스 자신에 의해서 시작되었고 루카치, 그람시, 마르쿠제, 아도르노, 뤼시앵 골드망(Lucien Goldmann)에 의해서 지속되었다. 풀란차스에 따르면, 그러한 개념은 주체와 허위의식 개념에 집중되어 있고 이데 올로기를 소외와 동일시하는 경향이 있다. 그래서 이데올로기는 과잉 정치화된(over-politicized) 것이고 어떠한 자율성도 가질 수 없다. 왜냐하면 이데올로기를 어떤 계급 주체의 세계관이라고 강조하기 때문에, 다른 계급에서 생기는 이데올로기적 요소를 장악하고 있는 지배 이데올로기를 생각해내는 것은 불가능하며, 노동 계급의 이데올로기는 지배 이데올로기에 의해서 오염될 수도 없다.

풀란차스는 알튀세르의 뒤를 이어 이데올로기를 매우 면밀하게 사회의 객관적 수준으로 이해한다. 그것은 하나의 개념 체계일 뿐만 아니라 개인들이 자신의 실존 조건과 관계하면서 체험하는 방식을 결정하므로 대부분은 하나의 "생생한 경험(lived experience)"이라는 것이다. 그러나 풀란차스는 소외와 허위의식에 집중된 문제틀을 거부하면서도 이데올로기가 "필연적으로 거짓된 것"이며, "현실의 모순을 은폐하는 정교한 기능을 갖고 있을 뿐 아니라 행위자의 경험 지평으로서 작용하는 상대적으로 일관성이 있는 담론을 상상의 수준에서 재구성하는 정교한 기능도 갖고 있다."고 주장한다.[45] 풀란차스의 이러한 주장은 맑스의 개념과 완벽하게 양립할 수 있는 것이다.

다음으로 메팜은 『독일 이데올로기』에 관한 알튀세르의 비판을 공유하지만 훨씬 더 자세하게 자신의 공격을 정교화하고, 자신이 『자본론』에서 이끌어낸 세 가지 테제를 통해서 『독일 이데올로기』

---

45. Poulantzas, *Political Power and Social Classes*, p. 207.

의 이른바 잘못된 접근을 바로잡을 것을 제안한다. 첫째, 이데올로기는 구조화된 담론이다. 둘째, 이데올로기와 현실의 관계는 인식의 관계다. 셋째, 이데올로기는 현실의 불투명성에서 나온다. 이 세 가지 테제 속에서 전통적인 알튀세르주의의 관심사가 드러나는데, 여기서 이데올로기는 "오인"에 근거한 신비화를 유지하고 있다. 맑스가 『자본론』에서 "현실 관계"와 "현상 형태(phenomenal forms)"를 구별한 것에 의지하면서, 메팜은 현실이 현실 관계를 은폐하는 어떤 현상(appearances) 하에서만 인간에게 사신을 나타낸다고 주장한다. 그러므로 이데올로기적 환상(illusions)의 기원은 현실 자체의 현상 형태 속에 있는 것이며, "이데올로기의 기능은 실제 사회관계를 감추려는 것이다."[46] 여러 다른 측면에서 메팜은 맑스와 의견을 달리하지만, 이것은 맑스의 개념과 양립할 수 있는 것이다.

고들리에 역시 『자본론』에서 나타나는 본질과 현상(appearance)에 관한 맑스주의적 구별에서 출발한다. 그의 해석에 따르면, 주체가 현실을 잘못 지각하는 것이 아니라 현실 그 자체가 주체를 잘못 이끄는 것이다.[47] 고들리에에게 이러한 사실은 상품 물신성의 필연적 귀결이고, 이데올로기의 토대가 객관적인 것이지 주관적인 것은 아니라는 점을 보여준다. 고들리에는 맑스가 상품 물신성을 종교나 신화의 세계와 비교하면서 설명했다는 점에 주목하면

---

46. Mepham, 'The Theory of Ideology in *Capital*', p. 152.
47. Godelier, 'Fétichisme, religion et théorie générale de l'idéologie chez Marx', p. 23.

서 다음 같은 생각을 진전시킨다. 즉, 전(前)자본주의 사회에서는 환상적이고도 신비화된 표상을 만들어내는 가지각색의 종교적 · 신화적 숭배가 존재한다는 것이다. 이러한 종교적인 이데올로기 형태의 기원은 상품 생산이 아니라 빈곤과 생산력의 후진성이다. 자연은 원시적인 사람들에 의해서 인간 세계와의 유비(類比, analogy)를 통해 미스터리한 현실로 재현되었다. 말하자면, 잘 이해되지 않는 자연의 보이지 않는 힘이 의식과 의지를 부여받아 인간 존재와 의사소통할 수 있는 주체로 재현되는 것이다. 원시 인류에게 자연과 사회는 자연스럽게 신비화되고 환상적인(fantastic) 형태를 띤다. 여기서 고들리에는 맑스주의의 이데올로기론이 레비스트로스의 신화 분석과 만나는 것을 발견한다. 레비스트로스에게 친족 관계는 신화를 뒷받침해주는 것이다. 그렇지만 고들리에는 친족관계가 원시 사회에서 사회적 생산관계의 구조로서 기능하는 것을 본다. 그러므로 현대 인류학이 발견한 전통 사회에서의 친족 관계의 지배(predominance)는 동시에 맑스주의가 제의한 경제구조의 우위(pre-eminence)이다. 이런 식으로 고들리에는 현실을 환상적으로 표상하는 영역으로서, 알튀세르주의의 이데올로기 개념을 원시 사회로까지 확장한다. 그리고 계급 사회와 계급 없는 사회 모두에 적용되는 이데올로기 일반 이론의 가능성을 생각해낸다.[48]

이러한 제안적 분석은 어느 정도 신화를 이데올로기로 용해시켜버리기 쉬운데, 아마도 맑스는 이를 받아들이지 않을 것이다. 상

---

48. Ibid., p. 35.

품 숭배주의(fetishism)에서는 인간 노동의 산물이 생명을 얻는 반면에, 신화로 이루어진 신비화된 세계에서는 자연이 주체적 성격을 부여받는다. 맑스에게 이데올로기는 생산관계가 적대적 구조로 되어 있는 계급 사회에서만 존재할 수 있다. 이에 반해 신화는 주로 계급 없는 사회에 존재한다. 그러나 이러한 차이에도 불구하고 신화와 이데올로기가 모순을 은폐하는 한, 양자 사이에는 형식적으로 아주 유사한 것이 있다. 신화는 인간이 자연을 통제할 수 없다는 것을 감추며, 이데올로기는 계급 지배를 배제한 채 설명한다.

페쇠는 알튀세르주의의 이데올로기론을 언어학의 비판적 탐구와 결합시키려고 한다. 그는 언어와 담론 간의 근본적 구별에서 출발하는데, 이것은 전통적인 구조주의자가 시행한 **랑그**와 **파롤** 간의 구별을 대체한 것이다. 그렇게 해서 페쇠는 다음과 같이 주장한다.

랑그의 체계는 사실상 유물론자나 관념론자, 혁명주의자나 반동주의자, 어떤 지식을 소유한 자나 그렇지 않은 자나 같다. 그러나 이것은 이러한 서로 다른 종류의 인물들이 동일한 담론을 가지고 있다는 의미가 아니다. **랑그**는 차별화된 담론 **과정**의 공통적 **토대**로 나타나는 것이다.49

담론 과정을 개인이 우연히 언어를 사용하는 **파롤**로 볼 수는 없다. 그러나 담론 과정은 계급의 이데올로기적인 관계 속에 각인되

---

49. Pêcheux, *Les Vérités de la Palice*, p. 81. (my translation).

어 있다. 이데올로기가 개인을 주체로 호명한다고 하는 알튀세르의 중심 테제가 담론의 원천 또는 기원으로서의 주체성 관념을 거부하는 한, 페쇠는 그것이 유물론적 담론 이론의 핵심일 수 있다고 생각했다. 주체에 관한 비(非)주관주의적 이론은 사실상 생산관계의 재생산과 변형(transformation)의 이데올로기적 조건에 관한 이론이다. 이것은 모든 생산양식의 모순적 성격을 전제하는데, 이 모순적 성격이란 이데올로기적 지형과 관련해서 보면 계급투쟁이 이데올로기적 국가 장치 전반에 걸쳐서 퍼져나간다는 것을 의미한다.

  페쇠는 알튀세르의 이데올로기적 국가 장치 개념을 채택하면서도 계급투쟁의 맥락에서는 다음과 같은 점을 강조하려 한다. 첫째, 이데올로기는 사회 전체를 위한 "시대정신(spirit of an epoch)"으로 재생산되지 않는다. 둘째, 마치 계급투쟁 이전에 계급이 존재할 수 있었던 것처럼 어떤 이데올로기를 각각의 계급에서 나오는 것으로 볼 수는 없다. 셋째, 이데올로기적 국가 장치는 지배 이데올로기의 표현이 아니라 지배 이데올로기를 실현하는 장소이며 수단이다. 넷째, 그러므로 이데올로기적 국가 장치는 지배 계급의 단순한 도구가 아니다.[50]

  다양한 이데올로기적 국가 장치가 이데올로기에 물질성을 부여한다는 사실은, 이데올로기가 어떤 지형적 특성을 갖고 있고 계급적 입장도 포함하고 있는 "이데올로기적 형성물(formations)"의 형태

---

50. Ibid., pp. 128-129. (my translation).

로 존재한다는 것을 의미한다. 이러한 이데올로기적 형성물 내에
서 "담론 형식"은 말할 수 있고 말해야 하는 것을 결정한다. 담론
형식들의 복합적 전체를 "담론구성체(interdiscourse)"라 부른다. 페
쇠는 이런 점에서 두 개의 중심 테제를 내놓는다. 첫째, 단어, 표
현, 명제 등은 그 자체로 의미를 획득하는 것이 아니라, 그것들이
생산되는 담론 구성체들로부터 의미를 얻는 것이다. 그러므로 단
어의 의미는 그것을 사용하는 사람의 이데올로기적 입장에 의해서
결정된다. 그래서 페쇠는 다음과 같이 난언한나. "개인들은 담론
구성체에 의해서 자기 담론의 주체, 말하는 주체로 '호명'되는데,
이러한 담론 구성체는 '언어 내에서' 개인들에 상응하는 이데올로
기적 형성물을 표현한다."[51] 다른 말로 하면, 이데올로기는 주체와
의미 모두를 구성하는데, 주체와 의미는 애초부터 의심할 수 없는
증거로 제시되는 것이다.

둘째, 우리가 주체이며 단어는 명백한 의미를 갖는다고 우리에게
말해주는 이러한 증거는 일종의 이데올로기 효과이다. 모든 담론
형식은 외관상 투명해 보이는 의미를 구성해냄으로써 궁극적으로
는 이데올로기적 형성물에 의존하고 있는 담론구성체의 모순적인
물질적 객관성을 숨긴다. 다른 말로 하면, 모든 담론 과정은 계급의
이데올로기적 관계에 근거해 있으며, 본래 이데올로기적 국가 장치
를 가로지르는 계급투쟁에 의해 영향을 받는다. 하지만 이데올로기
에 의해 외관상 명백해 보이는 의미가 구성됨으로써 이러한 모순의

---

51. Ibid., p. 145. (my translation).

토대는 감춰진다. 이데올로기에 관한 명백한 부정적 개념은 이러한 사실에서 나오는 것이다. 그러나 페쇠는 이데올로기적 국가 장치가 계급투쟁의 지형에 있는 한, 생산관계의 재생산뿐만 아니라 그 변형에도 기여한다는 것을 강조함으로써 알튀세르를 넘어선다.

맑스와 이 장에서 논의한 저자들 사이에는 차이가 있긴 하지만 그래도 그들은 여전히 몇 가지 근본적인 맑스주의 원리들에 충실한 편이다. 그들은 이데올로기적 영역의 상대적 자율성을 지지하고, 고전적 맑스주의가 그랬던 것보다 더 큰 역할과 효과를 이데올로기에 부여하는 데에 관심이 있다. 그러나 그들은 여전히 최종 심급에서는 사회적 생산관계의 구조에 의한 결정을 주장한다. 그들은 이데올로기를 담론으로, 즉 개인을 주체로 구성하는 담론으로 이해하지만, 언어와 담론을 사회적 삶에서의 독립적인 최종 심급으로 설정하지는 않는다. 그들은 계급 환원론 그리고 사회 계급의 배후에 붙어 있는 "번호판"으로서의 이데올로기 개념을 비판할 것이다. 그러나 그들은 여전히 계급 분석과 계급투쟁의 중심적 역할을 중시한다. 그들은 사회주의를 추구하기 위한 필요조건으로서 계급 동맹을 믿겠지만, 노동 계급의 결정적 역할 없이는 사회주의가 건설될 수 없다는 점도 인정할 것이다.

접합의 정치학과 호명으로서의 이데올로기

이 주제와 관련해서는 두 개의 주요 글이 있다. 첫 번째는 라클라우의 초기 저작인데, 그것은 『맑스주의 이론의 정치학과 이데올로기Politics and Ideology in Marxist Theory』의 출판으로 가장 잘 드러났다. 두 번째는 논의거리가 풍부한 홀의 저작이다. 그의 저작은 알튀세르와 라클라우, 그람시를 이론적으로 흥미롭게 종합하고 있을 뿐 아니라, 미디어나 그 밖의 다른 문화적 표현에서 드러나는 이데올로기를 구체적으로 연구하고 있을 정도로 다양한 측면까지 다루고 있다. 라클라우와 홀은 알튀세르주의의 전제들로부터 출발하지만 앞에서 논의한 저자들과 다르다. 그들은 일튀세르의 결점에 관해서는 명백히 비판적이며, 알튀세르가 그람시주의적 시각을 갖고 접근한 것 중에서 가장 뛰어난 것은 이론적으로 융합하려고 노력함으로써 알튀세르의 접근을 선별적으로 종합하기도 한다.

라클라우와 홀은 맑스를 매우 잘 알고 있으며 맑스주의 내에서 자신들의 이론을 발전시키고자 한다. 그러나 맑스주의 본래의 부정적 이데올로기 개념과 알튀세르 초기의 부정적 이데올로기 개념 모두를 거부하는 데 주저하지 않는다. 그들은 그람시주의의 중립적(neutral) 이데올로기 개념을 지향하는 알튀세르 자신의 변화를 어느 정도 예견한다. "일반적" 이데올로기론이라는 생각, 생산관계를 재생산하는 것으로서 이데올로기의 독점적 기능적인 역할, 그리고 과학과 이데올로기의 대립은 폐기되었으며, 계급투쟁은 이데올로기 문제틀의 중심에 다시 도입되었다. 그런데 이러한 재도입은 본질주의와 계급 환원론에서 벗어나려는 새로운 시도를 포함하는 방식으로 진행되었다. 이러한 시도를 가능하게 하는 원리들은 다음과 같다. 첫째, 차이는 동일성으로 환원될 수 없는 것이다. 그리고 그렇기 때문에 사회적 총체는 자신을 모든 수준에서 나타내거나 표현하는 어떤 근본 모순에 의해 구성되는 것으로 이해될 수 없다. 즉, 사회적 총체는 "실천들의 상동(相同)관계보다는 실천들 간의 차이를 통해서 구성되는 통일성"[52]으로 생각되어야 한다. 둘째, 사회의 모든 모순이 계급 모순으로 환원될 수는 없지만, "모든 모순은 계급투쟁에 의해 중층결정된다."[53]

라클라우는 알튀세르와는 달리 이데올로기가 어떤 사회구성체의 한 수준이면서 동시에 과학의 대립물이 될 수는 없다는 설정에서 출발한다. 그래서 그는 이데올로기 개념의 부정적 내포를 거부하기로 결심한다.[54] 홀은 이데올로기를 다음과 같이 규정하면서 이 점을 강조한다. "이데올로기는 틀(frameworks)을 제공하는 이미지, 개념, 전제들이다. 우리는 그 틀을 통해서 사회적 실존의 어떤 측면에 관해 표현하고, 해석하고, 이해하고, 또 '뜻이 통하게' 되는 것이다."[55] 이러한 견해에서는 세 가지 측면이 가장 중요하다. "첫째, 이데올로기는 고립되어 있고 흩어져 있는 개념들로 이루어져 있는 것이 아니라, 다양한 요소들을 구별이 분명한 세트 또는 의미들의 연쇄로 접합하는 것이다." "둘째, 이데올로기적 진술은 개인이 하는 것이지만, 이데올로기는 개인의 의식 또는 의도의 산물이 아니다. 오히려 우리는 **이데올로기 안에서** 우리의 의도를 공식화한다." 셋째, 이데올로기는 "자기의 주체들에게 정체성과 지

---

52. Hall, 'Cultural Studies: Two Paradigms', p. 32.
53. Laclau, *Politics and Ideology in Marxist Theory*, p. 108.
54. Ibid., p. 101n.
55. Hall, 'The Whites of their Eyes, Racist Ideologies and the Media', p. 31.

식의 개인적이고 집단적인 위치들을 구성해줌으로써 작동한다. 이때 이데올로기는 주체들로 하여금 마치 자기들이 자기들의 믿을 만한 저자였던 것처럼, '절대적인' 이데올로기적 진리를 말하도록 한다."[56]

라클라우와 홀은 어떻게 이데올로기가 작동하는지에 관한 근본적인 설명으로, 이데올로기가 개인들을 주체로 호명한다고 하는 알튀세르의 생각을 차용한다. 이데올로기는 사실상 개인의 의식에 의해서 산출되는 것이 아니다. 오히려 개인들은 이데올로기가 이미 고정시킨 입장 안에서 마치 자기가 자기 진리의 산출자인 것처럼 자신의 믿음을 공식화하는 것이다. 그러나 개인들은 반드시 지배 계급에 복종하는 주체로 모집되거나 구성되는 것이 아니다. 개인들이 혁명적 이데올로기에 의해 모집될 때도 동일한 호명 메커니즘이 작동하기 때문이다. 라클라우의 요점은 이데올로기를 구성하는 요소나 개념이 반드시 계급적 귀속성을 갖는 것은 아니라는 것이며, 이데올로기의 이러한 구성적 단위들은 상이한 계급을 나타내는 다양한 이데올로기적 담론으로 접합될 수 있다는 것이다. 어떤 개념의 계급적 성격은 그 내용에 의해서 주어지는 것이 아니라 어떤 계급의 이데올로기적 담론으로 접합될 때 주어지는 것이다. 그러므로 특정 계급의 이해관계와 반드시 일치하는 "순수한" 이데올로기는 없다. 모든 이데올로기적 담론은 여러 호명을 접합하는 것이지, 호명들 모두가 계급적 호명인 것은 아니다. 사실 라클라우

56. Ibid., pp. 31-32.

는 두 가지 유형의 호명을 발생시킬 수 있는 두 가지 적대 유형을 밝힌다. 생산 양식의 수준에서는 계급 모순과 계급 호명이 존재한다. 사회구성체의 수준에서는 대중 민주주의(popular-democratic)의 모순과 호명, 다시 말하면 개인을 "인민(people)"이자 약자(underdog)로 호명하는 이데올로기적 요소들이 존재한다. 이러한 생각에 따르면, 계급 호명은 대중 민주주의의 호명과 계급 이데올로기적 담론을 접합하려 할 때 작동하는 것이다.

대중 민주주의의 호명은 어떠한 정확한 계급적 내용도 갖고 있지 않을 뿐만 아니라, 특히 이데올로기적 계급투쟁의 영역도 아니다. 모든 계급은 이데올로기 수준에서 계급이자 인민으로 투쟁한다. 좀 더 정확히 말하면, 자기 계급의 목적을 대중의 목적을 성취할 수 있는 형태로 제시함으로써 자신들의 이데올로기적 담론에 정합성을 부여하려 한다.57

대중 민주주의의 호명과 지배 계급의 호명 간의 성공적인 이데올로기적 접합 사례는, 파시스트의 이데올로기가 효과적인 방식으로 국가주의적이며 반금권정치적인 대중의 전통을 인종차별주의와 통합한 것이 있다. 또한 신자유주의 이데올로기라는 상표를 지닌 대처주의자(Thatcherite)는, 임금은 시장의 힘의 자유로운 작동에 의해 결정되어야 한다는 생각과 세금 체계를 더 낮게 하려면 더 많이 버는 자들을 위해 세금을 어느 수준까지 도로 내려야 한

---

57. Laclau, *Politics and Ideology in Marxist Theory*, pp. 108-109.

다는 생각을 가지고, 높은 세금과 임금 통제에 반대하는 영국의 대중을 그러한 방식으로 접합했다. 이런 사례들은 이데올로기가 다른 이데올로기적 담론으로부터 이데올로기적 요소들을 분절하고(disarticulating) 그것들을 새로운 담론에 재접합하는 방식으로 작동한다는 사실을 보여준다. 그 결과, 새로운 총체성 안에서 새로운 의미를 취득하는 가운데 이데올로기는 상이한 정치적 목적과 행위를 위해 주체를 재구성하도록 한다는 것도 보여준다. 독일 노동 계급은 이것을 이해하지 못했기 때문에, 어리석게도 나치즘의 승리로 끝나버린 이데올로기적 순수성이나 다른 계급들로부터의 분리 정책을 따랐던 것이다.

계급들은 각양각색의 호명과 자기들이 창안해낸 것이 아닌 많은 요소들을 자신들의 이데올로기적 담론에 접합하기 때문에, 추상적으로 노동 계급의 이데올로기를 맑스-레닌주의로 환원하거나, 부르주아의 이데올로기를 자유주의로 환원할 수는 없다. 라클라우에 따르면, "어떤 이데올로기의 계급적 성격은 그 **형식**에 의해서 주어지는 것이지 **내용**에 의해서 주어지는 것이 아니다."[58] 예를 들면, 민족주의 그 자체는 봉건시대의 이데올로기도 아니고 부르주아나 프롤레타리아의 이데올로기도 아니지만 이것들 중 어떤 것과도 접합될 수 있다. 그렇기에 부르주아 계급은 봉건제도의 지방분권주의에 대항해서 민족주의를 접합할 수 있고 프롤레타리아 계급도 제국주의에 대항해서 민족주의를 접합할 수 있다. 자유주의는 유

---

58. Ibid., p. 160.

럽 부르주아 계급의 이데올로기였다. 하지만 자유주의는 또한 라틴 아메리카에서는 반(半)봉건 지주의 이데올로기였다.

라클라우는 결코 맑스의 이데올로기 개념을 확정하려고 한 적이 없으며, 알튀세르의 비판과 정교화를 자기 해석의 출발점으로 삼고 있다. 반면, 홀은 맑스의 공헌을 정확하게 알고 있으면서 그 가치를 평가하려 한다. 홀이 직면한 첫 번째 문제는 맑스의 이데올로기 개념이 외관상 분명하게 담고 있는 "왜곡"의 성질이다. 하지만 홀은 그 문제를 말하기 전에도 이미 왜곡 개념을 완전히 빠뜨린 채 (위에서 인용한) 그 자신만의 정의를 확정하고 있었다. 이런 식의 정의는 홀에게 문제가 되지 않는다. 왜냐하면 (1) 맑스에게는 완전하게 발전한 이데올로기론이 없으며, (2) 맑스는 이데올로기라는 용어를 매우 다양하게(severe fluctuations) 사용했고, (3) 우리는 **현재** 그 용어를 "조직화된 **모든** 사회적 사고 형태를 언급하는 데" 사용하며, (4) "맑스도 사실상 많은 경우에, 이데올로기라는 용어를 이런 식으로 사용했기 때문이다."59 그러나 홀은, 역시 명성에 걸맞게, 맑스가 대부분의 시기에 그 용어를 다른 종교적·철학적·경제적 이론에 대항하는 비판의 무기로 사용했다는 것을 잘 알고 있다. 그리고 "맑스가 '이데올로기'를 매우 자주 특히 부르주아 사상의 표명, 그리고 무엇보다도 부르주아 사상의 부정적이고도 왜곡된 모습을 언급하기 위해 사용했다는 …… 사실"60도 인정한다. 이렇게 말하면서도, 홀은 다음과 같은 고전적 관점의 이론

---

59. Hall, 'The Problem of Ideology-Marxism without Guarantees', p. 60.
60. Ibid., p. 61.

적 토대를 비판적으로 검토한다. (1) 관념은 물질적 조건으로부터 나오며 물질적 조건을 반영한다. (2) 관념은 경제적 수준의 효과이다. (3) 지배적인 관념은 지배 계급의 관념이다. 이러한 고전적인 명제들은 불충분하고도 문제가 있는 것이지만, 홀은 특히 왜곡의 문제와 관련해서 좀 더 구성적일 것을 제안할 뿐만 아니라, 이를테면 맑스가 고전 정치경제학과 관련해서 참과 거짓의 문제를 다루는 방식이 우리가 믿고 있고 비판가들이 생각하는 것보다 훨씬 더 복잡하다는 것을 간파해낸다. 이러한 맥락에서의 왜곡은 사회관계의 영속적이고 자연적인 특성이 되는 것이다. 마찬가지로, 시장의 작동과 기만적인 현상에 관한 맑스의 분석은 또 하나의 세련된 통찰의 요소를 이번에는 "일면성(one-sidedness)", "모호함" 또는 "은폐"와 같은 왜곡의 문제에 제공한다.[61]

결국 맑스의 왜곡 개념을 해석하려는 홀의 노력은 참/거짓의 구별을 우회하려는 것이다. 다시 말해, 왜곡을 정의할 때 환상 또는 비현실성이라는 뜻을 가진 거짓(falsehood)이라는 내포는 제외하려는 것이다. 두 번째로 홀은 "경제적 관계 자체는" 실재를 "개념화하는 어떤 단 하나의 고정되고 불변하는 방식을 정할 수 없으며", 실재는 "여러 이데올로기적 담론 속에서만 '표현될' 수 있다는 것"[62]을 보여주려 한다. 홀은 모든 담론을 "이데올로기적"이라고 부르는데, 그것을 제외하면 나는 이러한 목적들에 다 동의할 수 있다. 이러한 목적들은 본래 홀이 처음부터 정당하게 이어받고 있

---

61. Ibid., pp. 67-73.
62. Ibid., p. 76.

던 하나의 이론적 결단을 나타내는 것이다. 그럼에도 우리는 쉽사리 다음과 같은 점을 놓쳐버릴 수도 있다. 즉, "왜곡" 개념을 검토하고 그 일부분을 살려내는 것은 사실상 맑스의 비판적 이데올로기 개념을 적용하는 관점과는 별 관련이 없다는 사실이다. 사실 홀은 그가 처음부터 가지고 있었던 정의, 즉 이데올로기적 현상 속에 본래부터 있는 왜곡의 문제를 고려하지 않는 정의를 그대로 고수한다. 그렇지만 맑스가 말한 왜곡의 가장 적절한 의미를 이해하고 받아들이려는 그의 노력은 우리에게 다음과 같은 인상을 준다. 즉, 이 입장에서는 홀에게도 맑스의 비판적 이데올로기 개념이 차지할 어떤 자리가 있다는 것, 그리고 맑스의 비판적 이데올로기 개념은 비록 홀 자신이 그 개념을 다루거나 사용할 것을 제안하는 방식은 아닐지라도, 부분적으로는 비판으로부터 구해낼 게 있다는 것이다.

라클라우와 홀의 접근 방식에는 가치 있는 요소가 많이 있다. 즉, 그들의 접근 방식은 파시즘을 연구할 때, 영국 흑인의 이데올로기적 구성을 검토할 때, 영국 노동 계급에게 성공적으로 어필한 대처주의에 관해 설명할 때 유익하게 활용될 수 있다. 확실히 그들에게는 그람시주의적 영감이 풍부하게 있으며, 이러한 영감은 그들의 이데올로기 개념을 더욱더 가치 있게 해준다. 물론 몇 가지 문제는 있다. 우선 라클라우의 경우, 두 가지 종류의 모순 간의 구별, 즉 계급 모순과 인민/권력 블록의 모순 간의 구별이 문제가 된다. 모순이란 서로 대립함으로써 구성되면서도 서로를 재생산하는 두 극단 간의 적대로 정의된다. 그러므로 두 측면을 포함시키지 않고 구성하는 인민/권력 블록의 대립은 모순이 될 수 없다. 그 대신 사회 내의 모든 충돌과 투쟁이 근본적인 계급 모순의 직접적인 표현이나 표명은 아니지만, 모든 충돌은 반드시 계급 모순에 의해 중층결정된다고 확언할 수는 있다.

둘째, 이데올로기적 요소가 오직 하나의 계급으로 환원될 수는 없고 다른 계급의 담론과 접합한 데서 발견될 수 있다고 강조하는 라클라우가 옳다 하더라도, 어떠한 계급의 담론과도 자유롭게 접합할 수 있는 비계급적 내용이 있다고 가정하는 것은 잘못된 것이다. 모젤리스(N. Mouzelis)가 주장한 것처럼, "계급과 이데올로기적 테마 사이에 일대일 대응이 없다면, 둘 사이에는 어떤 완전하게 자의적인 관계도 없다." 그리고 계급이 추상적으로가 아니라 역사적으로 특화된 방식 속에서 이론화된다면, "계급의 이데올로기적 담론이 가질 수 있는 내용의 유형에는 엄격한 한계가 있다는 것이 분명해진다."[63] 그러므로 이데올로기적 접합의 과정은 전적으로 중립적인 내용을 어떤 계급의 담론으로 통합하는 것이 아니라, 원래의 담론에서 보다 쉽게 분리해낼 수 있는 것으로서 (단순하게 아무 계급에서 나오는 것이 아니라) 어떤 특정한 계급에서 산출된 내용을 분절하고 재접합하는 것이다. 셋째, 계급 환원론과 나치즘의 성공을 용이하게 한 독일 노동 계급의 경제주의에 대한 라클라우의 비판은 매우 흥미롭고도 그럴듯한 것이지만, 역설적이게도 맑스의 부정적 이데올로기 개념을 버리지는 못하고 결국 그 개념을 전제하고 있는 듯하다. 왜냐하면 궁극적으로는 왜 독일 노동 계급과

---

63. N. Mouzelis, 'Ideology and Class Politics: A Critique of Ernesto Laclau', *New Left Review*, 112 (1978), p. 53.

그들을 대변하는 당이 전쟁 전 독일 사회의 모순을 그와 같은 협소한 경제주의로 해석했는가가 문제이기 때문이다. 한 가지 가능한 대답은 독일 노동 계급과 그 당이 이러한 모순의 참된 성질을 왜곡하고 감추는 이데올로기에 속았다는 것이다.

홀은 애초부터 맑스의 부정석 이데올로기 개념에는 차지할 어떤 자리가 있다는 것을 알고 있었고, 그 후 어떤 특정한 현상에 관한 이데올로기적 분석은 맑스의 이데올로기 개념과 양립할 수 없다는 것을 주장하려고 애썼다. 요컨대, 홀은 하나의 이데올로기적 현상으로서의 대처주의는 『독일 이데올로기』에서 유래하는 이데올로기론의 이른바 고전적 변형으로 설명될 수 없다고 주장한다. 홀은 네 가지 주요 논증을 제시한다. 첫째, 맑스가 자명한 것으로 전제한 지배 계급과 지배 관념 사이의 근본적인 대응은 지배 계급 내에서의 이데올로기적 차이를 간과하는 것이며, 대처주의와 같은 특정한 이데올로기적 형성물은 "규범적이고도 표준화된 개념 구조"가 되기 위해 전통적인 보수적 관념에 대항해서 단호하게 싸워야 한다는 사실도 간과하는 것이다. 이러한 "규범적이고도 표준화된 개념 구조를 통해 한 계급은 세계와 자기의 관계를 '자연스럽고' 믿을 만한 것으로 사고하거나 체험하는 것이다." 홀에 따르면, "그러한 전통적인 접근 방식은 다음과 같은 것을 암시한다. 즉, 지배 관념은 사회관계의 구조를 틀어쥐고 있는 한 계급의 입장에 기인할 뿐만 아니라 그 입장 속에 각인되어 있다는 것이다. …… 그러한 접근 방식은 지배 관념이 …… 특수하고도 우발적인 …… 이데올로기 투쟁 과정을 통해 …… 주도권을 획득해야 한다는 것을 상정하지 않

고 있다."[64] 풀란차스와 라클라우가 고전적 맑스주의 이론이 이데
올로기를 사회 계급의 등 뒤에 붙여진 "번호판"으로 이해하고, 각
각의 이데올로기적 요소 또는 개념은 반드시 계급적 귀속성[65]을
띠는 것으로 주장한다고 비판한 것도 이와 유사한 관심사를 보여
주는 것이다.

　둘째, 홀은 "고전적 관점에서 보면, 대처주의는 전통적인 보수
적 지배 관념과 별로 다르지 않은 방식으로 이해될 것"이라고 말
한다. 그러나 홀이 보기에 대처주의는 선동적인 왕당보수주의
(toryism)의 몇몇 요소를 통합하고 있지만 "이데올로기적 요소를 특
이하고도 색다르게 결합한 아주 독특한 것"[66]이며, 근본적으로는
새로운 방식으로 시행한 것이다. 셋째, 고전적 이데올로기론은 노
동 계급 내부로 지배 관념이 침투하고 성공하는 것을 허위의식에
기대서만 설명할 수 있을 뿐이다. 대중 계급은 지배 계급에게 잘
속는다. 그들은 자기들의 물질적 이해관계에 반하는 환상이라는
허위 구조에 일시적으로 현혹될 수 있지만 그러한 환상은 실제적
인 물질적 요소들이 다시 분명하게 드러나면 사라져버리는 것이
다. 그러나 대처주의 기간에는 이것이 실패했다. 왜냐하면 "대중
실업이 예상했던 것보다 더 오랜 기간 동안 지속되어서 대중의 의
식을 여과해 낼 여지가 없었기 때문이다." "실업자들은 …… 여전
히 사회주의는 말할 것도 없고 노동자주의로 전향하는 자동적 대

---

64. Hall, 'The Toad in the Garden: Thatcherism among the Theorists', p. 42.
65. See Poulantzas, *Political Power and Social Classes*, p. 202, and Laclau, *Politics and Ideology in Marxist Theory*, pp. 160-161.
66. Hall, 'The Toad in the Garden: Thatcherism among the Theorists', p. 42.

중이 결코 아니다."[67] 허위의식은 "주체와 인식의 경험주의적 관계를 가정한다. 말하자면, 실제 세계는 그 의미와 관심을 직접적으로 우리 의식 속에 지울 수 없게 각인한다는 것이다. 우리가 그 진리를 발견하기 위해서는 단지 바라보기만 해야 한다. 그리고 우리가 그 진리를 볼 수 없다면, 그것은 실재에 관한 일방적 진리를 애매하게 만드는 어떤 무지의 구름이 있기 때문일 것이다."[68] 이러한 관점과는 대조적으로, 홀은 "정치적 행동을 위해 대중들의 주요 부분들을 조직하고 그들을 동원하는 일에 성공을 거두는 '유기적 이데올로기'에 관해 물어야 할 첫 번째 것은 의외로, 무엇이 **거짓**(false)인가가 아니라 무엇이 **참**(true)인가"라고 주장한다. "나는 '진리'라는 말을 우주 법칙처럼 보편적으로 옳다는 뜻으로 쓰지 않고 '상식적으로 그럴 만한 이유가 있다.'는 뜻으로 쓴다."[69] 넷째, 홀은 다음과 같이 주장한다.

정신적으로 너 나 할 것 없이 거의 같은 방식으로 살아가는 대다수의 일반 사람들이, 단지 철저하고도 체계적으로 자기들의 현실적 이해관계가 놓여 있는 곳을 완전히 잘못 이해하도록 할 수 있다고 가정해야 하는 세계에 관한 이론은 매우 불안정한 것이다. 그들, 즉 대중들은 역사의 얼뜨기인 반면, 특권을 지닌 우리는 여하튼 환상을 갖고 있지 않으며, 어떤 상황의 진면목, 본질을 꿰뚫음으로써 옳은 것을 볼 수 있다는 입장은 더

---

67. Ibid., p. 43.
68. Ibid., p. 44.
69. Ibid., p. 46.

더욱 받아들일 수 없는 것이다.[70]

　이러한 주장에 관해 우리가 할 수 있는 말은 무엇인가? 무엇보다도 우리는 이러한 주장들이 전혀 새로운 것이 아니라는 것, 그리고 홀이 이미 다른 문맥, 즉 맑스의 왜곡 개념을 장황하게 다루었던 글에서도 말했다는 것을 알아야 한다.[71] 그런데 홀의 글이 갖고 있는 찬사할 만한 문맥과 맑스 원전에 대한 주의 깊고도 정밀한 독해는 훨씬 더 균형 잡힌 성과를 갖게 해준다. 대처주의의 비판을 받고 정교화한 새로운 책[72]에서는 비평을 완벽하게 수행했으며, 맑스의 이론은 건질 만한 가치가 있어 보이는 것이 거의 없게 되었다. 게다가 고전적 변형에 반하는 홀의 논의는, 레닌주의에서 기원하는 다소 결함이 있는 중립적 개념을 맑스의 부정적 개념과 혼합한 것처럼 보이기 때문에, 얼마간의 혼선을 보여준다. 나아가 홀은 자신의 비평이 고전적 맑스주의의 설명이 갖고 있는 몇몇 통찰을 내던져버릴 이유는 전혀 없다면서 진술에 신중을 기하고 있지만, 정작 그러한 통찰에 관한 그의 설명은 불충분하며 몇몇 문구에서는 상당히 일면적이기까지 하다. 반면, 대처주의가 알튀세르의 핵심 통찰을 실증적으로 확인시켜주고 있다는 사실은 지나치게 강조하고 있다. 홀의 논의들을 검토하면서 나는 세 가지 주요 논점을 보여주려 할 것이다. 첫째, 홀의 이데올로기 접근법은 대

70. Ibid., p. 44.
71. See Hall, 'The Problem of Ideology-Marxism without Guarantees'.
72. Hall, 'The Toad in the Garden: Thatcherism among the Theorists'.

처주의 그리고 광범위한 지지를 성공적으로 이끌어내는 어떤 "이데올로기"의 참 모습을 분석할 때 중요할 뿐만 아니라 꼭 필요하다. 둘째, 그 분석이 중요하고 필요한 것이라 할지라도 여전히 일면적이며 한계가 있기 때문에, 어떤 비판적 접근을 통해 보완되어야 한다. 셋째, 맑스의 이데올로기론은 비록 다른 관점에서 바라본 것이라 할지라도 대처주의에 관한 분석에서 역시 필요 불가결한 것이다.

우리는 계급의 이데올로기적 통일성은 존재하지 않으며, 대처주의는 피지배 계급은 말할 것도 없고 지배 계급 내에서 이데올로기적 주도권을 획득하기 위해 싸워야 했다고 하는 홀의 첫 번째 주장에 동의할 수 있다. 그러나 홀의 이러한 주장은 맑스와는 다른 이데올로기 개념을 전제하는 것이다. 홀이 말하는 것처럼 맑스에게 이데올로기는 "지배 관념"에 상당하는(equivalent) 것이 아니다. 더구나 이데올로기는 "우리로 하여금 사회적 실존의 어떤 측면에 관한 의미를 표현하게 하고, 이해하게 하고, 만들게 하는 어떤 틀을 제공하는 이미지, 개념, 전제"와 같은 것도 아니다. 맑스는 결코 홀이 쓰고 있는 의미로 계급 이데올로기나 "이데올로기적 담론"을 말하지 않았다. 내가 보기에 홀이 주장하는 방식에는 세 가지 문제점이 있다. 첫째, 홀은 세부적인 맥락으로 들어가면 맑스의 이데올로기 개념의 부정적 성격을 무시하려고 한다. 둘째, 그는 비록 결함이 있는 것이긴 하지만 중립적 개념이 맑스에서, 특히 『독일 이데올로기』에서 기인하는 것이라고 한다. 셋째, 지배 계급과 관련해서 보면, 그는 맑스의 중립적 이데올로기 개념이라고 추정되는 것과 지배 관념을 동일시한다.

일반적으로 이데올로기에 관한 부정적 또는 비판적 개념은 맑스의 이데올로기 개념처럼, 왜곡을 이해하는 방식이 무엇이든지 간에 일종의 왜곡된 사고를 가리킨다. 중립적 개념은, 레닌의 개념처럼 당 또는 계급과 같은 어떤 사회 집단의 이해관계와 관련되어 있는 일련의 원리들 주변에 접합된 정치적 관념, 담론, 세계관을 가리킨다. 부정적 이데올로기 개념은 본래 적절한 관념과 부적절한 관념을 분간해낼 수 있는 것이다. 그것은 이데올로기의 계급석 기원이 무엇이든지 간에, 또는 이데올로기를 지지하는 자들이 밖으로 드러낸 의도가 무엇이든지 간에 사고에 관해 인식론적 판단을 내린다. 이데올로기적 관념은 왜곡된 관념이다. 중립적 이데올로기 개념은 저절로 적절한 관념과 부적절한 관념을 분간하는 것이 아니다. 다시 말하면, 중립적 이데올로기 개념은 적절한 관념과 부적절한 관념에 관한 인식론적 판단을 내리는 것이 아니다. 그러한 관념들을 통해서 인간이 사회 현실에 관한 의식을 획득하고, 또 그러한 관념들을 어떤 계급의 이해관계 또는 어떤 접합적 정치 원리와 연결한다는 것을 강조하는 것이다. 그러므로 우리는 이데올로기의 적절성 또는 진리성을 반드시 확립하거나 예단하지 않고도, 부르주아 이데올로기와 프롤레타리아 이데올로기, 자유주의적 이데올로기와 민족주의적 이데올로기에 관해 말할 수 있는 것이다.

중립적 이데올로기 개념 내에서는, 항상 상이한 이데올로기에 관한 견해이긴 하지만, 이데올로기에 관해 비판적 판단을 내릴 수 있다. 그러므로 레닌주의적 전통에 있는 맑스주의자들이 부르주아 이데올로기를 비판할 때는 프롤레타리아 이데올로기의 관점에서 부르주아 이데올로기를 비판하는 것이다. 그리고 그들이 비판하는 것은 부르주아 이데올로기의 부르주아적 성격이지 부르주아 이데올로기의 이데올로기적 성격, 즉 그들 자신의 맑스주의적 교설이 갖고 있는 이데올로기적 성격이 아니다. 이러한 생각에서 보면, 이데올로기는 저절로 어떤 필연적 왜곡을 포함하는 것이 아니다. 중립적 견해에서 보면, "이데올로기적"이라는 것은 집단 또는 계급이 무엇이든지 간에 집단 또는 계급의 이해관계에 봉사하거나 그들의 이해관계를 접합해내는 어떤 사고나 관념의 성질(quality)을 의미한다. 부정적 견해에서 보면, 이와 대조적으로 "이데올로기적"이라는 것은 실재를 왜곡하거나 전도시키는 어떤 사고나 관념의 특성 (attribute)을 의미한다.

그러므로 라클라우, 풀란차스, 홀이 고전적 맑스주의 이론을 비판하는 이유는 그 이론이 이데올로기를 사회 계급의 등 뒤에 붙어 있는 "번호판"으로 이해하고 지배 계급 내에 있는 이데올로기적 차이를 간과한다는 것이다. 이때 그들은 맑스의 개념을 비판하는 것이 아니라 레닌의 개념이 갖고 있는 변형을 비판하는 것이며 어떤 대안, 즉 레닌의 개념에 관한 특정한 해석을 확실히 개선하는 대안을 제안하고 있다. 그렇지만 그들은 이러한 논점을 유지하기 위해 맑스와 레닌을 융합하면서도 맑스주의 내에 있는 두 개의 다른 전통 간의 중대한 차이를 구별하지 못한다. 그리고 그들은 이데올로기 개념과 관련해서 맑스와 레닌 사이에 있는 어떠한 차이도 깨닫지 못하고 있는 것으로 보인다.

맑스의 이데올로기론에서 보면 대처주의가 전통적인 보수적 지배 관념과 별로 다르지 않은 것으로 이해된다고 하는 홀의 두 번째 논의는, 다음과 같은 요점, 즉 맑스에게 이데올로기와 지배 관념은 같은 것이 아니라고 하는 점을 또다시 놓치고 있는 것이다. 당연히 맑스의 이데올로기론은 지배적인 당 내에서 경쟁하는 정치적 견해에 관한 문제를 결코 말하지 않았으며 말할 수도 없었다. 홀의 주장은 이데올로기를 특정 계급의 입장으로 경직되게 귀속시키는 레닌주의적 이데올로기 개념의 해석에 반대한다는 섬에서는 옳지만, 맑스의 개념에 반대한다는 점에서는 옳지 않다. 그렇지만 이데올로기에 관한 레닌주의의 중립적 정의를 말할 때조차도 비판의 부담을 질 수밖에 없을 것이다. 사실, 대처주의와 전통적 보수주의는 자본주의 체제 내의 상이한 축적 단계에 상응하는 상이한 정치적 사고 형태이다. 그렇지만 우리는 연속되는 요소도 있다는 것을 잊어서는 안 된다. 대처주의와 전통적 보수주의라는 두 가지 이데올로기적 형태는 서로 다른 형태로 자본주의 체제를 보호하고 팽창시키려는 데 관심을 둔다. 마가렛 대처(Margaret H. Thatcher)는 생산 양식상의 어떠한 변화도 이끌어내려고 하지 않았다. 그녀는 발전 단계가 다를 뿐, 변하는 것은 없는 자본주의 체제를 지원했으며 또 방어했다. 그러므로 그녀의 입장을 새로운 것이라고 과장해서는 안 된다.

셋째, 홀은 맑스가 지배 관념의 성공을 설명하기 위해 허위의식에 의지했다는 것과 그 허위의식이 갖고 있는 암묵적인 경험주의적 함축을 비판한다. 하지만 무엇보다도 맑스는 결코 이데올로기를 단순하게 허위의식으로 정의하지 않았으며, 그러한 어구를 사용한 적도 없다는 것을 분명히 해야 한다. 이러한 어구를 쓴 사람은 엥겔스이며 그것도 단 한 번 썼을 뿐이다.[73] 나는 맑스와 엥겔스에게서 이데올로기는 허위의식의 형태를 포함한다는 것을 부인하려는 것이 아니다. 맑스와 엥겔스의 이데올로기는 허위의식을 분명히 포함하고 있다. 하지만 그것은 허위의식 일반이 아니었으며 환상으로 이해되는 것도 아니었다. 그것은 매우 특수한 형태의 왜곡이었다. 허위의식 개념 그 자체만으로는 문제의 소지가 있는 것이며, 맑스의 이데올로기 개념과도 매우 다른 것이다. 이 점에서 나는 홀이나 다른 비판가들과 같은 생각이다. 허위의식은 확실히 다의적인(equivocal) 표현이다. 그것은 왜곡이라는 관념을 의미할 수도 있고, 그러한 왜곡이 실재에 어떠한 근거도 두고 있지 않은 신기루 같은 개인적 의식의 창안물이나 망상이라고 하는 관념을 의미할 수도 있기 때문이다. 나는 맑스의 이데올로기 개념이 왜곡 관념은 포함하고 있지만, 개인적 의식의 창안물이나 망상 같은 관념은 포함하고 있지 않다고 주장한다. 나는 여기서 문제가 되는 것은 애매성(曖昧性, ambiguity)이지, 허위의식이 당연히 그리고 필연적으로 개인적 주체들이 당하는 속임수라는 내포를 포함하고 있는 것은 아니라는 점을 강조하고자 한다.

이러한 주장을 의심한다면, 맑스의 『자본론』이 그 의심을 해소해줄 것이다. 지배 계급이 직접적으로 노동 계급을 속이는 것이

---

73. F. Engels, letter to Franz Mehring in Berlin, 14 July 1893, in K. Marx and F. Engels, *Selected Correspondence*(Moscow: Progress, 1975), p. 434.

아니다. 바로 시장관계의 실재성이 사람들을 기만하는 어떤 현상 세계를 창조하는 것이다. 홀의 견해와는 반대로, 맑스는 결코 자본주의의 물질적 실재성이 직접적으로 노동자의 환상을 없애버린다고 생각하지 않았다. 노동자를 속이는 것은 물질적 실재 그 자체였다. 그러나 홀이 잘 알고 있듯이 속임수나 속임수로부터의 자유는 결코 경제 관계에 의해 직접적으로 규정되는 것이 아니다. 맑스에 따르면, 시장의 작동은 "바로 천부 인권의 낙원이었다. 거기에는 자유, 평등, 소유권 그리고 벤담(J. Bentham)이라는 규칙만이 있을 뿐이다."[74]

맑스에게 이와 같은 네 개의 원리는 부르주아 정치 이데올로기의 토대였다. 모든 다른 이데올로기와 마찬가지로, 이 원리들은 "이처럼 분명한 개인적 평등과 자유가 사라지고" 그리고 "불평등과 부자유를 증명하는" 현상 아래에서 작동한 무엇인가를 감추어 버린다. 바로 이 점 때문에 실업이나 저임금이 반드시 스스로 그리고 저절로 사람들의 믿음을 변형시키지는 않는 것이다. 맑스에게는 눈에 뻔히 보이는 현실을 가려버리는 "무지의 구름"이 없다. 그러한 관점은 아마도 베이컨과 그의 우상론, 또는 홀바흐(M. Holbach)와 엘베시우스(C. A. Helvétius) 그리고 편견에 관한 그들의 이론에서 비롯될 수 있는 것이지 맑스에게서 비롯될 수 있는 것은 아니다. 바로 이런 이유 때문에 맑스는 비판적 관념이나 과학이 이데올로기적 형태를 제거할 수 있는 것이 아니라 변혁을 추구하

---

74. K. Marx, *Capital*(London: Lawrence & Wishart, 1974), vol. 1, p. 172. [김수행 옮김, 『자본론 Ⅰ』, 비봉출판사, 1990.]

는 정치적 실천이 이데올기적 형태를 제거할 수 있다고 본다.

지배 관념에 관한 그 밖의 주장과 관련해서도, 맑스가 허위의식에 의지해서 지배 관념의 성공이나 노동 계급 속으로의 침투를 설명했다고 하는 것은 참이 아니다.『독일 이데올로기』에 나와 있는 그의 설명은 매우 다르다. 지배 계급의 관념이 지배적인 관념이 되는 까닭은 "사회를 지배하는 **물질적** 힘을 가진 계급이 동시에 지배적인 **지적** 힘도 갖기 때문이다. 자기 마음대로 처분할 수 있는 물질적 생산수단을 갖고 있는 계급이 결국에는 정신적 생산수단도 통제한다. 따라서 정신적 생산수단을 갖지 못한 사람들의 관념은 대체로 지배 계급에 종속되는 것이다."[75] 홀은 맑스에게는 "정신적 생산수단을 통제하는 것"이 바로 대중들이 속아 넘어가는 이유가 된다고 생각하는 것 같다. 사실 맑스는 이 구절에서 이데올로기에 관해서는 전혀 말하지 않고 있으며, 단지 두 개의 상이한 지배 관념, 즉 물질적 생산수단의 지배와 정신적 생산수단의 지배라는 지배 관념에 관해서만 말하고 있다. 그렇지만 홀이 다른 측면과 관련해서 몇몇 "고전적 맑스주의의 설명이 갖고 있는 통찰"을 기술할 때는 이 인용문의 핵심을 매우 잘 이해하고 있다.

지식의 사회적 분배는 한쪽으로 기울어져 있다. …… 지배 관념을 지닌 집단은 다른 사람들을 대신해 세계 지도를 그리거나 세계를 분류하기 위한 상징적 힘을 축적한다. …… 지배 관념은 상식의 지평이 된다. 지배

---

75. Marx and Engels, *The German Ideology*, p. 59.

관념은 합리적이고, 이성적이며, 믿을 만한 것으로 나타날 것에 대해 한계를 설정함으로써 사회적 세계의 다른 개념들을 지배할 수 있다. …… 물론, 지적 생산수단의 독점은 …… 상징적 지배의 기회를 획득하는 것과 무관한 것이 아니다.[76]

맑스에게는 이데올로기적으로 왜곡된 관념은 물론이고 올바른 관념도 경험주의적 관계로부터 설명될 수 없다. 실제 세계는 자기 의미를 왜곡된 것이든 온전한 것이든 직접적으로 우리 의식 속에 지울 수 없게 각인하는 것이 아니기 때문이다. 경험주의적 설명이란 실제 세계가 단순하고도 투명하며 그 세계의 주체들은 수동적인 수령인이라고 가정하는 것이다. 맑스에게는 이와 반대로 자본주의의 실제 세계가 투명하지 않다. 시장이 창조한 현상 형태는 생산 수준에서 실제 관계를 감춘다. 그러나 주체들은 수동적이지 않다. 주체들은 실재를 과학적으로 이해하도록 되어 있는 것도 아니고, 실재에 기만당하게 되어 있는 것도 아니다. 주체들은 능동적으로 실천에 참여한다. 자신들이 제한되어 있고 단순하게 재생산되는 한에서는 시장의 모습을 강화하는 실천에 참여하고, 자신들이 변혁적이거나 혁명적인 한에서는 실제 관계에 관한 이해를 용이하게 하는 실천에 참여하는 것이다.

홀이 대중들의 주요 부분들을 잘 조직할 수 있는 이데올로기에 관해 물어야 할 첫 번째 것은 무엇이 거짓인가가 아니라 무엇이

---

76. Hall, 'The Toad in the Garden: Thatcherism among the Theorists', pp. 44-45.

참인가라고 말할 때, 그는 두 가지를 간과한다. 첫째, 대중들을 조직하는 데 성공한 이데올로기에 관해 말할 때, 그는 분명히 그람시주의적 전통에 있는 중립적 이데올로기 개념을 사용한다. 맑스는 그와는 다른 개념인 부정적 개념을 다루었다. 그렇기 때문에 정치적 관념에 의해서 널리 보급되는 이데올로기 문제를 설정하지 않는다는 이유로 맑스를 비판하는 것은 이치에 맞지 않는다. 둘째, 나도 마찬가지지만, 우리가 이데올로기에 관한 홀의 그람시주의적 정의를 유용한 것으로 받아들인다 하더라도, 홀은 맑스와 그람시의 이데올로기 개념의 차이를 보려고 한 것 같지는 않고, 그람시의 이데올로기 개념으로 나아가는 데 보충적으로 기여한 맑스의 이데올로기 개념만을 보려는 것 같다. 우리는 왜 우리 자신을 어떤 이데올로기 내에서 이치에 잘 맞는 것을 발견하는 데 국한시켜야 하는가? 잘못된 것을 간파해내고 그것을 폭로하는 것 역시 꼭 필요한 것이지 않는가? 그람시주의적 의미에서 나치즘과 파시즘이 예상 외로 독일과 이탈리아 대중의 주요 부분을 조직하는 데 성공한 이데올로기라고 가정한다 하더라도, 사람들로 하여금 나치즘과 파시즘을 좋은 의미로 받아들이도록 만든 나치즘과 파시즘에 관한 진실은 무엇이었는가를 간파할 뿐만 아니라 나치즘과 파시즘에 관한 거짓이나 이치에 잘 맞지도 않는 것은 무엇이었는가를 간파하고 폭로하는 것도 중요하지 않은가?

결국 홀은 맑스의 이론이, 대다수의 일반 사람들은 자기들의 현실적 이해관계가 놓여 있는 곳을 잘못 인식하게 하는 속임수에 빠질 수 있는 반면에 몇몇 특권적 이론가들은 진면목을 꿰뚫음으로써 옳은 것을 볼 수 있다고 가정한다는 이유로 혹평한다. 그러나 이것은 오해다. 왜냐하면 맑스의 용어에서 오인(misrecognition)은 사람들의 정신적 능력 또는 지성과 아무런 관련이 없기 때문이다. 이데올로기 개념은 사회공동체의 어떤 부분에 어리석음 또는 지적 능력이 거의 없음이라는 딱지를 붙이기 위해 고안된 것이 아니다. 맑스에 따르면, 자본주의 체제를 이끌고 가는 담지자인 자본가들 자신도 노동자들만큼이나 바로 그 시장의 작동에 의해 속는다.

그람시주의적 선동에 있는 라클라우와 홀의 분석은 정치직 담론과 사고의 흐름이 어떻게 형성되고 변형되는지, 그리고 사회 집단은 자신들의 이해관계와 다른 집단의 이해관계를 어떻게 접합하려 하는지를 이해하는 데 매우 중요한 공헌을 한다. 맑스주의의 전통에서 비판적 이데올로기 개념은 확실히 담론들의 형성, 접합 그리고 변형, 사고의 흐름들, 정치적 관념들, 간단히 말하면 중립적 의미 속에 있는 이데올로기들을 설명하는 데는 적합하지 않다. 그렇지만 그것은 중립적 의미의 이데올로기를 설명하려는 과제를 수행하기 위해 만들어진 것이 아니라, 특정한 왜곡을 비판하기 위해 만들어진 것이다. 안타까운 일은, 상이하지만 서로 보완되어야만 할 이들 두 측면이 이데올로기라는 동일한 개념을 가지고 논쟁해야 한다는 사실이다. 사실 이들 두 측면은 완전히 다른 논리를 가지고 작동한다. 이상적으로 말하자면, 이데올로기 개념은 혼란을 피하기 위해 그 두 측면 중 하나일 뿐인 것으로 제한되어야 한다. 하지만 선택된 개념 뒤에 있는 개념도 계속 유지될 수밖에 없을 것이다.

결국에는 바로 이런 이유 때문에 부정적·중립적 이데올로기 개념이 맑스주의 전통 내에서 존속되는 것이다. 그 개념들 모두는 사회과학 내에서 반드시 필요한 과제를 수행한다. 다시 말해, 한편으로는 바람직하지 않을 뿐만 아니라 모순된 사회 상황을 정당화하거나 감추려는 시도에 대해 비판적으로 판단하려 하고, 다른 한편으로는 헤게모니를 추구하는 과정에서 특정한 정치적 담론이 어떻게 확장, 수축되어 주도권을 얻거나 잃는 것으로 구성되고 재구성되는지에 관한 설명을 제공하려고 하는 것이다. 나는 맑스의 부정적 개념이 중요하다고 생각하지만 중립적 개념의 가치, 특히 그람시주의적 변용 속에 있는 중립적 개념의 가치에도 주목한다. 우리가 대처주의를 잘 이해할 수 있도록 초기에 라클라우와 홀이 기여한 공헌은 절대적으로 중요했다. 유감스럽게도 중립적 개념을 사용하고 있는 많은 저자들은 맑스주의 전통 내에는 서로 다른 과제를 수행하는 두 개의 상이한 개념이 있을 수 있다는 것을 인정하지 않는다.77

내가 보기에 초기의 라클라우와 홀은 맑스주의 이데올로기 연구에서 중요한 공헌을 했다. 그들은 맑스의 개념에서 출발했지만, 그들의 이론은 이데올로기에 관한 레닌주의와 그람시주의의 중립적 이해를 창조적으로 발전시키고 있다. 1988년의 저작에서 홀은 맑스의 부정적 이데올로기 개념이 갖고 있는 발견적(heuristic) 가능

---

77. 홀과 라클라우는 그렇다 치고, 예를 들면 Hirst, *On Law and Ideology*, and J. McCarney, *The Real World of Ideology*(Brighton: Harvestr Press, 1980)를 보라. 이러한 입장에 대한 비판은 J. Larrain, *Marxism and Ideology*(London: Macmillan, 1983), pp. 94-121을 보라. [신희영 옮김, 『맑스주의와 이데올로기』, 백의, 1998.]

성을 다소 부당하고도 옹졸하게 보고 있는 것이 사실이지만, 그의 글을 통틀어서 보면 그람시주의적 접근을 더 일관되게 유지하고 있고, 차이를 지나치게 강조함으로써 생길 수 있는 함정에 관해서도 더 심각하게 깨닫고 있음을 알 수 있다. 이와 달리 라클라우는 구조주의의 담론 논리에 의해 보다 더 직접적으로 이끌려왔다. 초기 단계에서는 맑스주의의 계급적 관점과 구조주의적 담론 논리를 어느 정도 성공적으로 통합했지만, 결국에는 절대적인 비대응성과 급진적인 차이의 논리, 즉 맑스주의를 폐기할 뿐만 아니라 맑스주의가 자본주의 사회구성체와 사회주의를 적절하게 사고하는 데 방해가 되는 논리에 점차적으로 굴복하고 말았다. 계급적으로 접합된 이데올로기로부터 담론의 절대적 자율성에 이르기까지 라클라우가 보여준 사상적 전개 과정은 알튀세르주의에서 포스트구조주의로의 이행을 구체화한 것이라고 말할 수 있다.

알튀세르주의자들 그리고 맑스주의의 해체

알튀세르주의자의 세 번째 갈래는 본래 맑스주의에서 인간주의, 역사주의 그리고 주체주의의 편향을 제거함으로써 맑스주의를 보다 더 엄격한 과학으로 만들려는 의도에서 출발했다. 하지만 자신들의 체계적인 비판을 결국에는 맑스주의 자체로 돌려버리고 말았으며, 그 결과 본질주의, 환원론, 결정론의 형태를 지탱할 수 없는 것으로서의 맑스주의를 거의 완전하게 해체시켜 버렸다. 그들의 주요 전제는 담론이 모든 사회적·정치적 삶의 본질적인 구성요소라는 것이다. 이것은 그들로 하여금 다양한 사회적 실천 사이에는 어떤 결정성이나 대응성의 형태가 있을 수 있다는 것에 관해 근본적으로 회의하게 만들었다. 그래서 정치와 이데올로기는 경제나 계급적 입장에 의해 결정되지 않는 것으로서 자율적이고도 비환원적인 영역이 된다.

정통 알튀세르주의자들과 이들 저자들 간의 중요한 차이는, 이들 저자들이 자기들의 이데올로기 개념을 정교화할 때 맑스의 저작을 거의 언급하지 않거나 맑스의 저작에서 거의 출발하지 않는다는 것이다. 그들은 알튀세르의 이데올로기 개념에서 출발하고 있으며, 그들 모두는 알튀세르의 이데올로기 개념이 맑스에 관한 올바른 해석이라고 너무나 쉽게 가정한다. 대체로 그들은 알튀세르주의의 눈을 통해서만 맑스를 보려는 경향이 있다. 그래서 그들은 알튀세르를 비판할 때도, 거의 예외 없이, 자기들이 필연적으로 맑스 또는 맑스주의 일반을 비판하고 있다고 믿으려 한다.

이러한 관점들은 세 가지 주요한 전개 노선으로 구분될 수 있다. 첫 번째는 코워드, 엘리스, 아들람으로 대표되는 기호학적·심리학적 노선인데, 이 노선은 프랑스 《텔켈》 그룹의 이론적 분석을 느슨하게 따르고 있다. 두 번째는 허스트와 힌데스에 의해 발전된 철학적 노선으로, 이 노선은 인식론에 관한 급진적인 공격을 이끌고 있다. 세 번째로 라클라우와 무페의 후기 저작에 의해 정교화된 정치적 노선이 있다. 그들은 초기에는 맑스주의에 실질적으로 공헌했기 때문에 이 점에서는 다른 저자들과 다르지만, 결국에는 사회주의와 노동 계급 사이의 모든 필연적 연관성을 끊어 버렸으며, 이데올로기 비판 대신 담론 분석을 사용하고 있다. 나는 이 장에서 첫 번째 노선만을 논의할 것이다. 왜냐하면 나머지 두 노선은 4장에서 탐구될 포스트구조주의의 문제틀과 더 많이 연계되어 있기 때문이다.

이데올로기, 기호학 그리고 정신분석학

이 특별한 경향은 인간 주체의 생산과 구성에서 이데올로기가 거의 독점적 특권을 갖고 있다는 해석을 통해 프로이트와 맑스를 통합하려 한다. 알튀세르에 관한 하나의 선택적 독해, 그렇지만 있을 수 있는 독해로부터 출발하고 있는 아들람, 코워드, 엘리스는 개인을 주체로 호명하는 이데올로기적 메커니즘에 중요한 강조점을 두면서도, 알튀세르가 자신의 유명한 글 「이데올로기와 이데올로기적 국가 장치Ideology and the Ideological State Apparatuses」의 후기에서 뒤늦게 다시 도입하려고 한 계급적 토대나 이데올로기는 무시한다. 코워드와 엘리스는 맑스주의 일반을 "관념들의 체계" 또는 "허위의식"과 같은 "조야한" 이데올로기 개념과 동일시하면서 논의를 시작하며, 맑스주의 일반은 전적으로 부적격한 것이라면서 내쫓아버린다. 맑스주의 일반은 이데올로기적 실천 개념으로 다루어질 수 없다는 것이 그 이유이다. 그들 주장의 전형은 다음과 같은 구절이다.

표상의 생산은 반드시 이러한 표상을 위한 주체의 생산을 포함한다고 하는 (변증법적 유물론의) 관념은 브레히트(Brecht), 마오(Mao Zedong) 그리고 알튀세르와 같은 저자들에 의해서만 가끔씩 전개되었을 뿐이다. …… 그러므로 이데올로기적 실천 관념을 정교하게 할 뿐만 아니라, 어떻게 해서 이데올로기적 실천 관념이 맑스주의의 사고 내에서 개인들의 사회적 구성체에 관한 적절한 설명을 제공하는 데까지 확장되지 않았는지를 보여주는 것이 이 장의 목적이다. …… 우리는 오직 정신분석만이 이데올로기가 작동하는 가운데 자신의 특별한 주체성을 받아들이는 주체의 형성을 분석하는 일을 진전시킬 수 있다고 단언한다.[78]

다음으로 아들람과 그의 동료들은 "인식론적 단절"이라는 교설이 이룩한 것에 길들여져 있는 어떤 알튀세르주의자보다도 더 나아간다. 왜냐하면 맑스주의의 허위의식 개념이 가지고 있는 잘못된 판단의 기원은 『독일 이데올로기』뿐만 아니라 『자본론』에서 보여진, 특히 맑스가 상품 물신성을 분석할 때 현상 형태와 실제 관계 사이의 구별에서 보인 일련의 인식론적 전제라고 강조하기 때문이다. 메팜 그리고 다른 정통 알튀세르주의자들은 이러한 구별을 매우 뛰어난 것으로 인정한다. 『독일 이데올로기』에서 문제가 되는 주장들을 대체하는 것으로서 새롭고도 사려 깊은 이데올로기론의 토대가 된다는 것이다. 반면, 아들람과 그의 동료들은 "『자본론』과 그 밖의 다른 이론적 저작 모두에서 이데올로기의 문제를

---

78. Coward and Ellis, *Language and Materialism*, p. 69. [이만우 옮김, 『언어와 유물론』, 백의출판사, 1994.]

말하기 위해 맑스가 공식화한 것은 하나의 인식론, 가장 단순하게 말하면, 유물론의 관점에서 보면 문제가 될 수 있는 인식론에 근거해 있다."[79]고 주장한다. 그들은 본질과 현상 간의 구별은 지식의 실제 대상(자본주의적 상품 순환)에 적용되는 것이 아니라, 지식의 과정에 속하는 것이라고 주장한다. 그러므로 실재 그 자체에서 현상과 실제 관계를 구별하는 맑스의 상품 물신성에 관한 이론은 관념론이라 비난받는 것이다! 그렇다면 맑스가 파악하지 못한 진정한(true) 유물론은 무엇인가? 이 질문에 대답할 때 그들은 마치 알튀세르가 이데올로기는 표상으로 이루어져 있기 때문에 어떤 물질적 실존성을 갖는다고 말하기라도 한 것처럼 알튀세르를 부연하려 한다.[80] 그러나 알튀세르 역시 이데올로기의 장소와 기능은 경제에 의해서 정해진다는 주장 때문에 비판받는다. "이러한 모델에서 이데올로기적인 것은 어떠한 독립적인 유효성도 갖고 있지 않다. 그렇지 않다면 그것은 언제나 지배적인 심급이다."[81]

마찬가지로 코워드와 엘리스에 따르면, 알튀세르의 이론은 이데올로기의 역할을 어느 정도 분명하게 밝히려고 한 것이지만, 그의 노력은 주로 다음과 같은 두 가지 이유 때문에 여전히 부적절하다. 첫째, 이데올로기의 물질성을 주장한다는 점에서는 알튀세르가 옳다. 하지만 이데올로기가 물질적 장치로 존재하기 때문에 이데올로기에 물질성이 있다고 본다는 점에서 알튀세르는 이데올로기에 관

---

79. Adlam et al., 'Psychology, Ideology and the Human Subject', p. 17.
80. Ibid., p. 16: 'in that ideology consists in representations, it has a material existence.'
81. Ibid., p. 22.

한 왜곡되고 경험주의적인 관점을 가지고 있다. 이데올로기는 주로 물질적이다. 왜냐하면 이데올로기는 "어떤 특정한 의미 내에서 어떤 특정한 주체를 생산하기 위해 작동하는 하나의 힘(force)"[82]이기 때문이다. 둘째, 알튀세르는 이데올로기가 주체를 구성한다고 주장하고 있지만, "인간 주체가 모순 속에서 구성될 가능성이 있다는 것은 보지 못한다."[83]

한편, 코워드와 엘리스에게 이데올로기란 "어떤 주체가 그/그녀 자신을 나타내려는 언어 속에서 생산되는 방식이며, 그렇기 때문에 주체는 사회적 총체성 속에서 활동할 수 있는 것이고 그러한 표상으로 주체를 고정시키는 것은 이데올로기의 기능"[84]으로 이해된다. 이데올로기는 주체를 어떤 특정한 담론의 입장으로 고정시킨다. 다시 말하면, 이데올로기는 주체를 어떤 특정한 의미로 구성해낸다. 그렇지만 다른 한편으로 보면 주체는 결코 어떤 완벽한 단일성으로 구성되지 않는다. 그/그녀의 정체성은 위기 속에 있고, 바로 그/그녀 자신은 분열된다. 그리고 변증법적 투쟁 과정이 사회에서 생기는 것과 마찬가지로 주체도 그/그녀 자신과의 투쟁 속에 있다. 바로 이런 이유 때문에 언어학을 수용하는 라캉주의적 정신분석학과 모순 관념을 수용하는 레닌주의의 변증법적 유물론을 결합하는 것만이 주체가 구성되는 주체적 과정들을 분석할 수 있는 것이다.

---

82. Coward and Ellis, *Language and Materialism*, p. 73.
83. Ibid., p. 71.
84. Ibid., p. 2.

이러한 심리학적 흐름을 가진 사고의 주요 관심사 중 하나는 "진정한(genuine) 유물론"을 확정해내는 일이다. 그렇지만 이런 식으로 이해된 유물론은 줄잡아 말하더라도 이상하다. 아들람과 그의 동료들에게 이데올로기는 표상으로 구성되어 있기 때문에 물질적인 것으로 보인다. 이러한 개념은 그 자체가 바로 유물론에 관한 부적절한 정의이다. 왜 표상이 유물론의 본질이어야 하는가? 홀이 지적했듯이, 그것은 알튀세르에게 기인하는 것이라고 할 수도 없다. 알튀세르에게 이데올로기가 물질적인 이유는, 그것이 표상으로 되어 있기 때문이 아니라 표상이 장치, 의례 그리고 물질적 실천 속에 존재하기 때문이다.[85]

맑스가 본질과 현상을 구별한 것은 유물론의 견지에서 볼 때 의심스러운 것이라는 생각, 바로 이 생각 때문에 이들 저자들은 전체 철학적 전통과 일치되지 않는 유물론 개념을 가지고 작업하고 있다는 것을 다시 한 번 드러내는 것이다. 어떤 사람이 반영론의 토대, 말하자면 너무나 조야하게 유물론적인 지식론의 토대를 비판하려고 그러한 구별을 기대할 수는 있다. 나는 그 구별에 관한 그들의 해석에 동의하지 않지만, 그 비판의 핵심에는 주목하고자 한다. 아들람이나 그의 동료들이 그랬듯이 그 구별을 관념론이라 공격하는 것은 이해의 한도를 단순하게 넘어서는 것이다.

마찬가지로 코워드와 엘리스가 진정한 유물론이란 주로 주체가 고정된 술어(predication) 관계 속에서 또는 고정된 술어 관계를 위

---

85. S. Hall, 'Some Problems with the Ideology/Subject Couplet' *Ideology and Consciousness*, 3 (1978), p. 116.

해서 산출된다는 것을 의미한다는 점을 보여주려 한 것도 결함이 있다. 그들은 유물론이란 대체로 모순적인 주체들로서의 개인들에 관한 심리학적 구성이라고 믿는 것 같다. 갈림길 속에 있는 주체를 보지 않은 것은 알튀세르의 주요 약점이었다. 이데올로기는 물질적일 수 있다. 왜냐하면 이데올로기는 자아의 연속성(continuity)을 낳기 때문이며, 모순을 덮어버려서 주체에게 통일성이라는 현상을 제공하기 때문이다. 라캉주의의 정신분석만이 이러한 과정에 관해 설명할 수 있고, 이데올로기의 역할을 무릅쓰고 주체가 모순 속에서 어떻게 구성되는가를 보여줄 수 있으므로 코워드와 엘리스에게 정신분석학은 맑스주의를 유물론이 되게 하는 유일한 방식이다. 그들은 맑스와 엥겔스가 유물론의 본질이라고 보았던 것을 전적으로 무시한다. "개인들이 자기의 삶을 표현하는 방식대로, 그렇게 그들은 존재한다. 그러므로 그들이 누구인가는 그들이 무엇을 생산하고 또 어떻게 생산하는가와 일치한다. 이렇게 개인의 본성은 생산을 결정하는 물질적 조건에 의존하는 것이다."[86]

맑스에게 이것은 개인이 물질적 실천을 함으로써 또는 물질적 실천을 하는 가운데 주체로 구성되고, 개인의 관념은 그러한 실천에 의해서 결정된다는 것을 의미한다. 이와는 대조적으로, 주체를 구성하는 이데올로기 개념은 이데올로기의 역할이나 자율성을 부풀리면서 이데올로기를 결정짓는 요소들을 눈에 띄지 않게 한다. 이런 식으로 진행되는 논의에는 좋은 점도 있을 것이다. 그러나

---

86. Marx and Engels, *The German Ideology*, p. 42.

이것이 "진정한 유물론"이라는 식의 주장은 확실히 너무나 지나친 것이다. 사실, 맑스에게 표상, 이데올로기 그리고 관념은 물질적 토대를 갖고 있는 것이다. 우리는 그것들이 물질적 실천과 장치 속에 존재한다고 하는 알튀세르의 의견에 동의할 수도 있다. 그러나 이러한 알튀세르의 주장은 표상들과 표상들의 물질적 토대를 동화시키고, 그 결과 표상들 자체가 물질적 힘을 결정하는 것으로 되는 것과는 전혀 다른 것이다.

코워드와 엘리스는 변증법을 억눌렀다는 이유로 엥겔스를 비판하며, 엥겔스의 실패를 레닌이 변증법적 유물론을 공식화하면서 이룩한 업적과 대비시킨다. 그들이 『반듀링론Anti-Dühring』과 『자연변증법Dialectics of Nature』이라는 엥겔스의 역작에서 변증법적 유물론의 직접적인 계보를 보지 않는 것은 매우 이상한 일이다. 그들은 형이상학적 성격에 가까운 것으로서 "변증법적 유물론"에서는 모순 개념이 모든 존재의 운동 원리로 받아들여진다고 하는 것조차도 깨닫지 못하고 있는 것 같다. 게다가 코워드와 엘리스가 혁명적 행동을 가능하게 하는 유일한 것인 정신분석학을 통해서 개인의 변화를 볼 때, 이러한 접근의 이론적 버팀목으로서 변증법적 유물론과 레닌주의를 충분히 승인하면서 의지해야 한다는 점도 역설적이다. 그들이 말하고 있듯이, "맑스주의가 혁명적 주체를 낳을 수 있을 때까지는 혁명적 변화가 불가능할 것이다."[87]

우리는 맑스와 엥겔스가 주체의 변화는 환경의 변화에 앞서는

---

87. Coward and Ellis, *Language and Materialism*, p. 91.

것이 아니며, 오직 혁명의 시기에만 인간 존재가 이데올로기를 극복하는 데 성공할 것이라고 보았다는 섬을 생각해보아야 한다. 그와 동시에 우리는 레닌도 혁명적 변화는 자기 일원(members)에 대한 정신분석을 먼저 필요로 하는 것이 아니라, 당의 건설과 대중의 정치적 행동을 요구한다고 보았다는 점을 생각해보아야 할 것이다. 코워드와 엘리스는 혁명의 기초를 개인에게로 옮긴다. 마치 이데올로기가 보수적 의미를 위해 주체를 구성하는 것처럼, 정신분석은 혁명적 의미를 위해 주체를 구성한다. 이러한 기술(記述)에는 사실 유물론적이거나 맑스주의적인 것이 전혀 남아 있지 않다. 이것은 본래 큰 문제로 다루어질 만한 것이 아니다. 하지만 그것은 어떻게 해서 알튀세르주의가 서로 상이한 방향으로 가면서 자기 정체성을 상실하기 시작했는지를 보여준다. 알튀세르주의의 다음 두 전개 노선은 4장에서 다룰 것이다. 왜냐하면 그것들은 알튀세르주의가 결국에는 포스트구조주의로 해체되는 것을 보여주기 때문이다.

4장

포스트구조주의와 포스트모더니즘

개요

앞서 이미 논의했지만, 포스트구조주의와 포스트모더니즘의 몇 가지 이론적 기반은 내 생각에 구조주의 문제틀이 해체되는 지점, 특히 그중에서도 맑스주의적 성격을 지닌 문제틀이 해체되는 지점까지 거슬러 추적해 볼 수 있다. 포스트구조주의와 포스트모더니즘의 많은 저자들은 알튀세르 이론이 보여주었던 뚜렷한 반결정론적이고 반환원주의적인 전망과 정통 맑스주의에 대한 알튀세르의 비판에 깊은 영향을 받으면서 맑스주의자로 출발했다. 그러나 결국 그들은 자신들이 새롭게 얻어낸 비판의 도구들을 알튀세르에게도 겨누게 되었고, 맑스주의를 넘어서는 체계적인 비판과 해체의 과정에도 그 도구들을 적용하기 시작했다. 바로 이러한 이유 때문에 포스트구조주의의 언어와 주제들 그리고 그 내적인 이론적 구조는 어쩔 수 없이 알뛰세르주의의 구조주의직 문제들의 흔적을 담고 있으며, 부정적인 맥락이긴 하지만 맑스주의를 필수적으로 참고하고 있다.

포스트구조주의와 포스트모더니즘을 나누는 구분선은 결코 명확하지 않다. 하지만 분명 이들 두 사상적 경향들은, 예를 들어 사회적 삶에서의 담론의 중심성, 진리에 대한 상대주의적인 불신, 주체의 담론적 구성 등과 같은 수많은 전제들과 원리들을 공유하고 있다. 그래서 보인(R. Boyne)과 라딴씨(A. Rattansi) 같은 저자들은 포스트모더니즘이라는 용어를 원칙적으로 단지 예술 영역에서 모더니즘의 몇몇 형식들에 대항하려는 현대의 몇 가지 새로운 미학적 기획들에만 적용해야 한다고 주장한다. 그러나 그들도 포스트모더니즘이라는 용어가 실제로는 이미 철학, 문학 이론, 사회과학에서의 포스트구조주의적 발전 형태들을 포괄할 정도로 광범위하게 사용되고 있기에 이러한 방식으로만 제한하기는 어렵다는 사실은 인정하고 있다.[1]

이 두 사상적 경향들의 몇 가지 중요한 공유점을 부정하지 않는다면, 나는 포스트구조주의와 포스트모더니즘을 어느 정도 구분하는 것이 유용하다고 주장하고 싶다. 내 생각에, 포스트구조주의라는 꼬리표는 푸코와 힌데스, 허스트, 라클라우, 무페 같은 저자들

---

1. R. Boyne and A. Rattansi, 'The Theory and Politics of Postmodernism: By Way of an Introduction', in R. Boyne and A. Rattansi (eds), *Postmodernism and Society*(London: Macmillan, 1990), pp. 10-11.

에게 보다 잘 적용될 수 있을 것 같다. 왜냐하면 이들은 사회적 실재를 단지 파편화된 이미지와 기호들로 해소하지는 않으며, 여전히 권력에 저항하거나 사회주의를 목표로 하는 다양한 집단적인 주체들이 진보적인 담론을 통해 정치적으로 구성될 수 있다고 생각하기 때문이다. 다른 한편, 포스트모더니즘이라는 꼬리표는 리요타르와 보드리야르 같은 저자들에게 보다 잘 적용될 것 같다. 이들은 더 이상 의미 있는 변화가 성취되리라고는 기대하지 않으며, 실재(reality)를 단지 시뮬라크르들(simulacra)로 해체하려는 경향이 있기 때문이다. 따라서 모든 형태의 전체주의(totalitarianism)와 보편적인 진리를 말하는 모든 이론들을 대체로 혐오한다고 해서, 모든 포스트 이론가들이 그 어떤 형태의 해방 투쟁이든 참여할 가치가 있다고 생각하는 것은 아니다. 사실 포스트모더니즘 이론가들은 모든 해방 담론들에 의문을 제기하며, 심지어 권력조차도 더 이상 실재로서 존재하지 않을 정도로 사회가 카오스적이고 하이퍼실재적인(hyperreal) 특성을 지닌다고 보는 경향이 있다. 포스트구조주의가 이데올로기 비판을 이데올로기적으로 행위하는 활동적인 주체의 위치를 만들어내는 접합적인(articulating) 담론으로 대체한다면, 이와 달리 포스트모더니즘은 이데올로기 비판을 이데올로기 종말로 대체해버린다.

이 장에서는 먼저 포스트구조주의에 초점을 맞추고자 한다. 이러한 경향의 선구자라 할 수 있는 푸코에 대해 어느 정도 논의한 이후에, 앞서 3장에서 미리 언급한 대로 영국의 두 가지 중요한 사상적 흐름들, 즉 힌데스와 허스트에 의해 발전되어 인식론에 대한 급진적인 공격으로까지 나아갔던 철학적 흐름과 라클라우와 무페가 보여준 정치적 노선을 고찰해 볼 것이다.

푸코와 이데올로기

푸코 역시 1960년대 초반, 구조주의와 맑스주의에 깊은 영향을 받았으나, 그 이론들의 총체화하는 합리성(totalizing rationality) 때문에 이들 이론에 반기를 들게 된다. 그는 역사가로서, 지식의 분과들이나 형태들과 개인들을 복종시키는 억압적인 제도 및 그 실행방식 사이에 필연적인 연관이 있다는 사실을 폭로하는 작업에 착수한다. 포스터(M. Poster)가 제시했듯이, 푸코의 작업을 서구 맑스주의가 처한 곤란에 대응하려는 이론적 반응으로 고려해보는 것도 좋을 듯하다.[2] 또한 푸코와 알튀세르를 비교해 보는 것도 유익한 일이다. 이러한 비교를 통해서 그들이 어떤 기본적인 관심사를 공유하고 있는지를 알 수 있기 때문이다. 이 두 사상가들은 모두 지식과 제도적 실천이 밀접하게 연관되어 있다고 보고 있으며, 주체의 중심성을 거부하려 하고 주체를 담론에 의해 구성되는 것으로 파악하고 있다. 특히 이 두 사람 모두 다양한 지배 형식들을 폭로하고자 했다. 그러나 물론 그들의 이론적인 차이 또한 매우 분명하다. 푸코는 총체성과 토대, 상부구조라는 범주들을 거부할 뿐

---

2. M. Foster, *Foucault, Marxism and History*(Cambridge: Polity Press, 1984), p. 1. [조광제 옮김, 『푸코와 마르크스주의』, 민맥, 1992.]

아니라 이데올로기 개념 그 자체에 중대한 단서조항을 달고 있다. 그는 이데올로기와 과학, 지식과 권력이라는 대립항을 받아들이지 않으며, 계급 지배와 국가 지배의 영역을 넘어서는 권력이라는 문제틀을 설정하고 있다.

알튀세르는 생산양식을 특수한 결정들에 의해 접합되며, 최종적으로는 경제적 구조에 의해 결정되는 다양한 사회적 심급들로 이루어진 하나의 총체로서 분석했다. 이와 달리, 푸코는 일반 역사(general history)의 가능성이 출현하면서 종체적인 역사(total history)의 가능성은 사라지기 시작했다고 단언하면서 불연속과 분산, 차이를 강조한다. "총체적인 서술은 모든 현상들을 하나의 원리와 의미, 하나의 정신, 하나의 세계관, 하나의 포괄적인 틀이라는 단일한 중심의 주변에 그려 넣는다. 이와 반대로 일반 역사는 일정하게 분산된 공간을 펼쳐낼 수 있다."3 이러한 일반 역사는 권력 관계들이 여러 갈래로 펼쳐지면서 나온 결과물이다. 하지만 그렇다고 해서 이러한 사실이 곧 역사가 카오스적이라는 의미는 아니다.

우리를 만들어낼 뿐 아니라 결정짓고 있는 역사는 언어의 형태를 취한다기보다는 오히려 전쟁의 형태를 취하고 있습니다. 다시 말해, 의미의 관계가 아니라 권력 관계들로 이루어져 있다는 뜻이지요. 역사는 결코 그 어떤 '의미'도 갖고 있지 않습니다. 물론 이 말이 역사가 불합리하다든지

---

3. M. Foucault, *The Archeology of Knowledge*(London: Tavistock, 1977), p. 10. [이정우 옮김, 『지식의 고고학』, 민음사, 1992.]

일관성이 없다는 뜻은 아닙니다. 오히려 역사는 아주 섬세한 부분까지 분석할 수 있고 이해할 수 있는 것입니다. 하지만 이러한 이해가 가능하기 위해서 역사는 투쟁이라는 명료함, 즉 전략과 전술이라는 명료함에 따라 분석되어야 합니다.[4]

알튀세르가 국가 권력과 국가 장치를 구분하고 폭력에 의해 기능하는 억압적 국가 장치와 이데올로기에 의해 기능하는 이데올로기적 국가 장치를 구별하는 반면, 푸코는 권력이 곳곳에 편재하고 있다는 점, 그리고 권력이란 획득하거나 소유할 수 있는 것도 아니며 다른 형태의 관계들과 외적으로만 관련되어 있는 것도 아니라는 사실을 강조한다. 권력이란 순환하는 것이며 엄밀하게 말해 결코 하나의 상품처럼 한 곳에 집중되거나 전유될 수 있는 것이 아니다.[5] "권력은 어느 곳에나 있다. 그것이 모든 것을 둘러싸고 있기 때문이 아니라, 바로 그것이 어느 곳에서나 생겨나기 때문에 그렇다."[6]

푸코는 권력의 메커니즘이나 기술들을 탐색하고자 하며, 권력의 "미시 관계들", "권력의 모세관적인(capillary) 수준"을 분석하고자 한다. 다시 말해, 그는 사회의 정치적인 중심 수준을 겨냥하는 권력 이론이나 권력에 대한 보편적인 정의를 제공하기보다는 오히려

4. M. Foucault, 'Truth and Power', in C. Gordon (ed.), *Michel Foucault, Power/Knowledge*(Brighton: Harvester Press, 1980), p. 114. [홍성민 옮김, 『권력과 지식』, 나남, 1991.]
5. M. Foucault, 'Lecture 7 January 1976', in Gordon (ed.), *Michel Foucault, Power/Knowledge*, p. 98.
6. M. Foucault, *The History of Sexuality*(Harmondsworth: Penguin, 1984), vol. 1, pp. 93 and 92-94. [이규현 옮김, 『성의 역사』 제1권 앎의 의지, 나남, 1990.]

"권력이 바로 낱알처럼 흩어져 있는 개인들에게 도달되는 지점"을 분석하려 한다. 18세기 이래로, 권력은 더 이상 "위로부터"가 아니라 사회체(social body) "내부로부터" 행사된다는 점에서 변화되었다. 그는 "소규모의 권력 실행 양식"과 보다 더 구조적이고 사회적인 변화들이 서로 연관될 수 있다는 점은 인정한다. 하지만 "모세관적 수준에서의 권력 변화는 무조건 국가 형태라는 중심화된 수준에서의 제도적인 변화와 맞물릴 수밖에 없다."[7]는 주장은 받아들이지 않는다. 그렇다고 푸코가 국가 권력의 중요성을 부정하는 것은 아니다. 하지만 권력의 모세관적 메커니즘이 변화하지 않는다면 그 어떤 사회 변화도 일어나지 않을 것이라는 점은 분명히 한다. 소비에트연방(USSR)에서 일어났던 일들이 이러한 경우에 해당한다. 당시의 혁명은 국가 권력을 변화시켰으나 일상의 권력 메커니즘을 그대로 유지하고 있었기 때문에 실패했다는 것이다.[8]

푸코는 니체의 영향을 받으면서 권력은 지식과 분리해서는 이해할 수 없다고 주장하게 된다. 그는 지식이란 오로지 권력이 부재할 때에만 획득될 수 있다는 인간주의적인 관념을 거부하고자 하며, 그래서 권력의 행사가 오히려 새로운 지식 대상과 정보 체계를 창출해 낸다고 주장한다. 이제 지식은 끊임없이 권력 효과를 생산하는 것으로 이해된다.

---

7. M. Foucault, 'Prison Talk', in Gordon (ed.), *Michel Foucault, Power/Knowledge*, p. 39.
8. M. Foucault, 'Body/Power', in Gordon (ed.), *Michel Foucault, Power/Knowledge*, p. 60.

그 어떤 형태의 지식도 의사소통과 기록, 축적, 전치(displacement)의 체계 없이는 결코 형성될 수 없다. 이러한 체계들은 그 자체가 권력의 형태이며, 그 존재와 기능에서 볼 때 다른 권력 형태들과도 연관되어 있다. 또한 거꾸로 그 어떤 권력도 지식을 추출하거나, 전유, 배분 또는 보존하지 않는다면 결단코 행사될 수 없다.9

우리는 지식이란 오로지 권력 관계들이 작동하지 않는 곳에서만 존재할 수 있으며, 또 지식이란 오직 권력의 금지 명령이나 요구, 이해관계에서 벗어나야만 발전할 수 있다고 생각하게 하는 모든 전통들을 포기해야 한다. …… 우리는 권력이 광인(狂人)을 만들어낸다거나, 마찬가지로 권력을 거부하는 것이 지식의 조건이라는 식의 신념도 버려야 한다. 오히려 우리는 권력이 지식을 생산해내며 …… 권력과 지식이 곧바로 서로를 함축하고 있다는 점, 다시 말해 그 어떤 권력 관계도 지식의 영역에서 그 자신에 상응하는 구성물을 만들어내지 않고서는 결코 존재할 수 없다는 점을 인정해야 한다.10

따라서 푸코가 지식이나 과학, 진리라는 개념들을 비판하고 있는 니체의 이데올로기 개념에 영향을 받았다는 점에 대해 그렇게 놀랄 필요는 없다. 사실 푸코의 초기 저작들에서도 이데올로기 개념이

---

9. M. Foucault, 'Théories et institutions pénales', *Annuaire du Collége de France, 1971-1972*(Paris, 1971), quoted in A. Sheridan, *Michel Foucault, the Will to Truth*(London: Tavistock, 1980), p. 131.
10. M. Foucault, *Discipline and Punish*(Harmondsworth: Penguin, 1977), p. 27. [오생근 옮김, 『감시와 처벌』, 나남, 1994. (불어판 번역)]

부정적인 의미로 사용되고 있는 곳을 찾아볼 수 있다. 하지만 이 경우에도 그는 맑스, 특히 알튀세르에 반대하면서 과학과 이데올로기는 결코 서로 대립되는 것은 아니라고 단서조항을 덧붙이고 있다.

이데올로기가 과학성(scientificity)을 배제하는 것은 아니다. 임상의학적 담론이나 정치경제학 담론만큼 이데올로기에 그렇게 많은 자리를 내준 담론들도 별로 없다. 하지만 이러한 사실이 그러한 담론의 진술들 전체가 오류에 잠식당한 것으로 간주하게 할 만큼 충분히 합당한 근거는 아니다. …… 담론 자체를 교정하고, 그 담론의 오류를 수정한다고 해서 …… 담론들이 반드시 자신과 이데올로기와의 관계를 끊어버릴 수 있는 것은 아니다. 이데올로기의 역할은 결코 엄밀함이 증대되고 오류가 사라진다고 해서 줄어드는 것이 아니다.[11]

과학과 이데올로기의 대립을 거부하게 되면서 푸코는 담론의 인식론적 타당성과 관련된 문제들을 과소평가하게 된다. 그에게 담론이란 그 자체가 진리이거나 거짓인 것도 아니고, 또 과학적이거나 이데올로기적인 것도 아니다. 각각의 모든 사회는 자기 나름의 고유한 진리 영역과 진리로서 기능하는 것으로 받아들여진 자기 나름의 담론들, 또한 무엇을 진리로 간주할 것인가를 결정하는 자기 나름의 메커니즘과 절차를 갖고 있다. 진리는 결코 권력의 바깥에 존재하는 것이 아니다.[12] 그래서 이제 인식론적 문제는 자기

---

11. Foucault, *The Archeology of Knowledge*, p. 186.
12. Foucault, 'Truth and Power', p. 131.

나름의 고유한 "진리"를 갖고 있으며, 그 결과 일종의 권력 형태를 표현하는 지식이라는 영역의 구성과 연관된 문제로 대체되어버린다. 따라서 정신의학, 범죄학, 임상의학, 교육학과 기타 다른 인간과학들(human sciences)도 자신들의 수용자들을 통제하고 훈육할 수 있게 나름의 고유한 권력체계를 구성해 주었던 수용소나 감옥, 종합병원, 학교 같은 기관들이 제도적으로 정착되면서 비로소 생겨난 것이다. 하지만 이러한 제도적인 훈육기관들이 반드시 폭력을 통해서 또는 수용자들의 정신을 겨냥해 그들을 기만하고 속이는 방식, 즉 이데올로기를 이용해서만 복종을 달성하는 것은 아니다. 오히려 그것들이 목표로 삼고 있는 것은 몸을 길들이는 것(docility of the body)이다. 그러한 기관들은 훈육을 통해서 신체의 힘을 빼앗거나 신체의 가능성이 최적화되도록 조절한다. 바로 이것이 푸코가 말하는 신체의 정치경제학(political economy of body)[13] 또는 신체의 해부정치학(anatomo-politics of body)[14]이다. 그러므로 푸코가 점차 이데올로기 개념의 유용성에 대해 의심을 품기 시작했다고 해서 그다지 놀랄 일은 아니다.

실제로 1970년대 이후부터 이데올로기 또는 이데올로기적 과정에 대한 푸코의 많은 언급들은 특수한 어떤 현상이나 과정을 이데올로기로 환원하는 것에 반대하는 맥락 속에서 등장하고 있다. 예를 들어, 푸코는 담론들의 형성이 이데올로기에 의해 분석될 필요는 없다라든가,[15] 지식 장치들과 권력의 주요한 메커니즘들이 이

---

13. Foucault, *Discipline and Punish*, p. 25.
14. Foucault, *The History of Sexuality*, vol. 1, p. 139.

데올로기적 구조물은 아니라고[16] 지적한다. 또한 지식인과 진리에 관한 정치적 문제가 소외된 의식이나 이데올로기와 연관된 것이 아니며,[17] 권력이 지식에 이데올로기적 내용들을 부과하는 것도 아니라고[18] 언급하고 있다. 특히 푸코는 권력의 매개체로 이데올로기를 너무나 중요하게 부각시키고 있다는 점 때문에 맑스주의에 대해 비판적이다. "이데올로기에 우선성을 부여하는 이러한 분석들이 나를 괴롭히는 이유는, 바로 이러한 분석들이 언제나 고전 철학에 의해 제공된 모델을 따라 일종의 인간 주체를 전제하고 있으며, 그 결과 권력이란 소유할 수 있는 것이라는 인식을 가져오기 때문입니다."[19] 이러한 비판을 통해 푸코는 개인들이 이데올로기에 의해 기만당하거나 확신을 부여받기 때문에 권력에 복종하게 된다는 생각이 잘못되었다는 사실을 주장하려는 것 같다. 우리는 권력이 개인들의 의식에 가져오는 효과보다는 오히려 신체에 미치는 권력의 효과에 관해 탐구해야만 한다. 권력은 미리 주어져 있는 어떤 주체(pre-given subject)의 의식을 사로잡는 것이 아니다. 오히려 주체는 개인들의 신체에 영향을 미치는 어떤 권력 관계의 산물일 뿐이다. "권력 관계들은 심지어 주체 자신의 표상을 매개하지 않더라도, 물질적으로 신체 깊숙이 관통한다. 권력이 신체를

---

15. Foucault, 'Questions on Geography', in Gordon (ed.), *Michel Foucault, Power/Knowledge*, p. 77.
16. Foucault, 'Lecture 14 January 1976', in Gordon (ed.), *Michel Foucault, Power/Knowledge*, p. 102.
17. Foucault, 'Truth and Power', p. 133.
18. Foucault, 'Théories et institutions pénales'. p. 131.
19. Foucault, 'Body/Power', p. 58.

통제한다면, 이것은 권력이 우선 사람들의 의식에 내면화되기 때문에 그런 것은 아니다."[20]

결국 푸코의 생각은 이데올로기 개념이 무언가를 설명해내고 발견해낼 수 있는 장점이 있다는 점 때문에, 특히 맑스주의 내부에서 그 개념을 과대평가하고 있다는 것이다. 사실 푸코는 명확하게 다음과 같은 세 가지 이유 때문에 자신이 이데올로기 개념을 사용하기 어렵다는 점을 인정하고 있다.

우선 이데올로기 개념을 좋아하든 좋아하지 않던 간에, 그 개념은 항상 진리라고 간주되는 그 어떤 것과 사실상 대립되는 형태를 취합니다. …… 두 번째로 내 생각에 이데올로기 개념은 반드시 어떤 주체의 명령 같은 그러한 것을 언급하고 있다는 점 때문에 문제가 있습니다. 세 번째로 이데올로기는 자신의 하부구조(infrastructure)로 기능하거나, 또는 자신의 물질적이고 경제적인 결정요소로 기능하는 그러한 것들에 비해 부차적인 위치로 이해될 뿐입니다. 나는 이러한 세 가지 이유 때문에 이 개념이 신중하게 사용되지 않으면 안 된다고 생각합니다.[21]

푸코가 처음에는 과학과 이데올로기가 서로를 배제하는 것은 아니라고 주장했다면, 이제는 지식의 형태나 "담론구성체(discursive formations)"에 관한 분석이 인식론의 관점에서 수행될 수 없다는 입

---

20. Foucault, 'The History of Sexuality: Interview', in Gordon (ed.), *Michel Foucault, Power/Knowledge*. p. 186.
21. Foucault, 'Truth and Power', p. 118.

장을 고수한다. 다시 말해, 담론들이 진리인지 거짓인지, 이데올로기적인지 과학적인지, 합리적인지 비합리적인지 하는 문제는 더이상 적절하지 않다는 것이다. 이러한 맥락에서 푸코는 대상과 주체의 구성이라는 관념의 초안을 제시하는데, 이는 앞서 언급했던 힌데스와 허스트, 라클라우, 무페 같은 알튀세르주의자들에게 많은 영향을 끼치게 된다. 우선 그는 담론의 대상이 담론 외부에서는 실재하지 않는다고 주장한다. 푸코는 "'사물들(things)'을 요구하지 않기를 원한다. 즉, 사물들이 '나타나지 않게 하기를' 원한다. 담론보다 앞서 있는 '사물'이라는 수수께끼 같은 보물을 오직 담론 속에서만 출현하는 대상들의 규칙적인 형성으로 대체하기를 원한다."[22] 다음으로, 그는 주체가 담론의 생산자는 아니며, 오히려 주체는 개인들이 점유하고 있는 담론에서의 "위치(positions)"에 불과하다고 주장한다. 주체란 "말하는 의식도 아니고 담론을 형성하는 저자도 아니다. 오히려 주체는 일정한 조건들 속에서 다양한 개인들이 채워나가는 어떤 위치에 불과할 뿐이다."[23] 하지만 알튀세르와 달리 푸코는 주체가 이데올로기에 의해 구성된다는 주장은 받아들이지 않는다. 주체는 그/그녀의 의식을 통해서 형성되는 것이 아니라, 오히려 그/그녀의 신체를 관통하는 권력에 의해 형성된다. 푸코의 말대로, "우리는 복종을 물질적 심급의 차원에서 주체들을 구성해내는 것으로 파악하려고 해야 한다."[24]

---

22. Foucault, *The Archeology of Knowledge*, p. 48.
23. Ibid., p. 115.
24. Foucault, 'Lecture 14 January 1976', p. 97.

그렇지만 내가 보기에 이데올로기 개념에 대한 푸코의 이러한 공격은 그 자신의 실천행위와는 분명 완전히 상반되는 것이다. 푸코 자신이 바로 다른 이론적 입장들의 가치를 평가절하하고 의심하면서 중요한 논쟁의 중심에 서게 된 지식인이기 때문이다. 그는 한 강연에서 자유주의와 맑스주의의 권력 개념 모두가 경제주의(economism)라는 형식을 공유하고 있다고 강렬히 반대한다. 자유주의가 권력을 하나의 상품처럼 소유할 수 있는 일정한 권리로 생각한다면, 맑스주의는 계급 권력을 생산 수단에 대한 경제적 지배로부터 생겨나는 것으로 간주한다. 푸코는 양자 모두를 비판하면서 일정한 세력(force) 관계로 권력 개념을 이해하기 위해 가장 적절한 표현은 전쟁이라고 주장한다.[25] 우리가 그러한 개념에 동의하든 그렇지 않던 간에 그것은 별로 중요하지 않다. 사실 문제가 되는 것은 이러한 푸코의 논의가 일종의 이데올로기 비판을 시사하고 있다는 점이다. 물론 푸코는 다른 입장들의 결함과 부적절함을 보여주는 것이 반드시 이데올로기 비판인 것은 아니라고 반박할지 모른다. 그러나 두 번째 강연과 『성의 역사*The History of Sexuality*』에서, 주권(sovereignty)에 근거해 있는 법률적인 권력 개념의 역할을 논의하는 방식은 대단히 많은 것을 암시해 준다. 푸코는 18세기에 출현한 새로운 형태의 훈육 권력이 주권 개념에 의해 설명될 수 없다고 주장하면서, 그럼에도 이러한 주권에 근거해 있는 법률적인 권력 개념이 다음과 같은 형태를 가져왔다고 이야기한다.

---

25. Foucault. 'Lecture 7 January 1976', p. 79.

(이러한 법률적인 권력은) 자신의 실제 절차들과 자신의 기술들에 내재해 있는 지배의 요소들을 은폐하고, 모든 사람들에게 국가라는 주권에 의해 각자의 고유한 주권 행사를 보증해 주는 방식으로 권리의 체계를 훈육의 메커니즘에 겹쳐 놓았습니다.[26]

일단 훈육적인 강제들이 필연적으로 지배의 메커니즘을 통해 행사되고, 게다가 그와 동시에 그것들의 권력 행사가 효과적으로 은폐되었을 때, 비로소 주권에 관한 이론은 합법적인 장치라는 수순의 모양새를 갖추게 되었습니다.[27]

주권 이론이 이처럼 중요한 이데올로기적 역할을 수행했다는 사실을 이보다 더 명확하게 지지하는 입장이 있을 수 있을까? 사실상 푸코는 권력에 관한 법률적 담론이 훈육 권력을 설명하기에는 부적절할 뿐 아니라 그러한 훈육 권력의 존재를 은폐하고 감춘다고 주장하고 있다. 이것은 바로 맑스가 이데올로기 개념에 부여했던 역할과 매우 유사한 것이지 않을까? 우리는 더 이상 필연적으로 이데올로기적인 성격을 갖지 않는, 그러한 새로운 권력 형태가 출현했다는 사실에는 동의할 수 있다. 하지만 주권 이론에 의해 그러한 훈육 권력의 작동이 은폐된다는 점은 결코 사소한 측면이 아니다. 왜냐하면 푸코도 그러한 은폐 작용이 바로 훈육 권력의 효과적인 행사를 위한 조건이라고 주장하고 있는 것처럼 보이기 때문이다.

---

26. Foucault, 'Lecture 14 January 1976'. p. 105.
27. Ibid., p. 106.

푸코는 『성의 역사』에서 왜 법률적인 권력 개념이 그렇게 부적절한 것임에도 불구하고 매우 손쉽게 받아들여지는지에 대해 의아해하면서, 다음과 같이 주장한다.

나에게 자명한 것처럼 여겨지는 일반적이고 전술적인 이유를 제시해보자면, 권력이란 오직 그 자체의 실질적인 부분이 은폐되는 조건에서만 참을 만한 것이 될 수 있다는 사실이다. 권력의 성공 여부는 자신의 메커니즘을 숨길 수 있는 능력에 비례한다. …… 권력의 입장에서 보면, 은폐하는 일(secrecy)은 악습이 아니라 오히려 권력 작동에 절대적으로 없어서는 안 되는 필수적인 것이다.[28]

푸코는 현시대의 권력 행사가 권리와 법률 또는 처벌에 의해서가 아니라 기술(technique)과 규범화(normalization), 통제(control)에 의해 보장되고 있지만, 대부분의 성(性) 담론들은 여전히 권력에 관한 법률적 표상을 지닌 채 작동하고 있다는 사실을 발견한다. 새로운 권력 기술의 토대를 허무는 작업은 권력의 비밀스런 작동 메커니즘을 밝혀내는 새로운 권력 이론을 요구하는 것처럼 보인다. 바로 이러한 이유에서 푸코는 "법률 없이 성을 이해하고, 왕 없이 권력을 이해하기"[29] 위해 이데올로기적이라고 할 수 있는 법률적인 권력 개념과 "단절할 것"을 제안한다. 따라서 이데올로기 비판은 단지 권력 행사의 신비화된 형태만을 밝혀내는 것이 아니라 권력에 대한 효과

---

28. Foucault, *The History of Sexuality*, vol. 1, p. 86.
29. Ibid., p. 91.

적인 저항을 발전시키기 위해서도 필수적인 선결 조건이 된다는 점
에서 새로운 중요성을 얻게 된다. 그래서 최소한 여기에서는 푸코
자신도 이데올로기의 역할을 과도하게 평가하는 사람들을 공격하
기 위해 바로 그 자신이 이용했던 반론에 처할 수밖에 없다.[30]

이데올로기 그리고 인식론의 종말

영국의 허스트와 힌데스의 작업이 바로 이러한 경향을 대표한
다. 이들은 알튀세르의 전제들로부터 출발했으나 결국에는 그 전
제들에 대항하여 맑스주의를 거부하게 되는 광범위한 포스트구조
주의적인 지적 운동의 일부분을 형성한다. 이 과정에서 푸코가 끼
친 영향은 매우 분명하다. 알튀세르는 실재에 관한 참된 표상과
거짓된 표상을 구별할 수 있는 능력에 근거하는 이데올로기 개념
에서 벗어나는 방향으로 나아가고자 했고, 그래서 사고(thought)의
외부에 존재하는 "실재 대상(real objects)"과 담론 속에서 또는 담론
에 의해서 내적으로 구성되는 "지식의 대상(objects of knowledge)" 사
이에는 결정적인 차이가 존재한다고 주장했다. 힌데스와 허스트도
다음과 같이 언급하면서 이러한 원칙을 재확인한다.

담론 속에서 언급되는 실재들은 오로지 그것들이 구체적으로 기입되는

---

30. 이에 관해서는 다음 책을 참고할 것, M. Cousins and A. Hussain, *Michel
    Foucault*(London : Macmillan 1984), p. 238.

담론의 형식 속에서만, 그리고 담론의 형식을 통해서만 구성된다. 담론의 대상들은 결코 담론 외부에서는(extra-discursively) 기입될 수 없다 …… 여기에서 **담론의 대상들**이 바로 자신들이 기입되는 그 담론과 독립해서 존재하는지 여부는 문제가 되지 않는다. 담론의 대상들은 결코 그러한 의미에서는 존재하지 않으며, 담론의 대상들은 그것들을 언급하는 담론 속에서 또 그러한 담론을 통해서 구성된다.[31]

그러나 여기서 허스트는 중요한 논리적 부정합성을 밝혀내고 있다. 비록 이데올로기가 실재에 관한 거짓된 표상이라는 점을 알튀세르가 부정하고 있다고 할지라도, 여전히 이데올로기란 인간 존재가 자신들의 존재 조건과 맺는 "생생한 관계(lived relation)"를 표현하고 있고 그래서 이데올로기는 일종의 오인 작용을 수반하고 있다는 점은 받아들이고 있기 때문이다. 다시 말해, 알튀세르의 이데올로기 개념은 "'표상'과 그 표상이 표현하는 '생생한 관계'를 서로 떼어 놓을" 뿐 아니라, "거짓된 표상이라는 고전적 지위도 다시 복원하고" 있다.[32] 이것은 알튀세르가 뒷문으로 은밀하게 인식론적인 허위(falsity) 개념과 그가 이전에 거부하고자 했던 주체/대상이라는 지식 이론을 다시 도입하고 있다는 사실을 의미한다.

이러한 맥락에서 허스트와 힌데스는 그들의 견해에서 볼 때 알튀세르 이론보다 더 정합적인 방식으로 맑스주의의 고전적인 이데올로

---

31. A. Cutler et al., *Marx's Capital and Capitalism Today*(London: Routledge & Kegan Paul, 1977), vol. 1, pp. 216-217.
32. P. Hirst, *On Law and Ideology*(London: Macmillan, 1979), pp. 62-63.

기 문제틀과 그러한 문제틀을 양쪽에서 지지해주는 재현(representation)과 결정(determination) 개념을 파괴하기 위해, 인식론에 대한 전반적인 공격에 착수한다. 모든 인식론이 지니고 있는 문제는 그것들이 본래 독단적이라는 점에 있다. 모든 인식론은 지식의 영역과 외적인 대상성의 영역 사이에 미리 정해진 어떤 대응(correspondence)을 요청하고 있는데, 이러한 대응은 어떤 특권화된 담론 형태에 의해서만 보장되기 때문이다. 모든 인식론은 절대적인 기준으로 간주되는 그러한 수준의 담론들이 존재하며, 그에 맞춰 지식에 대한 모는 주장들이 평가될 수 있다고 가정한다. 이러한 절대적인 척도를 통해 인식론은 지식과 또 다른 담론들에 의해 획득된 대상적 실재 사이의 일치 정도를 평가한다. 그러나 이러한 특권화된 담론 형태는 "그 자체가 특권적인 것이라고 주장되는 그러한 담론들에 의해서 제시될 뿐,"33 결코 그 자체로 합리적으로 증명될 수 없다. 이처럼 입증될 수 없는 특권화된 담론 형태는 본래 임의적이며 독단적이다. 궁극적인 시금석으로 간주되는 과학에 호소하는 알튀세르적인 방식도 합리적으로 입증될 수 없을 것이다. 정당화되어야 하는 것은 그러한 과학적 담론이 바로 그 자신의 대상과 관련해서 어느 정도 적합성을 지니고 있는가의 문제이기 때문이다. 이러한 이유 때문에 모든 인식론은 제거되어야만 한다.

결국 인식론을 피할 수 있는 유일한 방식은 각각의 담론이 각자

---

33. B. Hindess and P. Hirst, *Mode of Production and Social Formation: An Autocritique of 'Pre-Capitalist Modes of Production'*(London: Macmillan, 1977), pp. 13-14.

자신들의 대상들을 기입한다는 점을 재차 확인하는 것이다. 그래서 담론이란 오직 그들 자신의 내적인 정합성(consistency)에 의해서만 판단될 수 있다. 만일 그렇다면, 그때 어떠한 담론도 어떤 외적실재를 "재현한다"거나 "잘못 재현한다"고 이야기할 수 없다. 따라서 맑스와 알튀세르의 부정적인 이데올로기 이론은 불가피하게 흠집이 날 수밖에 없다. 더군다나 만일 어떤 특권화된 담론도 존재하지 않는다면 결코 어떤 특권화된 개념도 있을 수 없으며, 어떤 담론도 결코 그런 특권화된 개념들로부터는 도출될 수 없다. 이러한 사실을 맑스주의의 사회 개념에 적용한다는 것은 생산관계 개념으로부터, 다시 말해 경제로부터 정치적인 형태와 이데올로기적 형태에 관한 개념을 도출할 수 없으며, 따라서 결정이라는 개념도 부당한 것으로서 거부되어야 한다는 사실을 의미한다. 이로부터 두 가지 결론이 뒤따른다. 첫째, "우리는 정치적이고 이데올로기적인 현상들이 실재적인 자율성을 갖고 있으며, 그러한 현상들을 단지 경제 구조에 의해 결정되는 이해관계들이 표명된 것으로 환원할 수 없다는 사실에 직면할 수밖에 없다."[34] 둘째, **"정치적 실천에서는 어떠한 '지식'도 있을 수 없다."**[35]

힌데스와 허스트의 인식론 비판은 불가피하게 상대주의로, 심지어 그들이 대항해서 싸우려 했던 상대방보다 더 확고한 독단주의로 이끌리게 된다. 그들은 어떤 특정한 형태의 담론을 특권화하는

34. B. Hindess, 'The Concept of Class in Marxist Theory and Marxist Politics', in J. Bloomfield (ed.), *Class, Hegemony and Party*(London: Lawrence & Wishart, 1977), p. 104.
35. Hindess and Hirst, *Mode of Production and Social Formation*, p. 59.

것을 거부하지만, 그때 도리어 그들은 모든 담론들을 특권화할 수밖에 없다. 모든 담론은 자기 자신의 대상들과 나름의 논리, 나름의 진리를 창출하는 닫힌 세계가 된다. 담론들은 어떤 외부의 척도에 의해서 측정될 수 없기 때문에, 서로 적절하게 비교될 수도 없고 또한 반박될 수도 없다. 담론들은 서로 공약 불가능하게 (incommensurable) 되며, 따라서 각 담론들 사이에는 어떠한 합리적인 토론도 있을 수 없다.

하지만 이러한 결론 자체는 바로 힌데스와 허스트의 기획과도 모순되는 것이다. 왜냐하면 그들도 어쩔 수 없이 모든 인식론적 담론을 평가하고 결점을 찾아줄 수 있는 하나의 특권화된 심급으로 자신들의 담론을 구성하고 있기 때문이다. 사실상 그들이 자신들의 담론을 특권적인 것이라고 생각하지 않았다면, 인식론의 폐쇄성을 비판한다는 것 자체가 가당치 않은 이야기이다. 힌데스와 허스트는 이러한 자기모순의 덫에 빠져버린다. 그들도 인식론을 벗어날 수 없으며, 그들 역시 완전하게 증명할 수 없고, 그런 면에서 마찬가지로 독단적인 것일 수 있는 어떤 사실, 예를 들어 "담론의 대상들은 결코 담론 외부에서 기입될 수 없다."라는 식의 사실을 알고 있다고 주장할 수밖에 없다.[36]

---

36. 힌데스와 허스트의 인식론 공격에 대한 보다 더 강도 높은 비판에 관해서는 다음의 책을 참고할 것. J. Larrain, *Marxism and Ideology*(London: Macmillan, 1983), pp. 185-193, [신희영 옮김, 『맑스주의와 이데올로기』, 백의, 1998] ; J. B. Thompson, *Studies in the Theory of Ideology*(Cambridge: Polity Press, 1984), pp. 96-98 ; T. Benton, *The Rise and Fall of Structural Marxism, Althusser and his Influence*(London: Macmillan, 1984), pp. 179-199 ; and G. Elliott, 'The Odyssey of Paul Hirst', *New Left Review*, 159 (1986), pp. 81-105.

정치 그리고 담론의 논리

우리는 앞에서 이미 라클라우가 자신의 초기 저술들에서 발전시켰던 맑스주의 이데올로기 이론에 대한 중요한 공헌에 대해 논의한 바 있다. 이후에 그의 사상이 정교해지고, 최근에 무폐와 공동으로 작업하게 되면서 라클라우는 점차 맑스주의로부터, 특히 알튀세르로부터도 벗어나고 있다. 맑스주의에 대한 라클라우와 무폐의 새로운 접근 방식에서 특히 주목할 만한 특징 중 하나는 그들이 거의 맑스의 저작을 직접 언급하지 않고 "대리인에 의한 해석(interpretation by proxy)"[37]을 채택하는 경향이 있다는 점이다. 물론이것은 힌데스와 허스트, 코워드, 엘리스에게도 공통적인 경향이다. 다시 말해, 그들은 맑스주의를 본질주의와 기술 결정론의 한형태라고 공격하기 위해 알튀세르나 코헨(G. A. Cohen)의 저작을 인용한다. 특히 이데올로기에 의한 주체의 구성이라는 논의와 연관해서, 알튀세르는 계속해서 몇 가지 결정적인 통찰을 제공해 주는것으로 받아들여지고 있다. 비록 이데올로기에 의한 주체의 구성이라는 주제에 대한 해석이 논리적으로 가장 극단적인 정치적 결론의 형태로 받아들여지고 있지만 말이다.

푸코의 영향을 받아, 라클라우와 무폐는 담론의 절대적인 우선성에 근거하는 급진적인 이질성(heterogeneity)과 차이(difference)의

---

37. 이러한 표현은 엘린 메익신즈 우드로부터 빌려온 것이다. Ellen Meiksins Wood, *The Retreat from Class: A New 'True' Socialism*(London: Verso, 1986), p. 55n. [손호철 옮김, 『계급으로부터의 후퇴』, 창비, 1993.]

논리를 제안한다. 라클라우와 무페에 따르면, 담론적 실천과 비담론적 실천은 결코 구별될 수 없다. 모든 대상들은 담론의 대상으로 구성되며, 모든 담론은 물질적 성격을 갖는다.38 담론의 동일성과 통일성은 순전히 관계적일 뿐이며, 토대가 되는 어떤 주체에 의존하는 것이 아니다. 오히려 "각각의 다양한 **주체의 위치들은** 하나의 담론 구성체 내부에서 분산되어 나타나지만", 이러한 주체의 위치는 결코 영속적으로 고정되는 것도 아니며 영속적으로 고정된 관계에 편입되는 것도 아니다.39 이러한 이유에서 주체는 사회적 관계의 기원일 수 없으며, 주체들의 담론적 특성이 그들 사이에 존재하게 될 수 있는 관계 유형들을 기입해낼 수도 없다. 담론적인 것과 담론 외적인 것을 결코 구분할 수 없기 때문에, 사회적 관계와 사회적 모순을 포함해서 사회 속의 모든 것들은 다 담론적으로 구성된 것이다. 사실상, 모순도 "실재 대상들" 사이의 모순일 수는 없기에 단지 담론의 두 대상들 사이의 대립으로서만 이해될 수 있다.

담론 속에서는 어떤 관계도, 동일성도 필연적이거나 충분하게 구성될 수 없다. 단지 접합의 실천을 통해서 구성되는 부분적인 의미의 고정점(fixation)이나 "누빔점(nodal points)"만이 있을 수 있다.40 주체의 위치도 담론 내부에서 구성되기 때문에 결코 총체적으로 고정될 수 없고, 더구나 고정된 관계들을 가질 수도 없다. 따

38. E. Laclau and C. Mouffe, *Hegenmony and Socialist Strategy*(London: Verso, 1985), p. 107. [김성기 외 옮김, 『사회변혁과 헤게모니』, 터, 1990.]
39. Ibid., p. 109.
40. Ibid., pp. 112-115.

라서 접합적인 실천은 본래 우연적이며 결코 그 어떤 필연적인 "접합의 주체"도 갖고 있지 않다. 헤게모니적인 접합 과정이 발생되기 위해서는 단지 "적대적인 세력들이 현존하고 있고 그러한 세력들을 분할하는 영역들이 불안정하다."는 사실만으로도 충분하다.[41] 맑스는 현존하는 적대적인 세력들을 계급투쟁으로 환원하는 잘못을 저질렀다. 이와 달리, "계급 대립은 사회체 전체를 두 개의 적대적인 진영으로 분리할 수도 없고, 계급 대립 자체를 **자동적으로** 정치적 영역에서의 경계선으로 환원할 수도 없다."[42] 라클라우와 무페에게는 어떤 특권화된 파열점(points of rupture)도, 어떤 특권화된 주체 또는 특권화된 투쟁도 없다. 바로 다원성과 비결정성이 그들의 슬로건이다.

맑스주의는 과정과 주체라는 두 가지 관점에서 볼 때 본질주의의 한 형태이다. 과정이라는 관점에서 볼 때, 맑스주의는 토대와 상부구조 사이에 확고한 구별을 도입하고 상부구조를 경제적 토대의 "표현(expression)"으로 간주함으로써 차이를 동일성으로 환원한다. 또한 주체라는 관점에서 볼 때, 맑스주의는 노동 계급에게 특권화된 지위, 즉 "특권화된 이해관계와 입장들을 둘러싸고 구성되는 하나의 본질적인 동일성"[43]을 갖는 지위를 부여한다. 이러한 본질주의에 반대하면서 라클라우와 무페는 "차이의 비환원적인 성격"과 모든 주체의 "불확실한 동일성"을 인정해야만 한다고 주장한다.

---

41. Ibid., p. 136.
42. Ibid., p. 151.
43. E. Laclau, '"Socialism", the "People", "Democracy": the Transformation of Hegemony Logic', *Social Text*, 7 (1983), p. 116.

정치는 이러한 차이들이 접합되는 과정이자 새로운 주체가 구성되는 과정으로 인식해야 한다는 것이다.

선진 산업사회에서 점차 증가하는 복잡성과 차별화 전략이 새로운 형태의 적대를 촉진하면서 그에 따라 다양한 사회 운동, 예를 들어 페미니즘, 반핵, 반인종주의, 생태 운동들은 다원성을 정면에 내세우면서 종속적인 관계들에 문제를 제기한다. 라클라우와 무페에 따르면, 이러한 사회 운동은 전후(戰後)의 헤게모니 형성체를 위협하는 심도 깊은 "민주주의 혁명"의 한 계기를 구성한다. 하지만 이것은 이들의 새로운 투쟁들이 반드시 진보적이며 좌파적이라는 것을 의미하지는 않는다. 페미니즘과 생태주의, 반인종주의, 또는 그 이외의 다른 사회 운동들도 적대가 담론적으로 구성되는 방식에 따라 반동적이거나 사회주의적일 수도 있고, 자유주의적이거나 권위주의적일 수도 있다. 레이건과 대처는 복지국가 철회와 노동조합 약화라는 근본적으로 비평등적인 자신들의 기획을 국가 관료주의에 대항하는 이러한 몇 가지 민주주의적인 저항 형태들과 접합해내는 데 성공했기 때문에 대중적 지지를 얻어낼 수 있었다.

그래서 라클라우와 무페는, 좌파의 임무란 서로 다른 여러 정치적 담론 속에서 나타나는 동일한 형태의 민주주의적 저항을 단지 보다 더 평등적이고 보다 더 완전하게 발전된 민주주의를 실현하는 방향으로 접합해내는 것이어야 한다고 주장한다. 좌파는 사회 변혁과 민주화에 어떤 특권화된 행위자를 선험적으로 설정하려는 유혹을 포기해야 한다. 노동 계급의 투쟁을 포함해, 모든 투쟁은 일면적인(partial) 것이며 자신과 대립되는 정치적 담론들에 접합될 수 있고, 그 결과 현존하는 지배 질서에 의해 재통합될 수도 있다. 그 어떤 투쟁에도 본질적인 주체란 없으며, 필연성도, 성공을 보증해주는 것도 없다. 물론 사회주의는 급진적이며 다원적인 민주주의를 위한 투쟁에서 중요한 차원이지만, 결코 유일하고 가장 중요한 차원이라고 할 수는 없다. 사회주의가 불평등한 생산관계를 파괴할 수 있다고 해서, 그것이 다른 불평등한 관계들도 다 고칠 수 있다고 생각할 수는 없다. 이제 사회주의는 더 이상 보편적인 담론으로 받아들여져서는 안 된다.

라클라우의 초기 접근 방식은 환원주의와 경제주의에 대한 철저한 비판과 계급 분석을 조합해낼 수 있다는 점, 또한 접합이라는 새로운 결정 개념을 제시하면서 결정론을 폐기할 수 있다는 장점이 있다. 하지만 그 이후에 라클라우와 무페는 보다 더 나은 결정 개념을 찾으려는 노력은 포기한 채, 조야한 환원주의와 결정론의 대안이 될 수 있는 것은 오로지 완전한 비결정성과 우연성이라고 생각하는 것 같다. 담론 외부에서 기입될 수 있는 주체도 없으며, 담론 외부에서는 그 어떤 고정화된 정체성, 본질적인 이해관계, 결정적인 조건, 필연적인 모순과 투쟁, 필연적인 관계도 있을 수 없다. 사회에서 일어나는 모든 것들은 담론에 의해서 구성되며, 한 담론에서는 단지 일면적이며 일시적으로 고정된 의미만을 지니기 때문에 극히 다양하고 우연적이다. 메익신즈 우드(E. Meiksins Wood)의 주장에 따르면, 이러한 입장은 "사회적 실재를 담론으로 해소해버릴 뿐 아니라 **역사**와 역사적 과정의 논리를 부정하는 것,"[44] 앤더슨(P. Anderson)의 말대로 **"역사를 무작위화하는 것**(randomization of history)"45이다.

실제로 라클라우와 무페는 담론 외부의 물질적 조건들이 갖고 있는 필연적인 한계 효과를 부정하기 때문에, 단지 기계적이고 단선적인 역사만을 거부하는 것이 아니라 역사의 의미를 이해할 수 있는 가능성마저 포기해버린다. 만일 담론 자체가 담론 외부에 의해 결정되는 것이 아니라면, 언제든지 역사에서는 그 무슨 일이든 제한 없이 생겨날 수 있다. 어떤 일이 발생한다는 것은 순전히 담론적인 우연성의 결과이며, 따라서 역사가 진행되는 방향 속에서 그 어떤 의미를 찾는다는 것도 있을 수 없다. 라클라우와 무페는 역사를 마치 신의 섭리처럼 초월적인 이성에 의해 완전히 미리 정해져 있는 과정으로 생각하는 개념만을 폐기하는 것이 아니라, 더 나아가 역사에서 어떤 합리성을 발견하려는 가능성 자체도 배제해버린다. 물론 역사가 초월적인 논리에 의해 미리 합리적으로 결정되어 있는 것은 아니라는 점에는 동의할 수 있다. 하지만 라클라우와 무페는 역사가 어떤 특정한 물질적 조건이라는 한계 내에서 인간이라는 존재에 의해 만들어질 때는 합리적인 것이 될 수도 있다는 사실을 보지 못하고 있다. 역사에는 절대적인 필연성이 있을 수 없지만, 그렇다고 결코 절대적인 우연성만이 존재하는 것도 아니다. 비대응성(noncorrespondence)과 이질성(heterogeneity)이라는 담론의 논리를 급진화하는 것은 결국 맑스주의로부터 완전히 벗어나

---

44. Meiksins Wood, *The Retreat from Class*, p. 62.
45. P. Anderson, *In the Tracks of Historical Materialism*(London: Verso, 1983), p. 48. [김필호 외 옮김, 『역사유물론의 궤적』, 새길, 1994.]

는 것일 뿐 아니라, 사회와 역사를 합리적으로 이해할 수 있는 가능성마저 포기해버리는 것이다.

라클라우와 무페는 복잡성과 차이를 강조하려 하지만, 그럼에도 그들의 논의는 지나치게 추상적이고 형식적이어서 결국에는 사회를 다양한 형태의 권력들과 권력에 대한 저항 사이에서 발생하는 불확정적인 적대들이 결합되어 있는 것으로 환원하고 만다. 그러나 그들 또한 각각의 상황 속에서 권력에 저항하는 특수한 투쟁들이 출현하는 이유를 설명하려 하기 때문에, 그들 자신이 대문 앞에서 쫓아낸 계급 조건들과 담론 외부에서 기입되는 주체들을 은근슬쩍 뒷문으로 다시 도입할 수밖에 없다. 다시 말해, 그들 역시 모든 형태의 본질주의를 피해나가는 것은 어렵다는 사실을 잘 알고 있다. 결국 그들 저작의 마지막 부분에서는 계급도 아니고 당도 아닌 "좌파"라는 또 하나의 특권적인 주체가 다시 등장한다. 그리고 그러한 좌파라는 주체의 임무는 급진적인 민주주의 또는 사회주의를 건설하기 위해 자유 민주주의 이데올로기를 확대시키는 일에 종사하는 것으로 설정된다. 하지만 나에게는 그 "좌파"라는 것이 변혁의 주체를 대신하기에는 너무 빈약하게 여겨진다. 그리고 내가 아는 한, "좌파"는 엄밀히 말해 그 어떤 식으로도 담론에 의해서 구성될 수 있는 것이 아니다. 실제로, 마치 "좌파"는 자신들의 이데올로기를 자유롭게 선택할 수 있는 담론 외적인 주체라는 듯이 라클라우와 무페가 "좌파의 임무"는 "자유 민주주의 이데올로기를 포기하는"[46]

---

46. Laclau and Mouffe, *Hegemony and Socialist Strategy*, p. 176.

것이 아니라고 말할 때, 도대체 그것이 어떻게 가능한 것인지 상당히 의아한 일이다.

라클라우와 무페가 보기에, 다양한 사회적 적대들은 오로지 하나의 특수한 담론이라는 모양새를 취해야만 정치적 투쟁으로 변형될 수 있다.

우리들의 테제는 다음과 같은 것이다. 오직 민주주의 담론이 종속관계에 대한 다양한 형태의 저항을 접합할 수 있게 되는 그러한 시기에만 여러 형태의 불평등에 대항하는 투쟁을 가능하게 하는 조건들이 무르익게 될 것이다 …… 하지만 이러한 방식으로 작동되기 위해서는 가장 먼저 자유와 평등이라는 민주주의의 원칙 자체가 새로운 사회적 상상의 기반(matrix)으로 부과되어야 한다. …… 이러한 서구 사회의 정치적 상상 속에서 결정적인 변종이 발생한 것은 200년 전의 일이며, …… 이것을 우리는 '민주주의 혁명'이라고 부른다. 이러한 혁명은 사회 질서의 기반을 신성한 의지를 통해 확립하려는 신학적-정치적(神政) 논리에 의해 지배당하던 위계적이고 불평등한 형태의 사회가 종식되었음을 표시해 주는 것이다. …… 그리고 이러한 민주주의 혁명의 시초를 알리는 관문이 된 시기가 바로 프랑스 대혁명이다.[47]

"민주주의 혁명"에 대한 이러한 서술과 자본주의의 출현 및 봉건제에 대항했던 진보적인 부르주아들의 투쟁이 시기적으로 모두

---

47. Ibid., pp. 154-155.

200년 전의 일이라는 사실이 단지 우연한 일치에 불과한 것은 아니다. 급진적인 차이의 논리를 강조했던 푸코가 결국에는 성(性)과 수용소 및 감옥에서 핵심적인 변화가 발생했던 시기와 자본주의의 출현 시기가 일치한다는 점을 암암리에 인정했듯이, 이처럼 사회적 상상의 기반이 변화한 것에 주목해 민주주의 담론을 새롭게 분석하는 입장도 마찬가지로 새로운 계급과 새로운 생산양식의 출현이 은연중에 일치하고 있다는 점을 감출 수는 없을 것이다. 이러한 새로운 민주주의 담론은 처음 발생할 당시의 한계에도 불구하고 자기 발생이라는 신비로운 과정을 통해 느닷없이 마술처럼 등장한 것이 아니다. 그러한 담론을 세상에 내놓은 것은 당시 성장하고 있던 부르주아들이었다. 마치 노동 계급의 출현과 사회주의의 등장이 시기적으로 일치하는 것처럼, 당시 성장하고 있던 부르주아들의 투쟁과 민주주의 담론은 역사적으로 밀접하게 연관되어 있는 것 같다. 물론 이러한 사실이 사회주의가 노동 계급만의 유일한 자산이라고 말할 수 없듯이, 민주주의 담론도 부르주아들만의 전유물에 불과하다는 것을 의미하는 것은 아니다. 하지만 민주주의 담론과 부르주아들의 출현이 역사적으로 밀접하게 대응하고 있다는 점을 보지 못하는 것도 역시 똑같은 잘못을 저지르는 일이다.

라클라우와 무페는 사회주의적인 정치적 실천을 촉발시킬 수 있는 특권적인 지점은 존재하지 않는다고 주장한다. 그렇지만 이 경우에도 그들은 결코 자신들의 사회주의에 대한 관심을 정당화하지 않을 뿐 아니라, 내가 보기에 그들 이론의 필연적인 결론인 다음과 같은 사실, 즉 어떤 구조적인 원인이 없으면 사람들이 사회주의를 바랄 이유가 없다는 사실도 받아들이지 않는다. 왜 여성과 동성애자, 인종적 소수자들 같은 억압받는 사회구성원들이 사회주의적인 정치적 실천을 원해야 하는가? 결국 라클라우는 사회주의와 급진적 민주주의를 동일한 것으로 취급해버리고 만다. 하지만 내가 보기에 이처럼 사회주의와 급진적 민주주의를 동일시하는 것은 사회주의만의 독특한 모든 것을 잃게 만들 뿐 아니라, 각 투쟁 영역의 자율성도 부정해버리는 것이다. 라클라우는 양다리를 걸치려 한다. 그는 한편으로는 "반성차별주의(anti-sexism)와 반사본주의 사이에 필연적인 연결점이란 없으며", "이 둘 사이의 통일이란 단지 헤게모니적 접합의 결과일 뿐"이라고 명확하게 단언한다. 하지만 몇 줄 아래에 가서는 다른 방식으로 "물론 급진적 민주주의의 모든 기획은 필연적으로 자본주의 생산관계들을 끝장내려 한다는 점에 있어서는 사회주의적인 차원을 함축한다."[48]고 얼버무리고 있다. 하지만 우리는 이 대목에서 의아해 할 수밖에 없다. 도대체 왜 사회주의적인 차원에 관심을 가져야 하는지, 또 실제로 어떤 사람들이 사회주의적 차원에 관심을 가지려 하는지. 결국 라클라우와 무페는 마치 페미니즘과 여성, 반인종주의와 흑인 같은 것들 사이에 필연적인 연관 관계가 있듯이, 사회주의와 노동 계급 사이에도 순전히 우연적인 관계 이상의 그 무엇이 있다는 점을 깨닫지 못하고 있다.

라클라우와 무페는 단지 담론에 절대적인 자율성을 부여하는 것

---

48. Ibid., p. 178.

만이 아니라 사회와 정치 생활에서 담론이 지닌 핵심적 역할도 필연적으로 인정할 수밖에 없다. 하지만 주체들과 관계들을 구성해 내는 담론들 자체가 분명 서로 공약 불가능하고, 우연적이며 변화무쌍한 것이기 때문에, 이들도 결국에는 필연적으로 완전한 상대주의와 비결정성이라는 결론에 도달하게 되는 것 같다. 물론 환원주의와 본질주의를 반박하면서 복잡성과 차이를 강조하는 것은 가치 있는 일이다. 그렇지만 이들의 이론은 완전한 우연성과 비결정성, 무질서 이외에는 어떤 다른 대안도 찾을 수 없을 것 같다. 결국 포스트구조주의는 주체에 대한 구조주의자들의 공격을 구조 그 자체에 대한 공격으로까지 바꾸어 놓았다. 포스트구조주의는 사회를 다양한 형태의 권력과 그 권력에 대한 저항 사이를 떠다니는 적대들의 무질서한 배열로 환원시키기 때문에, 사회과학에 끼친 손해도 만만치 않다. 그들의 입장은 이러한 적대들을 이들처럼 담론 속에 밀폐된 실재로 다루는 것이 아니라, 그것을 넘어서서 어떤 다른 것에 호소해 합리적으로 설명할 수 있는 모든 가능성 자체를 포기하게 만든다. 그래서 이들의 문제점은 다양한 제도적 환경들을 조사하고 그러한 환경이 가져온 독특한 권력 기술들을 탐구하려는 데 있는 것이 아니다. 이것은 오히려 나름대로 가치 있는 목표 지점이 될 수도 있다. 하지만 중요한 문제점은 바로 그러한 것들을 결국에는 어쩔 수 없이 국가와 계급 체계로부터 완전히 분리해서 탐구하려 한다는 데 있다.

포스트모더니즘

　나는 포스트모더니즘을 특수한 관점에서 분석할 생각이다. 즉, 이데올로기 개념과 관련해서 포스트모더니즘이 보여주는 복잡하고 모호한 관계에 주목할 것이다. 이러한 관점이 완전히 자의적인 것은 아니다. 왜냐하면 모더니티를 가장 잘 대표해 주는 이론들이 중심으로 삼았던 논의가 바로 이데올로기 비판이었다고 말할 수 있기 때문이다. 그래서 포스트모더니즘이 모더니티를 특징지어주는 계몽주의의 이성 개념과 진리 개념을 총체적으로 공격하기 위해 노골적으로 이데올로기 개념을 문제 삼고 있다는 것은 당연한 일이다. 하지만 워낙 포스트모더니즘이 무엇인지에 대해 명확하고 간단한 답을 내리기 어렵기 때문에, 이데올로기에 대한 포스트모더니즘의 공격을 분석하기 전에 먼저 내가 포스트모더니즘을 무엇이라고 이해하고 있는지 간단하게 밝혀 둘 필요가 있다.

　한편으로 포스트모더니즘은 새로운 미학적·예술적 형식들의 발전과 관련되어 있지만, 동시에 푸코와 데리다(J. Derrida)의 포스트구조주의에 의해 발전된 몇 가지 실질적인 주제들과도 연관되어 있다. 즉, 담론을 사회적인 삶의 중심적인 심급으로 강조하며, 모든 형태의 본질주의와 환원주의를 불신한다는 점, 그리고 주체의 자율성과 절대적 진리에 대해서도 회의적이라는 점이 바로 가장 가까운 포스트구조주의로부터 물려받은 주제들이다. 이에 비해, 더 거슬러 올라가면 쇼펜하우어와 니체의 철학으로부터 염세주의와 상대주의도 물려받았다고 할 수 있다. 다른 한편, 포스트모더니즘은 예술과 건축에 있어서의 새로운 표현 양식이나 사회를 분석하는 새로운 철학적 원리를 넘어서는 하나의 문화 현상이다. 하비(D. Harvey)가 적절하게 지적했듯이, 포스트모더니즘은 모던적인 감정이 완전히 허물어진 이 세계 속에서 특별한 방식으로 경험하고 이해하며 살아가게 하는 "하나의 새로운 정서(feeling) 구조이자 정서 양식"[49]이다.

이러한 관점에서 보면, 포스트모더니즘이란 대략 1972년 무렵부터 시작된 문화적인 변화를 가리키는데, 이 시기는 자본주의가 발전하는 과정에서 나타난 몇 가지 경제적이고 정치적인 변화들과 연관되어 있으며, 새로운 방식의 시공간 경험에 의해 조정되던 기간이다. 포스트모더니즘은 모더니티에 대한 일종의 반작용을 의미한다. 모더니티가 직선적인 진보, 기술, 실증적인 과학, 이성을 강조한다면, 포스트모더니즘은 비결정성, 파편성, 이질성, 차이를 특권화한다.[50] 포스트모더니즘은 절대적 진리뿐 아니라 보편적으로 적용될 수 있는 메타-서사(meta-narrative)나 총체적인 담론도 신뢰하지 않으며, 특히 인간 해방을 제안하는 거대 담론 역시 거부한다. 포스트모더니즘이 보기에 세계는 총체적인 형태로 정합적으로 제시될 수 없으며, 게다가 역사적 발전이라는 것도 보편적인 의미를 가질 수 없다. 따라서 개인들은 그 자체로 파편화되어 있고 중심점도 없으며, 때를 맞춰 스스로를 기획해낼 수도 없다. 만일 역사가 아

---

49. D. Harvey, *The Condition of Postmodernity*(Oxford: Blackwell, 1989), p. 53. [구동회 외 옮김, 『포스트모더니티의 조건』, 한울, 2005.]
50. Ibid., p. 9.

무런 의미도 없는 것이라면, 개인들에게 미래란 것도 아무런 의미가 없다.

푸코의 사상은 포스트모더니즘의 발전에서 분명 중요한 의미를 갖는다. 푸코가 끼친 영향은 리요타르와 보드리야르의 저작 속에서 다양한 방식과 형태로 확인해 볼 수 있다. 포스트모더니즘이 하나의 개별 담론에는 적합하지 않은 진리에 도달하려는 우리의 노력을 문제 삼고 근본적인 사회적 관계와 사회적 모순이 존재한다는 사실을 의심하고 있듯이, 이데올로기 비판에 함축되어 있는 인식론적 판단 역시 불가능하게 된다. 그럼에도 불구하고 리요타르와 보드리야르의 초기 저작을 살펴보면 푸코와 마찬가지로 맑스주의와 매우 밀접한 입장에서 출발했고, 알튀세르의 사상으로부터 많은 영향을 받았다. 이러한 이유에서 그들은 처음부터 비판적인 이데올로기 개념을 거부하지는 않으며, 오히려 그들이 지적으로 성숙된 이후에야 비로소 의식적으로 이데올로기 개념을 버리게 된다.

이데올로기에서 전체주의적 메타-서사로 : 리요타르

리요타르는 사실 초기 저작들 중 하나에서 후설(E. Husserl)이 관념론도 유물론도 아닌 제3의 길을 찾으려 하며, 바로 그러한 모호한 태도를 통해 철학에 위기를 가져온 주된 원인인 1914년의 제국주의의 위기를 은폐시키려 한다고 비난하고 있다. 리요타르는 "현상학의 무역사성(ahistoricity)과 직관주의(intuitionism), 근본적인 지향성, 현상주의가 위기의 진정한 의미를 은폐시키고, 도출될 수밖에 없는 불가피한 결론들을 회피하기 위해 너무 많은 이데올로기적인 요인들을 만들어냈다."[51]는 이유에서 현상학을 비판한다. 리요타르는 그 후 1964년 소르본 대학에서 열린 시리즈 강연의 마지막 연설에서 철학과 행위에 대해 논의하면서 여전히 맑스의 이데올로기 개념을 활용하고 있다. 그는 철학은 그 내용이 거짓되기 때문이 아니라, 자신이 재현하는 바로 그 실재와의 관계를 끊어버리려 하기 때문에 이데올로기이자 하나의 거짓된 입장이라고 본다.[52] 리요타르는 맑스의 이데올로기 개념과 프로이트의 입장이 매우 유사하다고 보고, 다음과 같이 결론 내린다. "이데올로기에 나름의 진실이 있다는 점은 분명하다. 그 개념은 당시 제출된 실제적인 문제틀에 상응한다. 하지만 이데올로기의 허위성은 실제 그 사람들의 문제들을 알려주고 제시해주는 방식인 바로 그 문제틀에 대한 해답이 실재 세계를 벗어나 있고, 결국에는 해결될 수 없다는 점에 있다."[53] 리요타르는 『충동 장치Les Dispositifs Pulsionnels』(1973)에서도 여전히 "이데올로기적 스크린"[54]이나 "역사주의적이고 변증법적인 이데올로기"[55]에 대해 언급한다. 하지만 그는 이제

51. J.-F. Lyotard, *La Fenomenología*('Phenomenology')(Buenos Aires: EUDEBA, 1973), p. 56. (my translation). [김연숙 외 옮김, 『현상학이란 무엇인가』, 까치, 1988.]
52. J.-F. Lyotard, *¿Pour qué filosofar?*('Why Philosophy?')(Barcelona: Paidós, 1989), p. 148.
53. Ibid., p. 150. (my translation).
54. J.-F. Lyotard, *Les Dispositifs pulsionnels*(Paris: Chritian Bourgeois, 1980), p. 40. (my translations throughout).
55. Ibid., p. 144.

이데올로기 개념으로부터 벗어나기 시작한다. 그는 영화의 사회적인 효과를 분석하면서 다음과 같이 단언한다. "이 문제에 대해 영화 작품과 필름은 대중들을 우둔하게 **만들기 위해** 이데올로기를 주입함으로써 대중들의 의식에 영향을 준다는 식으로, 단순하게 영화는 산업이고 상부구조로 기능한다고 대답하는 것이 얼마나 초라한 일인지 분명히 하자."56

리요타르는 사상적으로 두 번째 시기에 이르러 맑스를 비판하면서 이데올로기 개념을 버리려 한다. 그가 맞닥뜨리게 된 첫 번째 문제는 스스로 모순에 빠지지 않기 위해서는 맑스를 비판하거나, 맑스의 사상도 판단을 필요로 하는 하나의 이론 주제였다는 듯이 그의 저작들을 읽어나가는 것이 중요한 요점이라는 사실을 부인해야 한다는 것이었다. 그래서 리요타르는 다음과 같이 주장한다.

맑스도 감정이 풍부한 저자이자 하나의 저술가였고, 그의 텍스트도 이론이 아니라 열정으로 가득 차 있다는 듯이 …… 고려할 필요가 있다. 맑스를 비판할 필요는 없다. 심지어 우리가 그를 비판할 때조차도 이것이 하나의 비판은 아니라는 사실을 잘 알고 있다. 다시 말해, 비판되는 대상의 영역과 편집증적이고 독단적인 지식 관계의 내부에 머물러 있어야 하기에, 결국 비판이란 하나의 농담에 불과하다고들 이야기하기 때문이다.57

---

56. Ibid., p. 55.
57. J.-F. Lyotard, Économie libidinale(Paris: Editions de Minuit, 1974), p. 117. (my translations throughout).

리요타르는 맑스의 텍스트를 마치 욕망과 리비도적 가치 (libidinal value)가 요동치는 예술 작품처럼 고려하려 애를 쓴다. 그 래서 그는 "(텍스트 속의) 기호들(signs)은 따라서 …… 강렬함의 기호로, 사용가치나 교환가치가 아니라 욕망이 요동치는 리비도 적 가치로 다루어질 수 있다."[58]라고 하거나, "돈 또는 더 일반적 으로 말해 자본의 체계 안에 있는 모든 대상들은 하나의 상품이 기 때문에 …… 단지 교환할 수 있는 가치인 것만이 아니라 …… 오히려 리비도적 강렬함의 대가로 치러야 하는 비용이며 …… 자 본의 체계는 보다 우선성을 갖는 것처럼 가정되는 사용가치를 감 추는 장소가 아니다."[59]

심지어 리요타르는 맑스를 하나의 이론을 통해 비판하고 있는 보드리야르도 공격한다. "이 형제의 접근 방식은 얼마나 비판과 이론에 저당 잡혀 좌우되고 있는가. 물론 비판은 제국주의와, 이 론은 인종차별주의와 마찬가지라는 그 모든 입장에는 동의한다. 하지만 그의 분노가 아무리 아름답고 신성한 것일지라도, 그러한 입장은 여전히 진리를 마음속에 그리고 있다."[60] 우리는 진리를 참 조하라는 협박에 굴복해서는 안 된다. 그래서 리요타르는 가설적 인 이론상의 모순을 제시하면서 다음과 같이 말한다. "당신들은 진리에 관해 아무것도 알지 못하며 또 결코 알게 될 수도 없을 것 이다. 우리는 진리가 편집증과 권력의 무기이자 …… 테러의 귀환

58. Ibid., p. 102.
59. Ibid., p. 101.
60. Ibid., p. 128.

이라는 것을 잘 알고 있다. 그러니 우리, 진리라는 백색의 테러 (white terror)에 대항해 투쟁하도록 하자."[61] 더 최근의 저작들 속에 서도 이와 동일한 생각들이 다양한 형태로 표현되고 있다. 리요타 르는 "이성은 존재하지 않으며 오로지 이성들(reasons)만이 있을 뿐"이라거나, 이와 유사하게 사회란 언어게임(language games)의 연 속이며, 각각의 언어게임은 자신의 고유한 규칙들과 진리 판단의 기준을 갖고 있기에, 각각의 언어게임은 나머지 언어게임들과 공 약 불가능하다고 주장한다.[62] 따라서 사회에는 통일성과 총체성이 없다. 그리고 어떤 게임도 특권적인 위치를 점할 수 없다. 어떤 게 임이 다른 게임보다 더 참되고 우월한 체하는 일은 거부되어야 한 다. "거대 서사(grand narrative)는 신뢰를 상실"했거나 "해체되고 있 다." "대부분의 사람들은 잃어버린 이야기에 대한 향수를 상실해버 렸다." "사회적 주체마저도 이러한 언어게임들이 널리 퍼지면서 해 체되고 있는 것처럼 보인다."[63] "역사의 주체라는 것도 없다."[64]

이러한 생각에 따르면, 사회적 모순들이 무엇이고 또 그러한 모 순들이 실제로 어떻게 해결될 수 있는지를 잘 알고 있는 것처럼 행세하는 비판적인 이데올로기 개념도 다른 메타-서사들과 마찬

61. Ibid., p. 287.
62. W. van Reijen and D. Veerman, 'An Interview with Jean-François Lyo- tard', Theory, Culture and Society, 5, 2-3 (1988), p. 278.
63. J.-F. Lyotard, The Postmodern Condition: A Report on Knowledge (Manchester: Manchester University Press, 1984), pp. 37, 15 and 40. [유정완 외 옮김, 『포스트모던의 조건』, 민음사, 1995.]
64. J.-F. Lyotard and J.-L. Thébaud, Just Gaming(Manchester: Manchester University Press, 1985), p. 10.

가지로 전체주의적인 특성을 공유하고 있다. 그리고 메타-서사들은 극단적인 단순화일 뿐 아니라, 또한 차이들에 대한 억압을 정당화한다는 점에서 "테러적인" 것이다. 언어게임의 다원성이 존중되어야 한다. 다시 말해, 한 언어게임에 기대서 다른 언어게임을 규제하려는 모든 시도는 테러이다.[65] 이러한 까닭에 리요타르는 다음과 같이 강력하게 항의한다. "총체성에 대항해서 전쟁을 수행하자. 우리는 전체(the whole)와 일자(the one)에 대한 향수 때문에 이미 충분히 값비싼 대가를 지불했다."[66] 따라서 리요타르는 바로 이러한 이유 때문에 해방에 관한 맑스주의와 프로이트의 메타-서사들에 관해 비판적이며, "은폐된 것을 폭로하려는" 맑스와 프로이트의 시도들을 신뢰하지 않는다. 리처드 로티(Richard Rorty)가 적절하게 지적했듯이, 리요타르도 다른 프랑스 사상가들과 마찬가지로 "맑스와 프로이트에 대한 회의(suspicion)로부터, 다시 말해 회의의 대가들에 대한 회의로부터, 즉 '은폐된 것을 폭로하는 작업'에 대한 회의"[67]로부터 출발한다.

이데올로기에서 하이퍼리얼리티로 : 보드리야르

보드리야르의 이데올로기에 관한 생각들 역시 시간이 경과됨에

---

65. Ibid., p. 98.
66. Lyotard, *The Postmodern Condition*, p. 82.
67. R. Rorty, 'Habermas and Lyotard on Postmodernity', in R. J. Berstein (ed.), *Habermas and Modernity*(Cambridge: Polity Press, 1985), p. 161.

따라 발전해가는 모습을 보인다. 보드리야르는 첫 번째 시기에 해당하는 1970년까지 어느 정도 맑스의 비판적인 의미를 유지한 채 이데올로기 개념을 사용한다. 예를 들어, 보드리야르는 개인적인 성취라는 이데올로기가 "초자아(superego)를 실현시키려는 끔찍한 노력에 불과할 뿐" 아니라, "죄책감에서 깨끗하게 벗어났다고 의기양양해진 충동이 보여주는 부조리함"이라고 비판한다.68 또한 그는 소비 이데올로기를 비판하면서 다음과 같이 단언한다. "독립적인 소비자란 소비에 관한 **이데올로기적 담론**에 의해 조심스럽게 유지되는 환영일 뿐이며", "소비 이데올로기는 우리들이 새로운 시대로, 즉 생산의 시대를 대신하게 될 소비의 시대로 접어들고 있다고 믿게 하려 한다."69 하지만 이러한 이야기는 사실이 아니라고 말하면서, 보드리야르는 다음과 같이 주장한다. "생산과 소비는 **생산력과 생산력 통제의 확대 재생산이라는 측면에서 보면 전체적으로 하나이고 논리적으로 동일한 과정**이다. 이러한 정언명령, 즉 그러한 체계에 속해야 한다는 명령은 정신세계와 윤리 그리고 일상의 이데올로기에 역전된(inverted) 형식을 도입한다. 다시 말해, 욕구로부터의 해방, 개인적인 성공, 쾌락과 풍요 같은 형식을 도입하는 것이 바로 이 명령의 궁극적인 계략이다."70

『기호에 관한 정치경제학 비판을 위하여*For a Critique of the Political*

---

68. J. Baudrillard, *The System of Objects*, in *Selected Writings*, ed. M. Poster (Cambridge: Polity Press, 1988). p. 18. [배영달 옮김, 『사물의 체계』, 백의, 1999.]
69. J. Baudrillard, *Consumer Society*, in *Selected Writings*, p. 46. [이상률 옮김, 『소비의 사회』, 문예출판사, 1992.]
70. Ibid., p. 50.

Economy of the Sign』(1972)와 더불어 두 번째 시기가 시작되는데, 이 곳에서도 알튀세르와 바르트(R. Barthes)의 구조주의에 영향을 받아 비판적인 이데올로기 개념이 여전히 유지되고 있긴 하지만, 동시에 맑스의 이데올로기 이론에 대한 비판도 시도되고 있다. 우선 보드리야르는 맑스의 접근 방식 속에서 사용가치가 갖는 지위에 대해 비판하기 시작한다. 맑스와 달리, 그는 사회란 기표들(signifiers), 다시 말해 교환가치들이 기의들(signified), 즉 사용가치들 위에 군림하고 있는 체계로서 이해되어야 한다고 주장한다. 다시 말해, "사용가치와 욕구란 단지 교환가치의 한 효과일 뿐이다. 기의, 즉 기호의 지시체(referent)도 단지 기표의 한 효과일 뿐이다."[71] 보드리야르는 사용가치에 우선성을 두고 있는 맑스의 생각에 이의를 제기한다. 즉, 욕구도 사용가치도 결코 자립적인 실재 물들(realities)은 아니며, "실제로 그것들은 단지 교환가치와 기표들의 상호작용에 의해 생산되는 시뮬레이션 모델에 불과할 뿐이다."[72] 이런 이유 때문에, "체계에 의해서 직접 이상적 지시관계(reference)로 생산되는 것 말고는 어떤 실재도 없고 실재의 원리도 없으며 …… 사용가치와 기의는 다른 두 체계(교환가치와 기표)와 관련해 볼 때 어떤 다른 장소도 구성해내지 못한다. 다시 말해, 사용가치와 기의는 오로지 교환가치와 기표의 알리바이에 불과할 뿐이며 …… 사용가치 체계도 그 자신의 이데올로기인 교환가치

---

71. J. Baudrillard, *For a Critique of the Political Economy of the Sign*, in *Selected Writings*, p. 70. [이규현 옮김, 『기호의 정치경제학 비판』, 문학과지성사, 1992.]
72. Ibid.

체계에 의해 생산된다."73 간단히 말해, 맑스는 은폐되어 있던 교환가치의 물신성(fetishism)을 폭로할 수 있었지만, 그럼에도 사용가치를 인류에게 자명하고 자연스러운 것으로 간주했기 때문에 사용가치의 물신성 속에 한층 더 깊은 비밀이 놓여 있다는 사실을 알아채지는 못했다는 것이다.

이처럼 사용가치를 부차적인 것으로 여기고, 기표들이, 다시 말해 교환가치가 우위를 갖는 것으로 보는 논의는 결국 이데올로기 현상도 전치되었다고 결론 내리게 된다. 보드리야르 자신이 "이데올로기는 더 이상 물질적인 생산(즉, 생산관계의 체계)과 기호의 생산(즉, 문화 등등의)이라는 하부/상부구조적인 관계, 즉 '토대'의 모순을 표현하면서도 은폐하는 그러한 관계에 의해서는 이해될 수 없다."74고 말할 때, 비로소 맑스에게 이데올로기가 무엇이었는지를 보다 잘 이해할 수 있었다고 지적한다. 맑스의 이데올로기 이론이 지닌 약점은 "기의의 수준에서만 이데올로기적인 기능을 이해할 뿐, 문화와 기호들의 '이데올로기적' 기능을" 파악할 수 없었다는 데 있다. 결국 이것은 경제적인 것과 이데올로기적인 것을 인위적으로 분리하면서 생긴 결과이며, 오히려 이데올로기는 사실상 "기호들의 생산과 물질적 생산 양쪽 모두를 가로지르는"75 형식이다. 그래서 맑스의 이데올로기 비판은 "자신의 비판 대상(즉, 이데올로기)이 지니고 있던 매혹적인 생각까지도 다 먹어치워 버리고

---

73. Ibid., p. 71.
74. Ibid., p. 76.
75. Ibid.

말았다. 다시 말해, 이데올로기를 형식으로 해명하지 못하고, 단지 내용으로만 해명할 뿐이다."[76]

보드리야르는 맑스주의 이론의 핵심 속에서 가정되고 있는 주체와 객체, 하부구조와 상부구조, 착취와 소외라는 전통적인 이분법에 반대한다. "따라서 이데올로기는 이처럼 둘로 쪼개진 것 어느 한쪽에도 제대로 자리매김할 수 없다. 오히려 이데올로기는 모든 사회적 생산의 영역들을 가로지르는 하나이고 유일한 형식이다. 이데올로기는 물질적이든 상징적이든 간에 모든 생산을 추상과 환원, 보편적인 등가, 착취라는 동일한 과정으로 사로잡는다."[77] 이런 이유에서 보드리야르는 외연(denotation)과 내포(connotation)에 대한 구분을 주제로 한 『S/Z』에서 바르트가 보여준 방향 전환에 동의를 표한다. 바르트는 이 책에서 자신이 초기에 제시했던 두 용어들에 대한 배타적인 구분을 포기하고,[78] 다음과 같이 주장한다. "외연이란 의미들 중 가장 첫 번째 것이 아니라, 오히려 그렇게 가장될 뿐이다. 결국 이러한 환상 아래에서는 외연이란 오로지 내포들 중에서 **가장 마지막 것**이 될 뿐이다."[79] 보드리야르는 이데올로기 이론을 위해 이러한 결론을 끌어들여 다음과 같이 단언한다. "이데올로기는 내포적인 과정만큼이나 외연적인 과정도 풍부하다.

---

76. Ibid., p. 77.
77. Ibid., p. 78.
78. 초기의 이러한 구분에 관해서 특히 다음의 책 참조, *Mythologies*(London: Cape, 1972). [이화여대 기호학연구소 옮김, 『현대의 신화』(롤랑 바르트 전집 3), 동문선, 1997.] ; *Elements of Semiology*(London: Cape, 1967).
79. R. Barthes, *S/Z*(London: Cape, 1974). p. 9. [김웅권 옮김, 『S/Z』, 동문선, 2006.]

요약하자면, 실제로 외연은 가장 매혹적이고 미묘한 내포에 지나지 않는다."[80] 외연은 객관적이며 순수한 모습으로 나타나지만, 사실 "외연은 이데올로기적인 용어인 내포와 반대되는 객관적인 용어이기는커녕, 오히려 이데올로기 과정 자체를 자연스러운 것으로 만들기 때문에 **가장 이데올로기적인 용어**이다."[81]

마침내 세 번째 시기에서 보드리야르는 맑스주의와 이데올로기 개념 모두를 포기하게 된다. 맑스주의는 처음에는 여전히 분석 대상이지만, 진실로 혁명적이었던 정치경제학 비판이 너무나 보수적이고 프티 부르주아적인 것으로 전락하면서 생산주의적인 자본주의의 반영 또는 거울처럼 돼버렸다는 이유에서 거부된다. 사실, 『생산의 거울*The Mirror of Production*』에서의 주된 논의는 맑스주의가 정치경제학이라는 동일한 가설에 의존하고 있다는 점을 밝히는 데 있다. 이 책에서는 오로지 사용가치를 찬양하기 위해 교환가치가 있을 뿐이며, 그 결과 여전히 경제학의 가능성에 대해 믿고 있다고 비판하고 있다. 보드리야르는 경제학을 뒤로 한 채 잊어버리려 하며, 그래서 대상들을 생산하는 시대는 끝났고 기호들을 생산하는 새로운 시대로 대체되었다고 선언한다. 이런 까닭에 생산과 생산양식, 생산력 같은 맑스가 분석했던 모든 기본적인 개념들이 근본적으로 문제시될 수밖에 없다.[82]

---

80. J. Baudrillard, *For a Critique of the Political Economy of the Sign*, in *Selected Writings*, p. 89.
81. Ibid., p. 90.
82. J. Baudrillard, *The Mirror of Production*, in *Selected Writings*, p. 98. [배영달 옮김, 『생산의 거울』, 백의, 1994.]

비록 보드리야르의 분석 대상에서 곧바로 맑스주의가 제외되기는 했지만, 그럼에도 그는 자신의 입장을 새로운 시뮬라시옹(simulation) 이론으로 발전시킨다. 그리고 그 이론에서는 코드(codes)와 스펙터클(spectacles), 모델(models), 이미지, 기호들의 상호작용이 선진 자본주의 사회라는 현대의 일상생활을 조직화해내는 원리들로 간주된다. 이러한 코드들과 기호들의 주된 특징들 중 하나는 그것들이 더 이상 자신들 너머에 존재하는 "실재하는(real)" 어떤 것을 지시하지 않는다는 점이다. 따라서 이 새로운 세계는 "이제부터 실재와 상호작용하지 않고 오로지 기호들 자체들만으로도 상호 교환될 수 있다는 의미에서"[83] 하이퍼리얼리티(hyperreality)와 시뮬라시옹으로 특징지을 수 있다. 코드들의 지배가 갖는 또 다른 주된 특징은 결정의 종말이다. 다시 말해, "결정은 끝이 났고, 이제는 비결정이 지배하며 …… 모든 것은 결정 불가능하게 된다."[84] 도덕적이거나, 미학적이고 실천적인 모든 전통적인 가치 판단의 기준들도 이미지의 체계 속에서 사라져 버린다.

오늘날, 전체 체계는 비결정성 속에서 요동치고 있고, 실재하는 모든 것들은 코드와 시뮬라시옹이라는 하이퍼리얼리티에 의해 흡수되어 버렸다. 이제는 실재의 원리가 아니라 시뮬라시옹의 원리가 사회적 삶을 규제한다. 궁극적인 것들(finalities)은 사라져 버렸고, 우리는 이제 모델들에 의해 삶을 영위한다.[85]

83. J. Baudrillard, *Symbolic Exchange and Death*, in *Selected Writings*, p. 125.
84. Ibid., pp. 126 and 128.

실재 자체가 의미를 상실했고, 살아남은 모든 것들도 실재의 시뮬라시옹에 불과하기 때문에, 이데올로기 비판도 그 토대를 상실한다. 보드리야르는 공식적으로 "더 이상 이데올로기 같은 것은 없으며, 오로지 시뮬라크르들(simulacra)만이 있을 뿐"[86]이라고 선언한다. 이데올로기라는 관념도 "진리와 비밀에 관한 신학"처럼 어떤 것을 은폐(탈시뮬라시옹, dissimulating) 한다는 점에서 기호 개념에 속하는 것이다. 하지만 시뮬라시옹의 시대에서는 기호들도 단지 자신들 이면에 아무것도 없다는 사실을 은폐하고 있을 뿐이며, 이미지 역시 "그 어떤 실재와도 결코 관계를 맺지 않으며 순전히 자신이 만들어낸 시뮬라크르(simulacrum)일 뿐이다."[87]

이데올로기는 단지 기호들에 의한 실재의 폭로에 해당할 뿐이며, 시뮬라시옹도 실재와의 단락(短絡, short-circuit)이자 기호들에 의한 실재의 재복제(再複製, reduplication)에 해당한다. 이데올로기 분석의 목표는 언제나 객관적인 과정을 복원하는 것이지만, 시뮬라크르 이면에 감추어진 진리를 복원하려는 것도 언제나 거짓된 문제일 뿐이다. 결국 이러한 이유에서 권력은 이데올로기적 담론들이나 이데올로기에 근거한 담론들과 아주 잘 조화를 이룬다. 왜냐하면 이러한 담론들도 모두 진리를 내세우거나 항상 선(good)을 내세우는 담론들이기 때문이다.[88]

---

85. Ibid., p. 120.
86. Ibid.
87. J. Baudrillard, *Simulacra and Simulations*, in *Selected Writings*, p. 170. [하태환 옮김, 『시뮬라시옹』, 민음사, 1992.]
88. Ibid., p. 182.

서로 다르지만 그럼에도 한 곳으로 수렴되는 방식들을 거치면서, 리요타르와 보드리야르는 역사에 관한 보편적인 이론인 맑스주의도 포기할 뿐 아니라, 보다 세부적으로는 이데올로기 개념을 포스트모던적인 시대에 적합한 분석 도구로 사용하는 것도 단념해 버린다. 리요타르가 보기에, 모든 이데올로기 비판의 핵심적인 문제점은 담론들이 서로 공약 불가능하며, 다른 담론들에 대한 평가를 승인해주는 어떤 절대적인 담론의 지시체가 부재한다는 데 있다. 마치 푸코가 하나의 유일한 진리가 존재한다는 점을 부인하고 각각의 담론들은 자신들 나름의 진리 양식을 확립한다고 주장한 것처럼, 리요타르도 언어게임에 대해 이와 유사한 입장을 제시한다. 반면에 보드리야르가 보는 문제점은 좀 더 복잡하다. 즉, 재현들(표상들)에 의해 왜곡될 수도 있는 그러한 실재 자체가 부재한다는 사실이 문제가 된다. 다시 말해, 모든 것은 순전히 기호이고 시뮬라시옹이자 하이퍼리얼리티이다.

이데올로기에 대한 포스트모더니즘의 비판

리요타르와 보드리야르를 주의 깊게 읽은 독자라면, 다음과 같은 역설적인 사실에 주목하지 않을 수 없을 것이다. 즉, 그들이 아주 맹렬하게 이데올로기 개념을 제거하려 시도하는 동안, 바로 그들 논증의 논리 자체가 다시 그들로 하여금 은근슬쩍 뒷문으로 이데올로기 개념을 끌어들이도록 이끌고 있다는 역설 말이다. 하지만 어떤 개념을 거부하고 그래서 가정하진 않지만, 그럼에도 은연중에 다시 사용하는 식으로 한 개념을 사용하는 것은 그들이 비판하고 있는 개념들보다 한층 더 스스로를 자의적으로 만들 뿐이다. 그럼에도 포스트모더니스트들은 메타-서사와 보편적인 적용을 일삼는 이론들에 대해 공격하려 할 때, 그러한 부류에 해당되는 이론들과 구제될 수 있는 이론들 사이를 완벽하게 구별할 수 있다고 생각한다. 당연히 이것도 공격 대상이 되는 그러한 부류의 이론들을 잘못된 것으로 거부하거나, 좀 더 심하게 말하자면 결국에는 다소 이데올로기적인 것으로 거부하려는 의도를 갖는 것이다.

사실 리요타르는 이러한 역설에 주목하지 못한 채 심지어 후기 저술들에서도 "이데올로기"라는 용어를 비판적인 의미로 사용한다. 그래서 예를 들어, 리비도 경제학(libidinal economy)을 해석하는 어떤 방식에 대해 반박하면서 그는 다음과 같이 말한다. "만일 그렇지 않고 평범한 정치경제학, 다시 말해 질서를 요구하는 하나의 이데올로기에 불과한 그러한 정치경제학을 닮은 리비도 경제학이 구성된다면, 경제적이라고 이야기되는 운동들의 **이중성** (duplicity)을 파악할 수 없을 것이다."[89] 이와 유사하게 한 인터뷰에서도 그는 "이성이란 존재하지 않으며, 오로지 이성들만이 있고 …… 이것은 결코 **하나의**(one) 거대하고(massive) 유일한 이성, 다시 말해 단지 이데올로기에 불과할 뿐인 그러한 이성에 관한 문제

89. Lyotard, *Économie libidinale*, p. 42.

가 아니다. 이와 달리 **복수의**(plural) 이성들(rationalities)이 존재한
다."[90] 결국 리요타르는 자신도 오로지 총체화하는 메타-서사의
토대 위에서만 이렇게 단언할 수 있을 뿐이라는 점을 깨닫지 못했
다. 또한 각 언어게임의 순수성과 특이성을 보호하려는 그의 노력
도 결국에는 스스로 피하고 싶어 했던 함정, 즉 어떤 특정한 게임
의 우위성을 긍정하게 되는 함정에서 허우적거리게 된다는 것을
깨닫지 못하고 있다. 앞에서 언급했듯이 로티의 표현을 빌려 본다
면, 리요타르가 제안한 것은 비록 스스로 인정하지는 않을지라도
결국에는 은폐된 것을 폭로하는 작업에 대한 또 다른 폭로이자 비
판에 대한 비판이다.

물론 존 킨(John Keane)은 리요타르의 접근 방식에 어떤 역설이
존재한다는 점을 부인하면서 이와는 달리 상대주의적인 전제들에
근거하고 있는 그의 언어게임 이론이 오히려 "시민사회와 국가에
대한 민주주의 이론에 적합하도록" 새롭게 다시 기획된 "포스트 맑
스적인(post-Marxian)" 이데올로기 개념의 토대가 된다고 주장한
다.[91] 이처럼 기획된 이데올로기 개념은 낡은 맑스적인 이데올로
기 이해를 대체해야 한다. 즉, 언어 이전에 미리 확립되어 있기에
진리 판단의 시금석으로 사용되는 선-언어적인(pre-linguistic) 실재
를 은폐하는 베일과 같은 실체 또는 잘못된 재현(mispresentation)으
로 이데올로기를 이해하는 맑스적인 견해를 대체해야 한다. 킨은
리요타르에게는 여전히 비판적이지만, 그럼에도 더 겸손한 이데올

---

90. Van Reijen and Veerman, 'An Interview with Jean-François Lyotard', p. 279.
91. J. Keane, *Democracy and Civil Society*(London: Verso, 1988), p. 231.

로기 개념이 존재한다는 견해를 제시한다.

　토대들과 총체화하는 진리에 대한 탐구를 포기하고 대신에 특이성 (particularity)을 기꺼이 받아들이는 것 …… 이데올로기는 하나의 거대한 이야기(a grand récit)이자 (잠재적으로는) 헤게모니적인 언어게임의 특이한 한 형태라고 이해해 볼 수 있다. 이러한 언어게임은 언제나 성공적이지는 않지만, 바로 그 자신을 발생시키는 조건들을 은폐하는 기능을 할 뿐 아니라 겉보기에는 잘 자리 잡힌 사회-정치적인 질서 내에서도 언어게임들의 다원성을 방해하는 기능을 한다. 다시 말해, 이데올로기 개념은 스스로를 일반적인 또는 보편적인 이해관계로 표상하고(거나) 굳게 지키려고 하는 그 어떤 언어게임에도 다 적용될 수 있다. …… 이데올로기적인 언어게임은 자신들의 일반적인 적용을 요구하며, 따라서 온갖 다른 특수한 언어게임을 배제하고(거나) 억압하는(리요타르가 '테러적(terrorizing)'이라고 말하는) 바로 그러한 언어게임이다.92

　킨은 이러한 겸손한 비판 개념과 맑스의 오만한 비판 개념은 바로 전자가 하나의 특수한 언어게임이라는 자신의 한계를 받아들일 수 있는 반면에, 후자는 스스로를 특권적인 것으로 간주한다는 점에서 중요한 차이가 있다고 주장한다. 보편적인 것인 척하는 하나의 특수한 언어게임이 은폐하는 것을 폭로할 때, 이 새로운 포스트-맑스적인 이데올로기 개념은 그 언어게임 자체를 특수한 것으

---

92. Ibid., pp. 234-235.

로, 다시 말해 "다른 언어게임들이 겸손하고 자기 한계를 인정하며 따라서 특수하게 머물러 있는 한에서만 다른 언어게임들도 관대히 다루는 그런 특수한 언어게임으로"[93] 고려할 수 있다는 것이다. 이데올로기는 담론들의 다원성을 훼손시키기 때문에, 다시 말해 민주주의의 토대를 훼손시키기 때문에 제거되어야 한다. 그래서 킨은 분명히 인식적 상대주의와 윤리적 상대주의가 민주주의의 선결 조건이라고 생각하고 있다.

나는 킨의 논증들이 적어도 세 가지 측면에서 심각한 결함이 있다고 생각한다. 우선, 나는 킨의 논증들이 리요타르의 이론에서 리요타르 스스로도 제거하고자 했던 하나의 비판적인 이데올로기 개념을 도출하려는 과정에서 결국에는 리요타르를 그릇되게 해석하고 있다고 생각한다. 사실, 나도 리요타르가 은연중에 이데올로기 개념을 자신의 입장 속에 무의식적으로 재도입하고 있다고 본다. 하지만 내가 보기에 요점은 이처럼 이데올로기 개념을 재도입하는 것이 뒷문으로 은연중에 이루어지고 있으며, 공공연하게 인정되는 것이 아니라 오히려 리요타르의 명시적인 접근 방식과 모순된다는 것이다. 그리고 명시적으로 이데올로기 개념을 인정하지 않는 바로 그 이론이 이처럼 은연중에 이데올로기 개념을 재도입한다는 것은 이론적으로도 정당화될 수 없다. 둘째로, 포스트-맑스적인 이데올로기 개념은 자신도 하나의 특수한 언어게임이며, 단지 다른 언어게임이 스스로를 보편적인 진리라고 주장하기 때문

---

93. Ibid., p. 235.

에 그러한 다른 언어게임을 비판하고 배제할 수 있다고 주장한다. 하지만 이와 동시에 포스트-맑스적인 이데올로기 개념은 바로 그러한 배제를 보편적인 진리라는 형태로 똑같이 요청하는 것을 피할 수 있다고 주장하고 있는데, 사실 이러한 두 주장은 서로 모순되는 것이다. 리요타르는 다른 언어게임을 배제하는 것이 테러적인 것이라는 가정에서 출발하고 있는데, 과연 메타-서사들을 배제하려는 킨의 이데올로기 비판은 어떻게 테러적인 것이 아닐 수 있는가? 이러한 겸손한 비판 개념이 자신의 한계들을 인정하며 다른 언어게임들에 대해 관대하다는 주장은, 다만 그러한 관용이 결국 보편화를 수행하는 담론들 앞에서는 자취를 감춘다는 사실 때문에 통용될 수 없다. 킨은 단지 또 다른 담론, 다시 말해 바로 그 배제의 행위 속에 은연중에 감추어져 있는 또 하나의 보편적인 메타-서사를 통해서만 보편적인 담론이나 메타-서사들을 배제할 수 있다는 사실을 깨닫지 못하고 있다.

세 번째로, 인식적 상대주의와 윤리적 상대주의를 민주주의와 결부시키고 있다는 점은 민주주의가 무엇인지에 대해 잘못 이해하고 있음을 보여준다. 킨은 마치 민주주의를 보증해주는 유일한 길이 오로지 진리를 소유하고 있다고 주장하지 않는 담론들의 존재 여부에 달려 있다고 믿고 있는 것 같다. 하지만 이것은 분명 우스꽝스러운 생각이다. 민주주의는 출발부터 진리의 가능성을 부인하는 일과 연관된 것이 아니라 오히려 진리에 대해 자신들의 주장을 논의하고 단정할 수 있는 여러 다양한 입장들을 허락하는 일과 관련된 것이다. 왜 진리에 대한 주장들을 반드시 거만한 것이라고 해야 하는가? 리요타르와 킨도 역시 은연중에 지식에 대한 주장들을 제기하고 있는 것은 아닐까? 그들의 입장은 유지될 수 없는 것이며, 어떤 측면에서 이러한 점은 매우 분명해 보인다. 예를 들어, 킨은 "만일 이러한 상대주의적인 결론이 어떤 사회적이고 정치적인 신뢰성을 획득할 수 있다면, 또 만일 이러한 입장이 현대의 불평등과 부자유 경향에 대한 무비판적인 추종에 빠지는 것을 피할 수 있다면 …… 그때 이 입장은 더 나아가 자신이 암암리에 전제하고 있는 가능성의 조건들에 대해서도 틀림없이 의문을 제시하기 시작해야 한다."[94]고 주장한다. 만일 킨이 언어 이전에 부자유와 불평등이라는 어떤 실재가 존재한다는 오래되고 낡은 관념으로 되돌아가지 않는다면, 우리는 과연 그가 어떻게 자신의 언어게임이 불평등과 부자유라는 담론들에 의거해서 나온 그와 반대되는 판단을 승인하지 못하게 할 수 있는지 알 수 없다. 이것은 다시 한 번 그가 진리에 대한 주장들을 제시하고 있을 뿐 아니라 은연중에 자신의 담론을 특권적인 것으로 간주하고 있다는 점을 보여준다. 그래서 그가 이처럼 진리를 주장하는 것이 어떤 점에서건 민주주의에 위협이 된다고 믿는 것 역시 잘못된 생각이다.

리요타르와 마찬가지로 보드리야르도 역시 뒷문으로 은근슬쩍 이데올로기 비판을 재도입할 수밖에 없다. 어떤 현상들을 해석하려 할 때, 그 역시 외관상으로는 명백한 실재들이 사실은 실재하지 않는다고 가정하거나 또는 그가 분석하는 어떤 특수한 실재들

---

94. Ibid., p. 236.

은 바로 실재의 과잉(excess)이자, 다시 말해 하이퍼리얼리티라는 점을 은폐하고 있다고 은연중에 가정하고 있다. 하지만 그처럼 암암리에 단언하는 방식은 모순적이다. 캘리니코스(A. Callinicos)가 "아마도 우리들 모두와 마찬가지로 역시 시뮬라시옹 안에 사로잡혀 있을 수밖에 없을 텐데, 과연 보드리야르는 어떻게 시뮬라시옹의 본성을 묘사할 수 있으며, 또 어떻게 실재에서 하이퍼리얼리티로 변천해 가는 과정을 설명할 수 있는 것일까?"[95]라고 질문할 때, 이러한 점을 잘 표현해주고 있다. 또한 보드리야르에게 나타나는 비판의 메커니즘이 맑스의 이데올로기 비판과 어느 정도 유사하며, 특히 어떤 현상들이 보다 깊숙이 파묻혀 있는 실재들을 은폐하고 있다고 본다는 점에서 유사하다는 사실을 알게 되는 것도 흥미로운 점이다. 몇 가지 사례를 검토해 보자.

보드리야르에 따르면, 디즈니랜드는 미국의 나머지 세계들이 유아적이라는 사실을 은폐하기 위해서 자신을 유아적인 상상의 세계로 제시한다.

디즈니랜드는 "실재하는(real)" 나라, "실재하는" 미국 전체가 디즈니랜드라는 사실을 감추기 위해 존재한다. 마치 감옥이 사회 전체가 그 평범한 어디에서나 감옥 같은 곳(carceral)이라는 사실을 감추기 위해 존재하고 있는 것처럼. 디즈니랜드는 다른 나머지 세상이 실재한다고 믿게 하기 위

---

95. A. Callinicos, *Against Postmodernism: A Marxist Critique*(Cambridge: Polity Press, 1989), pp. 147-148. [임상훈 외 옮김, 『포스트모더니즘 비판』, 성림, 1994.]

해 상상의 세계로 제시된다. 그때에도 사실 그것을 감싸고 있는 로스앤젤레스 전체와 미국도 더 이상 실재하는 것이 아니며, 오히려 하이퍼리얼리티와 시뮬라시옹 질서에 속한다. 더 이상 실재에 대한 거짓된 재현, 즉 이데올로기가 문제가 아니라, 실재가 더 이상 실재하지 않는다는 사실을 은폐하고 있다는 것이 문제이며, 따라서 실재라는 원칙을 구해내려 한다는 것이 문제이다.[96]

디즈니랜드가 단지 전통적인 이데올로기라는 의미에서 미국에 대한 어떤 왜곡된 재현은 아니라는 보드리야르의 제안에 동의한다고 하더라도, 그는 여전히 디즈니랜드가 로스앤젤레스는 더 이상 실재하는 것이 아니라 하이퍼리얼리티라는 사실을 감추고 있다고 주장하고 있다. 다시 말해, 디즈니랜드가 은폐하는 역할을 수행하는 한, 그것은 이데올로기 메커니즘과 유사한 메커니즘을 사용하고 있다. 물론 어떤 실재를 은폐하는 대신에 그것이 부재한다는 사실을 감추거나, 디즈니랜드 이면에 존재하는 것도 역시 시뮬라시옹과 하이퍼리얼리티라는 사실을 은폐하고 있다는 점에서는 약간 다르지만. 하지만 어째서 이것이 이데올로기 비판과 비슷한 것이 아니라는 것일까? 또한 만일 그처럼 새롭게 변환된 로스앤젤레스라는 존재가 디즈니랜드에 의해 은폐된 것이고 절대로 보드리야르에 의해서 하나의 사실(fact)로서 긍정된 것이 아니라면, 과연 시뮬라시옹이나 하이퍼리얼리티는 도대체 무엇일까?

---

96. J. Baudrillard, *Simularcra and Simulations*, in *Selected Writings*, p. 172.

보드리야르가 분석하고 있는 또 다른 사례는 워터게이트 사건이다. 그 사건은 공적인 일에서의 도덕성을 회복시키기 위한 목적으로 매스미디어에 의해 스캔들에 대한 고발(denunciation)이라는 형태로 제시되었다. 보드리야르는 이러한 워터게이트 사건이 하나의 스캔들로 제시되었다는 점 때문에 다음 두 가지 사실을 은폐하고 있다고 주장한다. 첫째, CIA와 《워싱턴 포스트》의 저널리스트들 모두 동일한 방법을 사용했기 때문에 "사실들과 그에 대한 고발이 서로 별다른 차이가 없다."는 사실을 감추고 있으며,[97] 둘째로 워터게이트 사건이 단지 하나의 스캔들은 아니었다는 사실을 감추고 있다[98]는 것이다. 다른 한편, 보드리야르는 만일 우리가 이데올로기 개념에 의지했다면 이데올로기의 역할은 그러한 스캔들을 감추는 일이 될 것이지만, 실제로 이와 달리 매스미디어는 스캔들이 없었으며, 문제가 되는 원칙이란 것도 없었고, 정부측 사람들과 스캔들을 고발하던 사람들도 별다른 차이가 없다는 사실을 은폐하고 있다고 주장한다. 하지만 이때 우리는 왜 다음처럼 말할 수 없는 것일까? 즉, 보드리야르의 견해에서 보더라도 워터게이트 사건에 대한 매스미디어의 보도가 보여준 이데올로기적 기능은 정부와 정부에 대한 고발자들이 결국 같은 부류의 사람들이며, 결국에는 자본주의와 그 정치 체제 자체가 근본적으로 부패되어 있고 무원칙적이라는 사실을 감추거나 은폐하는 것이었다고 말이다. 보드리야르가 워터게이트 사건의 메커니즘은 "실재를 상상적인 것에 의

---

97. Ibid.
98. Ibid., p. 173.

해 입증하는 것이자, 진리를 스캔들에 의해 입증하는 것이고, 법을 위반에 의해 입증하고 …… 체제를 위기에 의해 입증하는" 문제라고 묘사할 때, 그래서 "모든 것은 자신의 정화된 형식 속에서 불멸하기 위해 자신과 반대되는 것으로 변형된다."고 주장할 때,99 실제로 그는 스스로 인식하지 못했지만 결국 새로운 이데올로기의 역할을 묘사하고 있는 것은 아닐까?

보드리야르가 1985년 뉴욕에서 개최된 "세계의 종말"에 관한 한 회의에서 자신의 의견을 말했던 것도 이와 유사한 사례이다. 그에게 이런 식의 토론은 사실상 뉴욕이 이미 세계의 종말이기 때문에 의미 없는 일에 불과하다. 하지만 세계의 종말이라는 관념에 대한 토론은 이러한 사실을 은폐한다. 보드리야르에게 "시나리오란 엄밀히 말해 그것의 모델보다는 하위에 속하는 것이다."100 하지만 지식인들은 이러한 사실을 인지하지도 못하며 『독일 이데올로기』에서 맑스가 비판했던 것과 유사한 오류에 빠지는 것처럼 보인다. 말하자면, 그들의 토론은 "실재하는 사건으로부터 세계의 종말이라는 **관념**을 구출하기 위한" 시도에 불과하며, "바로 이러한 작업이 지식인들의 습성이라는 것이다."101 또 다른 주목할 만한 사례는 제3차 세계대전이 일어난다면, 그 이후에 살아남은 사람들은 자신들의 사회조직체 양식으로 전 세계적인 공산주의를 설립하게 될 것이라는 지노비예프(A. Zinoviev)의 예언에 대한 보드리야르의

---

99. Ibid., pp. 176-177.
100. J. Baudrillard, *Cool Memories*(Paris: Éditions Galilée, 1987), p. 286.
101. Ibid.

분석에서 잘 드러난다. 보드리야르는 공산주의 국가가 이미 자신들의 사회들을 전멸시켜 버렸고, 서방 국가들 역시 다른 방식으로 이와 유사한 일들을 수행했다고 본다. 이것은 결국 제3차 세계대전이 이미 발생했으며 우리들은 이미 제3차 세계대전 중이기 때문에 그러한 전쟁에 대해 두려워한다는 것은 소용없는 일이라는 사실을 의미한다. 다시 말해, 미래에 일어날지도 모르는 제3차 세계대전에 대해 토론하는 것은 바로 그러한 전쟁이 이미 벌어지고 있다는 사실을 감추게 된다는 것이다.[102]

　이러한 모든 사례들을 살펴보면, 보드리야르는 스스로 인식하지는 못하고 있지만 겉보기에도 맑스의 이데올로기 개념과 유사한 메커니즘으로 작동하는 비판적인 이데올로기 개념을 사용하고 있다. 하지만 물론 보드리야르가 보기에 은폐되는 것은 맑스의 실재적인 모순처럼 어떤 내적으로 왜곡되고 전도된 실재는 아니다. 오히려 감춰지는 것은 실재로서 제시된 것이 더 이상 실재하는 것이 아니라 하이퍼실재적(hyperreal)이라는 사실, 다시 말해 단순히 어떤 모델에 대한 재생산이자 재현에 종속되어 있는 하이퍼리얼리티라는 사실이다. 은폐되는 것은 실재 그 자체가 사라져버렸다는 사실이다. 보드리야르는 재현과 실재 사이의 경계가 내파되었고(implodes), 이제 사회는 기호들과 코드들에 의해 지배되고 있다고 본다. 켈너 (D. Kellner)가 지적했듯이, "우리는 이미지와 스펙터클, 기호의 역할이 생산의 논리와 계급투쟁의 논리를 대신하고 있는 시뮬라시옹

---

102. Ibid., p. 226.

이라는 '하이퍼리얼리티' 속에서 살아가고 있다."[103] 맑스가 알고 있던 것 같은 실재란 더 이상 존재하지 않거나, 또는 매스미디어에 의해 생산되는 기호라는 새로운 실재에 종속되어 버렸다.

"뉴욕은 이미 세계의 종말이다." 그리고 "사회는 감옥 같은 곳이다.", "실재하는 나라는 디즈니랜드이다.", "워터게이트 사건은 스캔들이 아니다.", "사실과 그에 대한 고발 사이에는 별다른 차이가 없다.", "제3차 세계대전은 이미 벌어지고 있다." 바로 이러한 것들이 이데올로기가 숨기고 있는 실재들이며 자신들의 재현, 다시 말해 뉴욕에서의 회의와 감옥, 디즈니랜드, 워터게이트, 지노비예프의 예언 같은 재현을 뛰어넘어 있는 실재들이다. 이러한 사건들은 실재로서 제시되지만 그들의 실재가 자신들을 넘어서 있다는 의미에서 사실상 하이퍼리얼리티이다. 맑스가 이데올로기에 의해 덧씌워진 겉모습은 감춰져 있는 내부의 관계들이 전도된 형태로 나타난 것이라고 보았다면, 보드리야르는 자신이 분석하고 있는 사건들에서 제시된 요소들이 그 과정에서 은폐되는, 보다 더 폭넓은 실재를 축소된 형태로 반영하고 있다고 본다. 은폐되는 것은 전도되었다는 점이 아니라 바로 그 실재의 과잉, 즉 하이퍼리얼리티라는 것이다. 맑스의 이데올로기 이론은 사회적인 겉모습이 그 이면에 숨기고 있는 의미를 발견하기 위해 그것을 꿰뚫어 보고자 했다는 점에서 전형적인 모더니티 이론이다. 이와 달리 보드리야르는 포스트모더니티에서 특징적인 점은 의미 그

---

103. D. Kellner, *Jean Baudriliard: From Marxism to Postmodernism and Beyond*(Cambridge: Polity Press, 1988), p. 62.

자체가 파괴되었다는 데 있다고 본다. 즉, "포스트모던적인 사회에서 …… 모든 것은 가시적이며, 뚜렷하고, 투명하며, 외설적이다."[104] 그럼에도 보드리야르가 분석하고 있는 사례들 속에서도 역시 어떤 겉모습들이 여전히 작동하고 있다는 사실을 보게 되는 것은 그리 어려운 일이 아니다. 사실 그러한 겉모습들이 맑스가 보는 것처럼 실재 관계들을 전도시키는 것은 아니지만, 적어도 어떤 한 실재를 특수한 것으로 축소시키면서 결국에는 그것이 보편적이라는 점을 은폐해버린다.

이러한 사례들에서 보게 되는 것과 동일한 논리를 보드리야르는 다른 이론들을 비판하는 경우에도 적용하고 있다. 예를 들어, 맑스주의에 대한 비판을 살펴보도록 하자. 보드리야르가 자신도 모르게 "생산과 생산양식, 생산력 …… 같은 개념들 이면에 숨겨져 있는 모든 것들을 폭로하도록" 우리를 이끌 때, 그리고 맑스주의가 오히려 사람들에게 "그들이 자신들의 노동력을 판매함으로써 소외되었다는 사실"을 확신시키고, "그 결과 그들이 노동력으로 소외된 것일지도 모른다는 한층 더 급진적인 가정은 검열하기 때문에" 결국에는 "자본의 교묘함"을 거들게 되는 꼴이 된다고 비난할 때,[105] 그는 은연중에 자신이 이데올로기 비판을 통해 발견할 수 있었던 어떤 은폐된 실재를 암시하고 있는 것은 아닐까? 마찬가지로 푸코를 비판할 때에도 보드리야르는 권력과 성에 대한 푸

---

104. D. Kellner, 'Postmodernism as Social Theory: Some Challenges and Problems', *Theory, Culture and Society*, 5, 2-3 (June 1988), p. 246.
105. J. Baudrillard, *The Mirror of Production*, in *Selected Writings*, pp. 98 and 104.

코의 분석이 이제는 더 이상 쓸모없게 되었다고 주장한다. 왜냐하면 어느 정도 푸코가 보지 못했던 것들이 있기 때문이다. 권력의 경우, 보드리야르는 "설사 푸코가 우리더러 권력에 주의를 기울이라고 잘 이야기했다고 한들 무슨 소용이 있겠는가? 이제 권력은 단지 죽어버린 것에 불과하며 …… 남김없이 모두 해체되어 버렸는데 말이다."[106]라고 자문한다. 푸코가 믿었던 것과 달리, 다양한 장소와 다양한 사회적 심급들에서 나타나는 권력에 대한 미시적 분석도 권력의 편재성을 입증하는 것이 아니라 오히려 권력 그 자체가 사라져 버렸다는 사실을 은폐한다. 편재하는 대신에, 이제 권력은 시뮬라시옹 속으로 하이퍼실재화되었다. 하이퍼리얼리티는 결국 실재의 해체이다. 이런 이유에서 보드리야르는 다음과 같이 단언한다. "훌륭한 정치인이 되는 비결은 권력이란 존재하지 않는다는 사실을 잘 아는 것이었다. 다시 말해, 권력이란 아무것도 아니며 단지 시뮬라시옹이라는 원근법적인 공간일 뿐이며 …… 그래서 만일 권력이 누군가를 매혹시킨다면, 그것은 권력이 하나의 시뮬라크르이기 때문이다."[107] 성에 대한 푸코의 분석과 관련해서도 동일한 방식의 논증이 되풀이된다. "설사 푸코가 우리에게 성에 관해 잘 이야기해 주었다 한들 무슨 소용이 있겠는가? 이제 이러한 모습의 성이란 단지 …… 권력의 형태와 마찬가지로 사라져 가는 중인데 말이다."[108]

---

106. J. Baudrillard, *Oublier Foucault*(Paris: Éditions Galilée, 1977), pp. 13. (my translations throughout).
107. Ibid., p. 81.
108. Ibid., p. 15.

좌파를 비판할 때, 보드리야르는 점점 더 마키아벨리적이고 니체적인 이데올로기 개념에 호소하게 되지만, 그럼에도 비판적이라는 점에서는 동일하다. 그는 좌파가 연대와 공익, 정직, 공적인 미덕 같은 가치들을 신뢰한다고 말한다. 하지만 그것은 바로 그러한 가치들이 단지 가면에 불과하다는 점을 보지 못하는 것이다. 왜냐하면 정치는 개인적인 악덕들과 기본적인 본능, 왜곡과 관련된 것이기 때문이다.

환영과 비꼬기, 곡해의 차원을 인정하는 것은 …… 사회적인 것을 함양한다는 관점에서 배제된다.

…… 악과 악덕, 이해관계들, 열정들을 사용하고 활용하는 것, 또한 악에 의지하는, 말하자면 사물들의 비밀스런 우회로에 대한 이해력에 의지하는 것, 그래서 다시는 선에 의지하지 않는 것, 다시 말해 자기 자신만의 올바름에 의지하는 것이 정치활동 속에서도 생존할 수 있는 유일한 방식이었다.[109]

따라서 역설적이게도 이데올로기 개념에 대해 포스트모더니즘이 보여주었던 공세적인 입장은, 결국 은연중에 자신들이 폐지하고자 했던 총체화하는 관점을 재요청하게 되면서 그러한 관점을 완전히 뿌리 뽑는 데 실패하게 되며, 그 결과 스스로 모순에 빠져

---

109. J. Baudrillard, *La Gauche Divine*(Paris: Grasset, 1985), pp. 98 and 101. Quoted in Kellner, *Jean Baudrillard: From Marxism to Postmodernism and Beyond*, pp. 193-194.

버리게 된다. 포스트모더니즘은 이데올로기 비판을 거부하지만, 그럼에도 메타-서사들에 대해 공격하는 과정에서, 그리고 보다 깊숙이 파묻혀 있는 실재를 은폐하는 것처럼 보이는 여러 가지 사회적 현상들을 분석하는 과정에서 일종의 이데올로기 비판을 도입한다. 하지만 이러한 식의 이데올로기 비판은 하버마스의 말대로 "총체화된 것이자 자기 소모적인 것이다."110 다시 말해, 그러한 식의 이데올로기 비판은 결국 "자기 자신의 토대를 공격하는 것"이다. 왜냐하면 포스트모더니스트들이 정말로 회의주의자들이고 진리에 대한 믿음으로부터 벗어나길 원한다 하더라도, 결국 자신들의 타당성을 전제해야만 하기 때문이다. 이것은 감각을 부정하거나 심지어 진리의 가능성도 부인하는 모든 회의주의적인 이론들이 떠안을 수밖에 없는 운명이다. 다시 말해, 그들은 암암리에 자신들 스스로 진리를 주장하면서 결국에는 언어도단적인 모순에 빠져들거나, 아니면 결국 자신들에 대한 타당성 주장을 폐기 처분할 수밖에 없다. 그리고 그럴 경우, 그들은 더 이상 신뢰를 유지할 수 없다.

하비가 "모든 형식의 논증들을 해체하고 정당성을 파괴하는 데 사로잡혀 있다."고 지적했듯이, 그들은 결국 이성 활동에는 결코 어떤 확고한 토대도 남아 있지 않다고 생각하는 지점까지 나아가게 되면서 자신들의 정당성도 의심하게 된다.111 포스트모더니스트들은 애초에 모더니티의 지반을 벗어나려는 생각은 갖고 있었

---

110. J. Habermas, *The Philosophical Discourse of Modernity*(Cambridge Mass.: MIT Press, 1987), p. 97. [이진우 옮김, 『현대성의 철학적 담론』, 문예출판사, 1995. (독일어판 번역)]
111. Harvey, *The Condition of Postmodernity*, p. 116.

지만, 자신들의 입장을 설명하려 하지는 않았다. 그래서 그들은 계몽과 조작, 진리와 이데올로기, 이성과 지배 사이의 차이들을 훼손시켰고 그 결과 그들 스스로도 자신들의 비판을 살려낼 수 없었다. 따라서 그들은 매우 일방적이고 격렬한 이론들이 되고 말았다. 즉, 모더니티의 긍정적인 측면을 보지 못할 뿐 아니라, 그러한 긍정적인 측면들이 어떻게 그들이 절대화시켰던 억압적이고 소외를 발생시키는 특징들과 접합되었는지, 또 긍정적인 측면들이 어떻게 그러한 특징들과 대립하면서도 공존할 수 있었는지 이해할 수 없었다.

결국 포스트모더니스트들의 생각들 자체가 이데올로기적이다. 즉, 전지구적인 자본주의 체제의 실재적인 모순들을 은폐하는 효과가 있고, 객관적으로 보더라도 사람들의 관심사를 그러한 모순들이 아니라 시뮬라크르들과 하이퍼리얼리티라는 순화된 세계로 이끌려 한다는 점에서 이데올로기적이다. 또한 그들은 일방적으로 다원주의와 차이를 강조함으로써 여러 다양한 문화들과 인종들에게 공통적인 인간적 요소들을 감추려는 경향이 있다는 의미에서 이데올로기적이다. 공공연하게 이데올로기 개념을 공격하면서도 비판적인 이데올로기 개념을 제시하는 이론들, 즉 메타-서사들을 일방적으로 비판하기 위해서 비밀스럽게 그 개념을 다시 이용한다는 점에서, 포스트모더니즘은 그 자체가 모순적일 뿐 아니라 현 상황에 안성맞춤인 이데올로기가 된다. 포스트모더니즘의 상대주의와 이성에 대한 불신은 사람들이 더 나은 미래나 중요한 사회적 문제들에 대한 해결 가능성을 믿고 나아가는 것을 불가능하게 한다. 의식적으로 변화를 추구하고 정치를 모색하는 일도 대체로 모든 의미를 상실하게 되는 것 같다. 기술적인 변화가 점차 가속화되고, 탈공산주의화된 세계에서의 정치적이고 경제적인 위기뿐 아니라 제3세계를 포함한 서구 자본주의에서도 더 심한 경제적 위기가 점점 더 심화되는 이 시대에, 현재의 전체 체계를 방어해주는 포스트모더니즘만큼 적합한 이데올로기 형태는 없을 것 같다. 왜냐하면 포스트모더니즘은 혼돈과 당황스러울 정도의 변화, 끊임없는 파편화를 정상적이며 자연스러운 사회 상태라고 간주하기 때문이다.

이러한 이유 때문에 포스트모더니즘은 역설적이게도 신자유주의와 아주 잘 공존하고 있는 것 같다. 즉, 자신들의 왼편에 시장의 힘을 쥔 채 카오스적인 변화를 생산하며 모든 삶의 영역들을 급진적으로 변화시키고, 심지어 예술과 문화 생산에까지 침투해 상품화하려 한다. 포스트모더니즘이 흠뻑 빠져 있는 멋진 신세계인 하이퍼리얼리티 세계는 사실상 시장의 힘이 고삐 풀리면서 생겨난 결과이다. 물론 실제로는 신자유주의와 포스트모더니티가 완전히 대립되는 철학적인 전제들로부터 생겨난 것처럼 보인다. 신자유주의가 보편주의적이며 이성을 신뢰하고 일반적으로 진보라는 계몽주의적인 관념에 의존한다면, 이와 달리 포스트모더니티는 이성을 공격하고 진보를 신뢰하지 않으며 현장성과 특이성을 강조한다는 점에서 서로 다르기 때문이다. 하지만 보통 잘 인식하지 못하고 있는 사실은, 바로 신자유주의가 시장의 힘이 지닌 자유로운 역할을 그 이론의 초석으로 제시할 때, 사적인 생산자 개개인들의 합리성뿐 아니라 그 체계나 전체 과정이 어디에서나 비합리성을 보여준다는 점을 지지하고 입증하려 한다는 것이다. 포스트모더니즘은 바로 이러한 후자의 측면, 즉 기업가의 합리성보다는 차라리 시장의 성과들이 가져오는 비합리성과 연결되어 있다. 따라서 신자유주의가 포스트모더니티의 경제적인 논리가 된 것처럼, 포스트모더니즘은 신자유주의의 철학적 논리가 되었다고 말할 수 있다.

5장

하버마스와 새로운 이성 개념

개요

하버마스의 이데올로기 개념 발전에는 두 단계가 있다. 첫째 단계는 1981년까지이며 이 단계에서 두 가지 주요한 요소들이 강조된다. 첫째, 19세기적 이데올로기 유형으로부터의 전환과 과학과 기술이 기술관료적 이데올로기의 출현에 끼친 영향, 둘째, 이데올로기 개념의 주요한 이론적 지지물인 의사소통이론으로 의식 이론 (theory of consciousness)의 대체이다. 1981년의 『의사소통 행위이론 *The Theory of Communicative Action*』의 출간을 특징으로 하는 둘째 단계에서는 새로운 접근이 나타난다. 하지만 새로운 종류의 "파편화된 의식"이나 첫째 단계에서 전개된 원리들을 되풀이하면서 명확히 하는 다양한 분석에도 불구하고, 여기서는 이데올로기의 중요성이 상실되는 것처럼 보인다. 처음에 이데올로기 개념과 비판은 어떤 비판적 사회과학의 핵심적 요소들로서 정교하게 다듬어졌다. 그러나 둘째 단계에서는 특정한 신-보수적 견해, 특히 모더니티에 대한 공격을 절대화하는 그러한 견해를 실제로 비판하지만 이데올로기는 더 이상 비판 이론 내에서 핵심 역할을 수행하지 못한다는 것이 강조된다.

하버마스는 맑스주의와 비판 이론의 이론적 전통 내에서 자신의 이데올로기 연구를 시작한다. 그는 사회의 지배형태들의 합법성에 대해 맑스가 언급한 비판적 개념으로 이데올로기 개념을 받아들인다. 그는 모더니티에 의해 야기된 도구적 이성에 대한 비판을 비판 이론으로부터 받아들이고, 특히 마르쿠제의 견해에서 나타나는 과학과 기술의 새로운 이데올로기적 역할을 받아들인다. 그러나 그는 새로운 요소, 말하자면 이성의 개념화와 의식철학의 대체에서 의사소통의 역할을 끌어들인다. 이 새로운 요소가 없다면, 도구적 이성 비판은 자기 파괴적이며 과학의 역할은 일면적으로 격하될 것이다. 바로 이것이 맑스, 아도르노와 호르크하이머로부터 하버마스를 구분하는 것이다.

하버마스는 오늘날의 발전된 사회에서 이데올로기는 19세기 자유주의의 품질 보증서였던 시장경제와 단순 교환원리에 더 이상 기반하고 있지 않다는 주장에서부터 출발한다. 초기 자본주의에서부터 경제 과정을 조절하고, 일반적 복지를 제공하기 위해 국가가 개입하는 상황에 이르기까지의 변화는 등가교환이라는 이데올로기를 실제로 무효화시켰고, 새로운 형태의 정치권력의 정당성을 요구하게 되었다. 이러한 사실은 실제적인 쟁점들을 탈정치화하는 일종의 기술관료적 의식에 기반하고 있다. 그러므로 권력의 행사를 정당화하는 것이 마치 기껏해야 전문가에게 맡겨진 기술적 결정의 문제인 양 되어버린다. 이것은 의사소통 행위와 합목적 행위 사이의 차이점을 모호하게 만드는 탈정치화된 의식의 한 형태이다. 이러한 새로운 종류의 이데올로기는 기술과 과학에서 유래하는데, 기술과 과학은 융합되고 점점 조작되고 있다.[1]

이러한 관점에서 하버마스는 맑스와 마르쿠제 사이에서 중도를 가고자 한다. 맑스와 달리, 그는 생산력에 관해 다음과 같이 주장한다.

맑스가 가정했듯이, 생산력은 **모든 상황 아래서** 자유를 위한 잠재력이 되거나 해방운동을 야기하는 것으로 나타나지 않는다. 적어도 생산력의 지속적인 성장이 기술적인 진보에 의존한 이후로는 **또한 정치권력을 정당화하는** 기능들을 떠맡게 되었다.[2]

다른 한편, 하버마스는 마르쿠제가 기술적 합리성의 이데올로기적 본성을 진보적인 생산력과 적절하게 조화시킬 수 없었다고 주장한다. 하버마스는 기술적 합리성이 자신의 지속적 성장이 제도적 틀을 위협하는 경우에만 진보적이고, 기술적 합리성이 "이러한

---

1. J. Habermas, *Toword a Rational Society*(London : Heinemann, 1971), pp. 99-101. [장일조 옮김, 『이성적인 사회를 향하여』, 종로서적, 1987.]
2. Ibid., p. 114.

진보적 잠재성을 제한하는 생산관계를 정당화시키는 표준"[3]을 세우는 한에서만 이데올로기적이라고 확증하고자 한다. 과학은 도구적 관심들과 연관됨으로써 이데올로기로서 기능한다. 도구적 관심들은 후기 자본주의에서 지배적인 것으로 되었고, 실천적이거나 의사소통적 관심들의 영역을 감소시켰다. 그러나 동시에 과학과 기술은 도구적 행위의 논리로 자연의 통제를 용이하게 하였다. 그리고 바로 그런 점에서, 하버마스는 이와는 완전히 다른 과학과 기술을 제안하는 마르쿠제의 주장을 받아들이는 것이 불가능하다는 것을 발견한다.

만약 실제로 과학이 본래부터 기술적 통제가 가능한 것이라는 현대 과학의 의미를 갖는다면, 새로운 과학이라는 이념은 새로운 기술이라는 이념만큼이나 논리적이지 않은 것으로 될 것이다. 그러므로 과학적-기술적 진보 일반이라는 이러한 기능 때문에, 과학적-기술적 진보에는 더 이상 "인간적"일 수 있는 대용물은 존재할 수 없게 된다.[4]

이러한 하버마스의 상황에도 불구하고, 쿠네만(H. Kunneman)은 다음과 같은 사실에 주목한다. 하버마스는 "과학-기술의 발전 논리는 도구적 행위 논리를 반영하고 있기 때문"[5]에 과학과 기술을 정치적으로 중립적인 것으로 파악하고 있다. 달리 말하면, 과학과

---

3. Ibid., p. 89.
4. Ibid., p. 88.
5. H. Kunneman, 'Some Critical Remarks on Habermas's Analysis of Science and Technology', *Theory, Culture and Society*, 7, 4 (1990), p. 124.

기술 그 자체가 이데올로기적인 것으로서 비판되는 것이 아니라, 상징적 상호 작용의 영역으로까지 그것들의 논리가 확장되기 때문이다. 쿠네만은 하버마스가 현대 과학과 기술의 근본적인 지향점과 그러한 고유한 지향점이 자본주의 축적의 과정에 의해서 실현되고, 편입되고, 변형되는 특수한 방식을 명확하게 구분하지 못했다고 주장한다.6 그의 주장은 현대 과학과 기술을 자본주의 축적 과정으로 설명하는 측면에서는 당연히 마르쿠제의 주장이 옳으며, 과학은 이데올로기로서 드러나게 된다는 것이다. 신기하게도, 그러한 과학과 기술의 구별 요소들을 맑스에서 발견할 수 있다. 한편, **"기계 속에서** 실현된 과학은 노동자들과의 관계에서 **자본**으로 나타난다. 그리고 사실상 과학의 이러한 모든 이용은 …… 노동자에 대한 노동 **착취를 위한 수단**으로 나타난다."7 하지만 다른 한편에서 "그렇기 때문에 자본의 사회적 관계 아래에 포섭된다는 것이 기계적 적용을 위한 가장 적절하고도 궁극적인 생산의 사회적 관계라고는 할 수 없다."8 하버마스는 1990년 우트레흐트(Utrecht)에서 열린 자신에 관한 심포지엄에서 쿠네만의 비판을 받아들였는데 그것은 훌륭한 일이다.9

---

6. Ibid., pp. 119-120.
7. K. Marx, *Theories of Surplus Value*(London: Lawrence & Wishart, 1969), vol. 1, p. 391. [『잉여가치 학설사 1』, 아침, 1991.]
8. K. Marx, *Grundrisse*(Harmondsworth: Penguin, 1973), pp. 699-700. [김호균 옮김, 『정치경제학 비판 요강』, 백의, 2000; 최인호 옮김, 『칼 맑스 프리드리히 엥겔스 저작 선집 2』, 박종철출판사, 1997.]
9. J. Habermas, 'Remarks on the Discussion', *Theory, Culture and Society*, 7, 4 (1990), p. 132.

이데올로기의 개념

하버마스에 따르면, 이데올로기의 문제는 인식과 인간의 관심 간의 관계 속에서 발생한다. 그는 관심을 세 가지 유형으로 구분한다. 경험과학과 상응하는 기술적 또는 도구적 유형, 역사 과학을 규정하는 실천적 또는 의사소통적 유형, 그리고 비판 이론과 관련된 해방의 유형. 하버마스는 맑스주의가 도구적 관심과 의사소통적 관심 사이의 구별에 소홀했으며, 역사 진화의 설명에서 의사소통적 관심을 도구적 관심으로 환원시켰다고 비판한다. 또한, 아도르노와 호르크하이머가 모더니티에 대한 비판에서 이성 일반을 도구적 이성과 지나치게 동일시했다고 비판한다. 맑스주의의 경우에서처럼 도구적 이성이 역사에서 긍정적인 역할을 수행했든, 비판 이론의 경우에서처럼 부정적인 역할을 수행했든지 간에 결론은 동일하다. 즉, 양자는 전통적 주체철학에서 유래하는 환원주의적 형태들이다. 전통적 주체철학은 "단독적 주체가 재현되거나 조작될 수 있는 객관적 세계의 어떤 것과 관계를 맺는다."고 본다.10 그러한 견해는 객관적 세계를 오로지 주체를 위한 수단으로서, 그리고 이성을 객관적 세계를 지배하기 위한 도구로서만 생각한다. 이러한 견해는 주체가 개인으로서 객관적 세계와 관계 맺는 것이 아니라 오로지 집단적으로 객관적 세계와 관계 맺고 있다는 사실,

---

10. J. Habermas, *The Theory of Communicative Action*, vol. 1.(London: Heinemann, 1984), p. 392. [장춘익 옮김, 『의사소통 행위이론 1』, 나남출판, 2006.]

즉 이해(understanding)와 조정의 형태로 동의하려면 그 이전에 결정된 어떤 의사소통행위를 포함한다는 사실을 소홀히 한다. 이 견해는 새로운 이성 개념의 기초를 이해에 이르는 과정으로 파악한다. 하버마스는 다음과 같이 말한다.

상호주관적인 이해와 의사소통이라는 언어철학의 패러다임을 위해서는, 의식철학의 패러다임, 즉 주체가 객체를 재현하고 조작하는 주체를 포기해야만 하고, 인식적-도구적 이성의 측면을 상호주체적 이해 또는 의사소통적 패러다임의 적절한 곳에 배치하여 더 많은 **의사소통 합리성**을 만드는 것이 필요하다.[11]

이해에 도달하는 과정은 보통 언어와 담화 행위를 통해 성취된다. 바로 이런 이유 때문에, 하버마스는 의사소통의 문맥적 조건들과 언어 외적인 조건들을 분석하는 "경험적 실용학"과는 달리 모든 담화 상황에 적용될 수 있는 보편적 규범을 발견하기 위해 "보편적 실용학"[12]의 관점에서 의사소통을 분석하고자 한다. 다시 말하면, 하버마스의 목적은 "담화의 보편타당성 기초"를 재구성하는 것이다.[13] 그는 모든 주고받는 담화 행위 속에는 은연중에 진정한 합의를 이루겠다는 생각이 깔려 있다고 주장한다.

---

11. Ibid., p. 390.
12. 보편적 실용학 개념은 문장의 발음학, 구문론, 어의론적 특징과 반성의 어떤 실용적인 특성, 언어 외에도 대화언어능력, 의사소통능력 등이 보편적으로 이성적 재구성을 허용하고 있다는 의도에 의존한다.—옮긴이
13. J. Habermas, *Communication and the Evolution of Society*(London: Heinemann, 1984), p. 5. [심연수 옮김, 『커뮤니케이션과 사회진화』, 청하, 1987.]

의사소통적으로 성취된 동의는 합리적 토대를 가지고 있기 때문에 다른 부분에 의해 강요될 수는 없다. …… 한 사람의 대화 행위는 오직 다른 사람이 원리적으로 비판 가능한 타당성 요구에 대해서, 비록 은연중일지라도 "예" 또는 "아니오" 입장을 취함으로써 담화 행위에 포함된 제언을 받아들일 경우에만 성공하게 된다.[14]

하버마스에게서 이해는 "이행 가능한 타당성 요구"에 대한 상호간의 승인을 포함한다. 그리고 "합의는 적절하게 해석되고 일반화될 수 있는 관심을 통해서만 일어날 수 있는데, 여기서 **일반화될 수 있는** 관심이란 **의사소통적으로 공유될 수 있는** 요구를 뜻한다."[15] 비록 이러한 이해와 합의가 항상 일어나지는 않을지라도, 모든 담화 행위는 은연중에 그러한 담화 행위의 필연적인 지평으로서 의사소통적으로 공유될 수 있는 것을 전제하고 있다. 모든 담화 행위는 비강제적인 합의의 열망을 자신의 목적으로 갖는다. "실제 담화에서, 우리는 이상적 담화 상황이라는 것을 불가피하게 가정한다. 그리고 이상적 담화 상황은 그 자체의 형식적 속성에 힘입어서 일반화적인 관심을 통해서만 합의를 가능하게 해준다."[16] 이러한 "이상적 담화 상황"은 자유로운 의사소통을 방해하는 어떤 장벽도 없고, 따라서 합리적이고 어떤 구속도 없는 합의가 이루어지는 순수한 상호주관성의 영역이다.[17] 따라서 이러한 합리적이고 비강제적

14. J. Habermas, *The Theory of Communicative Action*, vol. 1.(London: Heinemann, 1984), p. 287.
15. J. Habermas, *Legitimation Crisis*(London: Heinemann, 1976), p. 108.
16. Ibid., p. 110.

합의는 하나의 규범을 구성해내는데, 모든 타당성 요구는 반드시 이 규범에 따라서 평가되어야만 한다. 그리고 이러한 규범은 강제력 때문에 의사소통이 왜곡되었던 상황들을 판단함에 있어서 유일한 척도가 된다.

하버마스에 따르면, 자유와 이데올로기 비판과 관련되는 현상만큼이나 지배와 이데올로기와 관련되는 현상은 의사소통적 행위의 영역에서 발생한다. 특히 이데올로기는 폭력, 검열 작용 또는 억압 때문에 어떤 진정한 합의도 출현할 수 없는 상황을 다루고 있다. 그러므로 이데올로기는 "체계적으로 왜곡된 의사소통"으로 이해되었던 것이다. 그리고 이데올로기는 담론적으로 성취되고 강제없는 합의의 방식을 방해하는 의사소통적 틀에서 발생하는 것이다. 여기서 두 가지 중요한 결론이 도출된다. 첫째, 새로운 기술관료적 이데올로기는 특정한 계급의 이해관계와 연결될 뿐만 아니라 기본적으로 인류의 해방적 관심에 영향을 끼친다.

오늘날의 지배는 과학의 물신성을 만들어내는, 어느 정도 투명한 배후 이데올로기이다. 오늘날의 지배는 낡은 유형의 이데올로기보다 더 저항하기 어렵고 영향력이 광범위하다. 왜냐하면 이데올로기는 실제적 문제를 덮어버림으로써 지배를 통해서 **특정한 계급**의 이해관계를 정당화하고, **다른 계급**의 해방에 대한 부분적인 요구들을 억누를 뿐만 아니라 인류의 해방적 관심에도 영향을 끼치기 때문이다.[18]

---

17. J. Habermas, 'Towards a Theory Communicative Competence', *Inquiry*, 13, 4 (1970), P. 372.

둘째, 이데올로기 문제는 합리화에 관한 프로이트의 문제틀과 매우 유사하다.

우리는 일상의 경험으로부터, 관념이 종종 실제 동기를 대신해서 우리의 행위에 정당화하는 동기를 제공하기에 충분하다는 사실을 안다. 이러한 수준에서 합리화라고 부르는 것은 집단적 행위의 차원에서 이데올로기라고 부르는 것이다. 이 두 경우 모두 분명하게 말하고자 하는 것은, 의식의 자율성이라는 환상에도 불구하고 이해관계에 얽매여서 반성되지 않은 의식 때문에 잘못이 발생하는 것이다.[19]

노이로제 환자가 자신의 불안에 숨겨진 실제적 문제를 쉽게 발견할 수 없는 바로 그러한 것처럼, 이데올로기 현상의 주요한 특징은 이데올로기적 현상의 작용이 사람들에게 쉽게 인식되지 않는다는 사실이다. 하버마스는 다음과 같이 말한다.

의사소통의 장애물은 바로 책임의 상호 전가라는 가상을 만드는 동시에 가상을 지탱하고 가상을 찾아내는 것을 방해하는 것이 정당하다는 믿음을 지지한다. 이것은 이데올로기의 역설적인 성과이다. 이데올로기의 개인적 원형은 신경증적 불안이다.[20]

---

18. J. Habermas, *Towards a Rational Society*, p. 111.
19. J. Habermas, *Knowledge and Human Interests*(London: Heinemann, 1972), p. 311. [강영계 옮김, 『인식과 관심』, 고려원, 1996.]
20. J. Habermas, 'Vorbereitende Bemerkungen zu einer Theorie der komrnuni-kativen Kompetenz', in J. Habermas and N. Luhmann, *Theorie der Gesell-schaft Oder Sozialthechnologie—Was leistet die Systemforschung?*(Frank-

바로 이런 이유 때문에 이데올로기 비판에 관한 하버마스의 모델은 정신분석학적인 것이다. 신경증 환자가 신경증 증상들을 야기하는 억압을 알아차리지 못하는 것처럼, 사회 안에서 사람들은 사이비 의사소통 상황에 참여하게 된다. 이 사이비 의사소통에서 허구적으로 가정된 합의는 사람들이 어떤 의사소통이 방해되고 있다는 사실을 깨닫지 못하게 한다. 마치 정신분석학자에게 언어 분석을 통해 증상적 징후의 의미를 개인적 수준에서 설명할 필요가 있는 것처럼,21 비판 이론가에게는 자기-반성의 과정을 통해 사이비 의사소통의 실제적 원인을 폭로하기 위해 사회적 수준이 필요하다. 정신분석가와 비판 이론가 모두는 가정된, 왜곡되지 않은 의사소통이라는 선입견과 반사실적인 이상적 상황을 은연중에 요청하고 있다. 모든 담화적 타당성 요구가 이러한 이상적 규범에 따라 평가되어야만 하는 한에서, 이데올로기 비판은 이상적 담화 상황과 역사적 상황을 비교함으로써, 하버마스의 말로 하자면 "주어진 시대에 실재하는 규범 구조를, **다른 사정이 같다면**, 담화적으로 형성된 규범 체계의 가설적 상태와"22 비교함으로써 체계적으로 왜곡된 의사소통의 상황에 대해서 판결할 수 있다.

비강제적이고 합리적인 합의가 이루어지는 이 가설적 상태는 모든 타당성 요구들이 평가되어야만 하는 진리의 판단 기준을 제공

---

furt: Suhrkamp, 1971), quoted in T. McCarthy, 'A Theoly of Communicative Competence', in p. Connerton (ed.), *Critical Sociology*(Penguin, Harmondsworth, 1976), pp. 477-478.

21. Habermas, 'On Systematically Distorted Communication', *Inquirv*, 13, 3 (1970), p. 207.
22. Habermas, *Legitimation Crisis*, p. 113.

해야 할 뿐만 아니라, 모든 담화 행위에서 은연중에 요청되는 사회 모델을 제공한다. 말하자면, 담론적으로 성취되는 합의를 승인해주는 그러한 사회조직을 제공한다. 이것은 진리가 어떻게 자유와 정의와 연관되는지를 보여준다. "조화와 자유라는 유토피아적 전망은 개인들의 의사소통적 연합을 위한 조건들에 깊이 새겨져 있다. 다시 말해, 조화와 자유라는 유토피아적 전망은 인류의 재생산이라는 언어적 체계를 통해 형성하게 된다."[23] 이데올로기 비판이 필연적으로 모든 담화 행위에서 예상되는 그러한 이상적 상태와 관련되는 한에서, 이데올로기 비판의 규범적 토대는 바로 언어 구조 속에서 발견된다. 하버마스의 이상적 담화 상황은 의식을 사회 전체에 관계시킴으로써 작동하는 루카치의 "귀속의식(ascribed consciousness)" 개념과 유사한 방식으로 작용한다. 그래서 "만약 사람들이 즉각적인 행동에 영향을 주면서, 또한 사회 전체 구조에 영향을 주면서 구체적 상황과 그것으로부터 발생하는 이해관계를 **평가할 수 있다**면, 그러한 구체적 상황에 있는 사람들의 생각과 감정을 추론할 수 있게 된다."[24] 이와 유사하게 이상적 담화 상황은 하버마스에게는 다음과 같은 물음으로 연결된다.

만약 사회 구성원들이 사회의 기능적 명령들과 조건들을 제한하는 적절한 인식을 가지고, 담화적 의지-형성을 통해서 사회적 관계의 조직을

---

23. Habermas, *The Theory of Communicative Action*, vol. 1, p. 398.
24. G. LuKács, *History and Class Consciousness*(London: Merlin Press, 1971), p. 51. [박정호 옮김, 『역사와 계급 의식』, 거름, 1999.]

결정할 수 있었고 결정하고자 했다면, 사회 체계의 구성원들이 어떻게 주어진 생산력의 발전의 단계에서 그들의 요구와 그들이 정당한 것으로 받아들여 왔던 자신들의 규범을 집단적이고 결합적으로 해석할 수 있었 겠는가?[25]

이러한 측면에서, 루카치와 하버마스의 유사성은 분명하다. 만약 인간 존재가 적절한 지식을 지니고 있어서, 가설적으로 존재할 수 있는 구조들과 실제로 존재하는 구조들에 대해 비교할 수 있다면, 루카치는 심리적 계급의식의 이데올로기적 결점이 무엇인지를 알 수 있게 하고, 하버마스는 주어진 사회 속에서 이데올로기의 정도를 측정할 수 있게 해준다.

몇몇 비판적 지점들

앞서 설명한 것과 관련된 문제 중 하나는, 역사적 실재와는 완전히 분리된 것처럼 보이는 완벽한 합리성이라는 가설적 상태의 재건이다. 루카치의 "귀속의식"이 다름 아닌 계급 존재라는 구조에 새겨져 있는 것처럼, 합리적 합의를 필요로 하는 하버마스의 자유롭고 정당한 사회는 다름 아닌 언어 구조를 함축하고 있는 것이다. 따라서, 이데올로기는 현대 사회에 객관적으로 나타나는 여러

---

25. Habermas, *Legitimation Crisis*, p. 113.

경향을 따라 인간이 실제로 건설할 수 있는 가능한 더 나은 사회를 통해서는 비판되지 않는다. 다시 말해, 이데올로기는 오히려 어떤 추상적이고 비역사적으로 귀속된 "당위"로 비판된다. 해방의 가능성은 실제 역사적 경향들의 분석에 상응해서 의식을 변화시키는 실천에 더 이상 의존하지 않는다. 오히려 규범적이고 반사실적으로 해방의 가능성을 고정시키는 언어의 근본 구조 속에 이상적 모델이 미리 주어져 있다. 문제는 이러한 규제적 모델이 너무나 추상적이어서 특정한 이론들과 정치 계획들을 판단할 때 사용될 수 있는 구체적인 기준을 제시할 수 없다는 것이다. 왜냐하면 데이비드 헬드(David Held)가 지적했듯이,

우리가 논의를 선택하고 담화를 시작했을 때 낡은 문제가 다시 등장한다. 다시 말하면, 담화 행위를 선택하고 사용하는 경우에 균형적 배분이 있어야 한다는 균형에 대한 요구는 이론적이고 실천적으로 성립 가능한 입장들이 무엇인지를 설정해줄 수 있는가? 우리는 어떻게 더 나은 논증을 위한 핵심 요소들이 무엇인지를 어떻게 판정할 수 있는가? 어떤 증거들이 정당하게 사용될 수 있는가? 우리는 객관적 도덕과 정치적인 입지를 확립하고자 하는, 경쟁하는 입장들 사이의 논쟁들을 어떻게 해결할 수 있는가?[26]

바로 그러한 가설적 상태를 만들기 위한 시도는 선결문제의 오

---

26. D. Held, *Introduction to Critical Theory*(London: Hutchinson, 1980), p. 398. [백승균 옮김, 『비판이론서설』, 계명대학교출판부, 1999.]

류를 범하고 있다. 그러한 시도는 이미 그 자체가 제공되고 있다고 가정하는 기준을 미리 전제하고 있기 때문이다. 나무랄 데 없는 모델을 실제로 만들어내는 것은 불가능한 과제이다. 이글턴은 "어떤 존재론적 외부 세계로부터" 해결책을 내놓는 프랑크푸르트학파의 다른 이전의 구성원들과는 달리, 매우 관대하게 하버마스를 칭찬했다. 왜냐하면 하버마스는 의사소통적 합리성이라는 개념에 의해 "현재와 미래 사이의 내적인 결합을 확신하기" 때문이다. 마치 맑스가 그랬듯이, 이글턴은 "타락한 현재는 그것과 동시에 확실하게 결합된 경향들, 하지만 어떤 해석에 따르면 그것을 넘어서는 것으로 제안되는 그런 경향들 때문에 지속적으로 정밀하게 조사되어야만 한다."고 주장한다.27 나는 이글턴이 하버마스가 이러한 작업을 했다고 보는 까닭을 이해할 수 없다. 나는 내재적 비판을 위한 토대가 바로 담화 행위의 구조에 있다는 것을 받아들인다. 그러나 이글턴과는 다르게, 이것은 맑스의 내재적 비판과 전적으로 다르다고 확신한다. 이유는 명확하다. 맑스의 내재적 비판은 역사적이다. 그것은 역사적 분석으로부터 도출된다. 하버마스의 내재적 비판은 전적으로 추상적이고 비역사적이며, 보편적이고 불변하는 구조로부터 도출된다.

비록 이데올로기 비판과 정신분석 비판 사이의 유사성이 시사적일지라도, 많은 저자들이 노이로제라는 개인적 수준으로부터 계급권력과 계급 지배라는 사회적 수준으로의 이행에 따르는 어려움이

---

27. T. Eagleton, *Ideology*(London: Verso, 1991), p. 131.

있다는 것을 지적하였다. 많은 저자들은 이러한 이행이 어려운 까닭으로, 특히 개인적인 정신분석적 치료를 정치적 행위를 위한 모델로서 가정하는 것에서 생겨나는 문제점을 지적하였다.[28] 하버마스는 이러한 반론을 계몽 과정이라는 수준과 정치적 수준으로 구별함으로써 그러한 반론에 응답한다. 계몽 과정의 목적은 집단 반영의 과정을 만들어내는 것이며, 행위 모델의 목적은 치료적인 담론이다. 정치적 수준에서의 목적은 적절한 전략에 대해 신중한 결정을 내리는 것이며 그 속에는 어떤 단일한 행위 모델도 없다. 그러므로 정신분석은 정치적 행위를 위한 어떤 모델로서 의도된 것이 아니다.[29] 그러나 하버마스의 분석은 분석자-환자 관계가 비판 이론가들이 억압된 집단 안에서 출발해야만 하는 계몽 과정을 위한 어떤 모델이라는 사실을 포함한다. 이러한 비교가 갖는 어려움은 사회적 수준에서 계급은 지배 관계 속에 있으며 충돌할 수 있고, 개인적 수준에서 분석가와 환자 사이의 상호작용은 의식적인 협력을 포함하고 있다는 것이다. 신경증 환자는 자신의 문제를 자각하고 기꺼이 치료 과정에 복종된다. 이 과정에서 억압된 사회적

28. See, for instance H. G. Gadamer, 'Replik', in J. Habermas et al. (eds), *Hermeneutik und Ideologiekritik*(Frankfurt: Suhrkamp, 1971), pp. 294-295; H. J. Giegel, 'Reflexion und Emanzipation', in Habermas et al. (eds); *Hermeneutik und Ideologiekritik*, pp. 278-279; P. Ricoeur, *Hermeneutics and the Human Sciences*, ed. and trans. J. B. Thompson(Cambridge: Cambridge University Press, 1981), p. 85; P. Ricoeur, *Lectures on Ideology and Utopia*, ed. G. H. Taylor(New York: Columbia Univenity Press, 1986), pp. 245-253; Held, *Introduction to Critical Theory*, p. 394; T. McCarthy, *The Critical Theory of Jürgen Habermas*(Cambridge: Polity Press, 1984), pp. 205-207.
29. J. Habermas, *Theory and Practice*(London: Heinemann, 1974), pp. 32-33. [홍윤기 옮김, 『하버마스의 이론과 실천』, 종로서적, 1989.]

집단은 아마도 자신의 문제를 자각하지 못할 수도 있고, 비판 이론가들임을 자칭하는 사람들에게 귀 기울일 준비가 되어 있지 않을 것이다. 리쾨르(P. Ricoeur)가 말하듯이, "이데올로기 비판에서 어떤 사람도 자신을 병든 사람 또는 환자로서 동일시할 수 없으며, 누구도 의사의 자격을 가질 수 없다."[30]

하버마스는 신경증을 이데올로기의 원형으로 이해하기 위해 왜곡된 의사소통에 해당하는 가장 추상적이고 형식적인 측면들에 초점을 맞춰야만 했다. 그러나 이러한 일반적 분석의 대가는 신경증과 이데올로기 모두 그것들의 특수한 내용들을 상실한다는 점이다. 헬드는 다음과 같이 주장한다.

자기 동일성을 성취하는 가운데 신경증을 욕망의 역동성과 억압의 필요성과 연결시키고, 이데올로기가 물질적인 이해관계의 충돌과 연관되는 데도 불구하고 이데올로기와 신경증 모두를 의사소통 패러다임으로 이해했기 때문에, 하버마스는 이데올로기와 신경증 각각의 특성에 대해서 편향적으로 접근할 수밖에 없었다.[31]

다른 관점에서 본다면, 하버마스 생각의 가장 중요한 문제점은 아마도 이데올로기의 토대를 이루는 물질적 이해관계와 계급 적대에 대해 어떤 명백한 언급도 하지 않는다는 사실이다. 실제로 하버마스에게서 체계적으로 왜곡된 의사소통 개념은 억압, 폭력과

30. Ricoeur, *Lectures on Ideology and Utopia*, p. 248.
31. Held, *Introduction to Critical Theory*, p. 394.

검열이라는 상황에 대해 모호하고 일반적 방식으로 언급하는, 어떤 구속도 없는 합의를 방해하는 담론적 장애물을 지니고 있다. 그러나 하버마스는 현대 사회를 분열시키는 계급의 물질적 불평등, 권력 불균형과 이해관계들의 대립들에 대한 특별한 언급을 거의 하지 않는다. 물론 이것은 "2차 세계대전 이래 유럽 국가들에서의 계급 갈등의 화해와 오랜 기간에 걸친 사회 개혁의 성공"[32]에 대한 그의 믿음의 결과이다. 계급 적대는 여전히 자본주의 경제 체제 내부에 손재한다. 그러나 계급 적대는 경제 성장을 지속시킴으로써 "복지국가 대중 민주주의"에 의해 "무해한 것"으로 되었다.[33] 계급 적대 대신에 하버마스는 체계적으로 왜곡된 의사소통 그 자체를 사회 문제로서 드러내고자 하고, 또는 앤서니 기든스(A. Giddens)가 말했듯이, 바로 지배 이념이 왜곡된 의사소통과 같은 것을 만든다.[34]

하버마스의 이런 생각은 자본주의 사회의 실제적인 문제가 경제적이고 물질적인 불균형이 아니라, 오히려 의사소통 문제라는 것을 가정하는 것을 의미한다. 지배는 더 이상 주요하게 물질적 불평등과 계급 억압에 의해 유지되지 않는다. 다시 말해, 지배는 의사소통 구조라는 수준에 자리 잡고 있는 순전히 이데올로기적 문제가 되는데, 이러한 이데올로기적 문제는 담화적으로 성취되고 어떤 구속도

32. J. Habermas, *The Theory of Communicative Action*, vol. 2.(Cambridge: Polity Press, 1989), p. 343.
33. Ibid., p. 350.
34. A. Giddens, *Studies in Social and Political Theory*(London: Hutchinson, 1977), p. 152. [김중섭 옮김, 『정치사회 이론연구』, 한국사회학연구소, 1990.]

없는 합의를 방해하는 장애물을 만들어낸다. 이것은 생산 수단의 사적 소유에 의해 생겨나는 적대가 완전히 사라진다는 것을 의미하지 않는다. 적대는 경제 체제의 구조를 구성하는 부분으로 여전히 남아 있다. 그러나 적대는 더 이상 "사회 집단들의 생활세계"를 만들어내지 않는다.[35] 바로 이러한 이유로 억압된 계급의 특수한 해방적 관심이 더 이상 중요하지 않고 인류의 보편적 해방에 관한 관심으로 대체되었다. 맑스가 종교적 관념이 인류의 진정한 문제였다고 본 독일 이데올로그들을 비판하였듯이, 하버마스는 체계적으로 왜곡된 의사소통과 진정한 담화적 합의를 방해하는 장애물을 인류의 실질적인 속박이라고 생각한다. 아무튼 독일 이데올로그들에 대한 다음과 같은 맑스의 통렬한 비판은 하버마스에게도 해당되는 것 같다. "그러나 그들은 말에 대해 말로만 맞서고 있다는 것, 그리고 실제로 존재하는 세계와는 결코 투쟁하지 않고 있다는 것을 망각하고 있을 뿐이다."[36]

하버마스는 발전된 나라들에서는, 적어도 인간의 의식에 대한 계급 적대의 영향력은 감소한다고 그럴듯하게 말할 뿐만 아니라, 시장의 자유롭고 평등한 교환에 기초하고 있는 부르주아 자유 이데올로기의 역할이 감소하고 있다는 보다 의심할 만한 주장을 내놓는다. 신자유주의가 점차 지구적으로 중요해짐에 따라 자유 시장의

---

35. Habermas, *The Theory of Communicative Action*, vol. 2, p. 348. [장춘익 옮김, 『의사소통 행위이론 2』, 나남출판, 2006.]
36. K. Marx and F. Engels, *The German Ideology*, in *Collected Works*(London: Lawrence & Wishart, 1976), p. 30. [박재희 옮김, 『독일 이데올로기 1』, 청년사, 2007: 최인호 옮김, 『칼 맑스 프리드리히 엥겔스 저작 선집 1』, 박종철출판사, 1997.]

요소들과, 그러한 요소들이 평등, 자유, 소유와 자기 이해관계의 가치들에 지속적으로 기대게 되는데, 이 때문에 마치 맑스가 알고 비판했던 19세기 부르주아들의 본질적인 이데올로기가 결코 사라지지 않은 것처럼 보인다. 이것은 기술적이고 탈정치화된 의식형태들이 발전된 자본주의 사회 내에서 더욱더 중요한 것이 되지는 못한다는 것을 의미하는 것이 아니다. 오히려 기술적이고 탈정치화된 의식형태들이 실제 변화에 근거하고 있는 이데올로기를 대체한다고 주상하는 섯은 내가 보기에 분명히 틀렸다. 그렇기 때문에 하버마스는 간섭주의자, 높은 세금과 복지국가, 1980년대에 영국, 미국, 독일 그리고 몇몇 덜 발전된 나라들에서 신자유주의적인 정치적 세력의 거듭된 선거 승리를 성공적으로 이끌었던 자유 시장 요소들의 미덕을 격찬하는 것에 대한 공격을 여전히 고려해야만 한다.

이데올로기의 종말?

하버마스의 초기 저작들이 가지고 있었던 핵심적인 이데올로기 개념은 그의 기념비적 저작 『의사소통 행위이론』에서 그 모습을 감춘다. 우리가 살펴보았듯이, 비록 하버마스가 자유주의로부터 기술적 합리성에 이르는 발전된 사회 속에서 이데올로기를 정당화하는 지배적 형태의 중요한 변화를 발견했을지라도, 어쨌든 그는 비판 이론에 의해 수행되고, 해방의 관심들에 의해 좌우되었던 이데올로기 비판의 중요성을 믿었다. 이와 달리『의사소통 행위이론』에서, 하버마스는 이러한 이데올로기라는 바로 그 개념은 19세기의 총체화하는 체계들에 국한되어야 한다고 주장하는 것처럼 보인다. 이러한 주장은 이데올로기가 마침내 발전된 현대 산업 사회에서 사라지고 "기능적 등가물"에 의해 대체되었다는 것을 의미한다. "기능적 등가물"은 총체화하는 의식 형태의 형성을 방해하는 것이고 일상의식을 파편화하는 것이다. 즉, "우리는 오늘날 '허위의식' 대신에 물화의 메커니즘에 의해 계몽을 가로막는 **파편화된** 의식'을 가진다."[37] 따라서 비판 이론은 더 이상 이데올로기 비판으로서 이해되지 못하고 그 대신에 "문화적 빈곤과 일상의식의 파편화"[38]를 설명해야만 한다.

언뜻 보기에 이러한 주장은 아마도 하버마스와 "이데올로기 종말" 테제 사이의 뒤늦은 화해로 해석될 수 있다. 이러한 해석은 파편화된 의식이 이데올로기처럼 동일한 역할을 수행하는 것처럼 보이는 한, 하버마스가 현대 사회에는 결코 더 이상 억압과 갈등이 존재하지 않는다고 주장하는 것 같지는 않다. 그는 계급 갈등이 계속 경제 체제의 구조를 위한 요소로 지속한다는 사실을 받아들인다. 하지만 그는 계급 갈등이 이전처럼 동일한 효과를 생산할 것이라는 데는 의심을 한다. 즉, 우리가 이미 보았듯이 고도로 발전된 사회에서 계급 적대는 더 이상 사회적 집단들의 의식을 이루지 못한다. 그러므로 이데올로기 이론은 필연적으로 자신의 지시

---

37. Habermas, *The Theory of Communicative Action*, vol. 2, p. 355.
38. Ibid.

대상을 상실하게 된다. 이는 모든 것이 이제 명백하다는 것, 그래서 사람들이 어떤 것이 무엇인지 생활세계의 도구화를 통해 이해할 수 있다는 것을 의미하지 않는다. 즉, 일상 의식의 파편화라는 이데올로기에 대한 기능적 보완물 때문에 사람들은 후기 자본주의 속에서 여전히 어떤 것을 명백하게 이해할 수 없다는 것이다. 이데올로기가 이런저런 설명으로 빠져나가거나 은폐를 통해 작동한다면, 파편화는 분절된 종합(articulated synthesis)에 도달하려는 절박한 의식에 의해 작동한다. 누군가는 왜 하버마스가 이데올로기와 파편화된 의식 사이의 연관을 보지 못했는지 의아해한다. 물론 그는 마침내 자신의 입장을 명확히 한다. 어쨌든 간에 톰슨이 바르게 주장했듯이, "파편화는 이데올로기 대해 '기능적'이거나 또는 그렇지 않은 것이든지 간에 대등한 것인데, 이 두 대등한 것들이 서로 **배제하면서** 작동한다고 주장하는 것은 확실히 잘못된"[39]것이다.

그럼에도 불구하고 하버마스의 비판적 작업들을 설명하고자 한다면, 1981년 『의사소통 행위이론』 이래로 그가 더 이상 명확한 태도로 문제를 언급하지 않았다는 의미에서, 이데올로기 비판은 그의 저작 이면으로 사라졌다는 사실이 검토되어야 한다. 비록 이데올로기 비판을 우리가 의식하지 못할지라도, 하버마스가 신보수적인 현대 이론들과 언제 어디서 직면하든지 간에, 이데올로기 비판의 요소들은 표면에 떠오를 수밖에 없다. 이러한 사실은 하버마스의 견고한 모더니티에 대한 옹호와 프랑스의 포스트모더니즘에

---

39. J. B. Thompson, *Ideology and Modern Culture*(Cambridge: Polity Press, 1990), p. 301.

대한 그의 비판적 분석에서 매우 분명하다.40 켈너는 포스트모더니티 담론에 대한 하버마스의 많은 공격들이 니체, 하이데거(M. Heidegger) 그리고 파시즘과 연관되었기 때문에 잘못되었다고 가정하는 것에 불만을 나타낸다.41 그러나 진실은 하버마스의 공격들이 지지할 수 없는 수행적인 모순들과 이성에 대한 자기 패배적인 포기를 혹평하는 것을 넘어선다는 점이다. 물론 하버마스는 베버, 니체, 아도르노와 호르크하이머가 선구자였던 포스트모더니즘의 주체성에 근거하고 있는 도구적 이성의 강력한 비판 요소들이 있다는 것을 인정한다. 그러나 토마스 맥카시(Thomas McCarthy)가 주장했듯이, "하버마스가 반대하는 것은 비판의 (무차별적)42 '총체화'이고, 칸트에서 맑스에 이르기까지 이데올로기 비판의 사회역사적 형태에 대해 취했던 이성에 의한 이성 비판을 간단히 이성의 비판으로 바꾸어 놓은 것이다."43

하버마스는 이데올로기에 관한 포스트모더니즘적 총체화 이론을 논의했는데, 단지 그것이 니체와 관련되었다고 해서 잘못되었다고 볼 수 없다. 하버마스가 니체의 이데올로기에 대한 "총체화된 자기 소비적인" 비판에서 분명하게 반대하는 것은, 우선 이데

---

40. See J. Habermas, *The Philosophical Discourse of Modernity*(Cambridge, Mass.: MIT Press, 1987). [이진우 옮김,『현대성의 철학적 담론』, 문예출판사, 1994.]
41. D. Kellner, 'Postmodernism as Social Theory: Some Challenges and Problems', *Theory, Culture and Society*, 5, 2-3 (1988), p. 265.
42. 여기서 말하는 총체화가 다양한 비판의 특성을 무시하고 모든 비판을 뭉뚱그려 같은 것으로 취급하고 있기 때문에 이해를 위해 '무차별적'이란 단어를 삽입했다. —옮긴이
43. T. McCarthy, 'Introduction', in Habermas, *The Philosophical Discourse of Modernity*, p. xv.

올로기에 대한 니체의 비판이 "니체 자신의 비판의 토대를 공격하기"[44] 때문이며, 다음으로 니체는 매우 회의적이고 진리에 대한 믿음으로부터 벗어나고자 했기 때문에 자신의 비판이 그 자체로 타당성을 전제해야만 한다는 사실 때문이다. 이데올로기에 대한 이런 비판은 쉽고도 확실하게 대부분의 포스트모던적 견해들로까지 확장될 수 있다. 즉, 대부분의 포스트모던적 견해들은 모더니티를 맹렬히 공격하지만 자기 견해들의 입지를 위한 토대를 제공하지는 못한다.[45] 계몽을 조작으로 환원하고 이성을 지배로 환원함으로써, 포스트모던적 견해들은 자신의 비판 자체를 훼손하고 모더니티의 긍정적 측면에 대해서 무감각하게 될 수밖에 없다. 포스트모던적 견해들의 일면성은 모더니티의 해방적 측면들과 함께하는 명백한 억압과 소외 현상들을 이해할 수 없다. 따라서 그러한 견해들은 억지로 억압과 소외 현상들을 절대화한다.

이러한 포스트모더니즘과 그것의 선구자에 대한 하버마스의 비판의 예를 받아들이면서 아마 내가 과도하게 비판과 이데올로기 비판을 동일시하고 있다고 주장할 수도 있다. 포스트모더니즘 속에 있는 수행적 모순에 관한 하버마스의 비판이 왜 반드시 이데올로기 비판의 형태라고 간주되어야 하는가? 물론, 나는 하버마스 자신이 그의 비판을 이데올로기 비판으로 간주했는지 그렇지 않은지 실제로 알지 못한다. 사실 그는 이 주제에 관한 열두 번의 유명한 강연에서 결코 비판과 이데올로기 비판을 동일시하지 않았다.

---

44. Habermas, *The Philosophical Discourse of Modernity*, p. 96.
45. Ibid., p. 336.

하지만 내가 보기에 대답은 이데올로기 비판의 특성이 저자의 의도에 의해서라기보다는 그러한 비판을 찾아내는 문제들의 본질에 의해 주어져야 한다는 것이다. 만약 문제들이 오직 논리적 종류라면, 문제들은 단지 중립적 비판을 위한 경우에만 받아들일 수 있을 것이다. 그러나 포스트모더니즘의 이성에 대한 맹렬한 공격의 경우, 하버마스가 분석한 문제들은 순전히 논리적인 것은 아니다. 따라서 이성에 대한 공격은 이성이 그 자체의 토대를 훼손한다는 것, 이것은 이성이 이미 지배에 의해서 타협했을 때에만 가능한 것이므로 여기서는 제쳐놓자. 오히려 권력과 지배 사이에 본질적인 연관이 있다고 가정했기 때문에 이성에 대한 공격은 정치적인 지배라는 생각을 해소하는 방식이 되고, 혹은 적어도 지배가 일반적인 사회적 수준에서 검토되어야 한다는 생각에 우선권을 약화시키는 방식이 된다. 진리 영역들의 협소화는 또한 권력의 형태와 저항의 형태를 협소화시킨다. 따라서 사회적 계급 지배는 시야에서 사라지거나 적어도 사회적 계급 지배의 중요성을 잃어버리게 된다. 이것이야말로 이데올로기의 정수(quintessence)가 아닌가?

새로운 이성 개념과 합리화를 향하여

이성에 대한 대부분의 비판은 이성을 도구적 이성으로 환원시키는 것에 기초하고 있다. 니체, 아도르노, 호르크하이머, 마르쿠제 그리고 포스트모더니스트가 다양한 방법으로 이렇게 하고 있다.

이성은 조작, 지배와 관련되어 있기 때문에 이데올로기라는 이유로 받아들여지지 않는다. 하버마스는 다음과 같이 반론한다. 만약 이성이 지배와 융합되어 있는 것이라면 어떻게 이성에 대한 이런 비판들이 비판적일 수 있는가? 그들은 어떻게 이성에 기대지 않고 그들의 입장을 정당화하는가? 이럴 수 없기 때문에 하버마스는 그들이 그들만의 타당성을 전제하고 있다고 비판한다. 이성에 관한 문제들은 이성을 도구적 이성으로 환원시키고 이성을 이데올로기적이라고 간단히 처리하는 걸로 해결할 수 없다. 이러한 문제들은 도구적 이성이 더 넓은 이성 개념의 일부분이라는 사실을 받아들임으로써 해결할 수 있다.

하버마스의 가장 중요한 기여 가운데 하나는 도구적 이성을 넘어서는 의사소통 합리성에 관한 생각이다. 우리는 이미 하버마스에게서 도구적 이성으로 이성을 환원시키는 것은 의식철학의 한계로부터 비롯된 것이라는 점을 보았다. 이에 따라 단독적 주체들은 표상되고 조작될 수 있는 객관적 세계 속에서 어떤 것과 연관된다. 이때 이성은 한 개인과 그 개인의 대상 사이의 독백적인 관계로 이해된다. 그러한 관계는 필연적으로 도구적 합리성 개념을 포함하고 있다. 즉, 대상들로 이루어진 외적 세계는 주체에게 자신의 고유한 목적에 대한 수단으로 표상된다. 따라서 이성은 주체들이 본질적으로 따로 떨어져 있고 그들의 외부에 있는 환경을 지배하려는 욕구에 의해 형성된 수단-목적이라는 관계성의 틀 내에서 구성된다.

인간이 생존하기 위해 자연을 통제하고 지배해야 한다는 것, 바로 이러한 것이 이성을 완전히 조작하는 개념으로 보이게 한다는 것이 문제이다. 하버마스는 의식철학의 패러다임을 포기하고 그것을 언어철학의 패러다임으로 대체할 때 이런 환원주의로부터 벗어날 수 있다고 주장한다.

주체 중심의 이성은 가능한 대상 세계와 사태에 대해 인식하고 목적적으로 행위하는 주체들 간의 관계를 결정하는 진리와 성공이라는 기준을 통해 이성의 척도를 찾는다. 반면 우리가 지식을 의사소통적 매개로 받아들이게 되면, 합리성은 상호작용하고 있는 책임 있는 참여자들이 상호주관적 인식과 맞물려 있는 타당성 요구에 자신을 끌어들일 수 있는 능력으로 평가된다.[46]

따라서 도구적 이성을 포기하는 게 필요한 것이 아니라, 대화적이고 의사소통적 이성이라는 보다 포괄적인 개념에 도구적 이성을 포섭하는 것이 필요하다. 도구적 이성은 단지 의사소통적 이성의 한 부분이며, 의사소통 이성에 종속된 계기이다. 이런 새로운 이성 개념을 정립하기 위해 하버마스는 합목적적 행위와 의사소통 행위를 구분하기 시작한다. 이는 하버마스가 보기에 맑스가 무시한 점이다. 하버마스에 따르면, 맑스는 그의 실천 개념을 노동, 즉 합목적적 행위로 환원하였으며, 그 결과 의사소통적 상호행위를 간과했다. 합목적적 행위와 의사소통적 상호행위라는 두 차원의 분석은 보다 더 세세한 구분을 포함하고 있는데, 하버마스는 그 용어를 늘

---

46. Ibid., p. 314.

일관되게 사용하지 않지만 이 두 가지 행위를 다양한 층위와 맥락에서 분석한다. 일반적으로 합목적적 행위 또는 "성공 지향적 행위"가 도구적 행위, 전략적 행위일지라도, 그것은 개별 주체가 외적 대상과 관계하면서 사람들의 목적을 추구하는 것이다. 반면 의사소통 행위는 "관련 행위자의 행위가 성공에 대한 이기적 계산을 통해서가 아니라, 이해에 도달하려는 행위를 통해 함께 작동한다." 이러한 이해에 도달하려는 것은 인간의 언어적 대화의 본래 목적이며, "모색하고 행위하는 주체들 사이의 합의 도달 과정"에서 만들어진다.[47]

나에게는 이런 구분이 도구적이고 전략적인 성공 지향적 행위가 개인의 이기적 기획(enterprise)이 아니라는 점도 놓치고 있는 것처럼 보인다. 과학과 기술 영역에서의 대부분의 행위 이면에는 몇몇 개인들 간의 동의, 합의된 규범, 예측 가능성 등을 수반한 일치가 있다. 이해에 이르고자 하는 것은 몇몇 개인들 간의 이기적 계산과 대립하는 것이 아니다. 때문에 맥카시는 구분은 정도(degree)의 문제여야 한다고 주장한다. 왜냐하면 의사소통적 상호작용 속에서는 "상호 이해에 기초한 호혜성에 이끌린다는 것이 결정적인" 반면, 합목적적 행위 속에서는 "개별적 이해에 대한 계산된 추구가 호혜성을 고려하는 것보다 지배적이기" 때문이다.[48]

하버마스는 새로운 합리성 개념을 통해서 지속적이고 멈출 수

---

47. Habermas, *The Theory of Communicative Action*, vol. 1, pp. 285-287.
48. McCarthy, *The Critical Theory of Jürgen Habermas*, p. 30.

284 이데올로기와 문화정체성

없는 진보와 도구적 이성의 지배라는 합리화 과정에 대한 일면적 이해를 피할 수 있었다. 의사소통 상호행위의 차원에서 합리화는 지배 없는 의사소통의 확장을 의미한다. 베버, 아도르노와 호르크하이머는 도구적 이성의 확장에만 초점을 맞췄고, 심지어 의사소통 이성의 영역 속에서 상황을 고려하지 못했기 때문에 의사소통 이성은 도구적 이성에 의해 완전히 압도당하고 말았다는 인상을 주었다. 이와 달리 하버마스는 더 균형 잡힌 설명, 즉 "이성의 의사소통 잠재력은 자본주의 근대화의 과정에서 발전되었고, 동시에 왜곡되어왔다."고 주장한다.[49] 만약 의사소통 행위라고 폭넓게 이해되었던 합리성의 어떤 측면만이 모더니티에서 구현되었다는 것이 사실이라면, 도구적 이성의 압도적인 확장에만 초점을 맞출 수 없을 것이다. 즉, 우리는 의사소통 이성의 불완전함에 초점을 맞춰야만 한다. 다시 말하면 니체, 베버와 아도르노의 회의주의와 달리 모더니티는 "합리성의 과잉이 아니라 합리성의 결핍", 즉 의사소통 합리성의 결핍 때문에 상처받은 것이다.

비록 자연을 통제하고 이용하여 사회의 필요를 충족시키기 위해서 도구적 이성은 없어서는 안 될 것이지만, 도구적 이성은 또한 의사소통 이성이 지배력을 가져야만 하는 사회적 삶의 다른 영역들에 스며들고 침입하려는 유감스러운 경향을 가지고 있다. 이것이 하버마스가 생활세계의 식민화라고 말하는 것이다. 즉, "인식적-도구적 합리성은 경제와 국가의 영역을 넘어 의사소통적으로

---

49. Habermas, *The Philosophical Discourse of Modernity*, p. 315.

구성된 삶의 영역으로 쇄도하여, 그곳에서 도덕적-정치적이며 미적-실천적 합리성을 희생시키면서 지배하게 된다."[50] 이러한 생활세계의 식민화 과정은 선진 자본주의 국가들이 가진 병리의 원인일 뿐만 아니라 서구 로고스중심주의의 원인이기도 하다.

실제로 하버마스는 과학과 기술, 도덕과 법 그리고 예술과 에로티시즘이라는 세 가지 문화적 영역들 또는 범위들 사이의 차이를 구분한다. 이 세 가지 문화적 영역들은 인식적-도구적, 도덕적-실천적 그리고 미적-실천적 합리성이라는 세 가지 등급과 상응한다. 하버마스는 서구 로고스중심주의가 "생활세계에서 실제로 작동하는 이성의 복합성을 소홀히 하는 것을 의미하며, 자본주의적 근대화 과정들 속에서 현저하게 특권을 부여받았고 선택적으로 이용되었던 인식적-도구적 차원에 이성을 제한하는 것을 의미한다."고 주장한다.[51] 합리화에 대한 하나의 선택적 패턴은 세 가지 차원의 합리화 중 하나가 체계적으로 발전되지 않거나 충분히 제도화되지 않을 때 또는 "생활-체계가 그것과는 성격이 다른 어떤 합리성 형태에 종속시키는 정도까지 지배할" 때 발생한다.[52] 그러므로 예를 들어, 합리화에 대한 서구적 유형은 과도하게 자본주의 생산이라는 도구적 논리에 기초하고 있으며, 의사소통 합리성의 도덕적이고 미적인 차원을 침해한다. 따라서 근대성의 문제는 베버가 생각했던 그러한 합리화가 아니라 의

---

50. Habermas, *The Theory of Communicative Action*, vol. 2, p. 304. See also vol. 1, p. 240.
51. Habermas, 'Questions and Counterquestions', in R. J. Berstein, (ed.), *Habermas and Modernity*(Cambridge: Polity Press, 1985), p. 197.
52. Habermas, *The Theory of Communicative Action*, vol. 1, p. 240.

사소통 합리성의 조화로운 발전의 결여인 것이다.

하버마스는 의사소통 상호행위의 영역에서 합리화 과정은 지배로부터 자유로운 의사소통을 확장한다고 주장하면서, 합리화를 이데올로기의 극복과 연결시키고 있다. 만약 의사소통 합리화가 의사소통이라는 바로 그 구조에 숨겨진 권력들을 제거하는 것을 의미하고 생성하는 의식과, 진정한 합의에 의해 규제되는 것과의 실제적인 갈등이 일어나지 못하게 하는 그러한 권력 관계들의 제거를 의미한다면, 이러한 영역에서 합리화는 체계적으로 왜곡된 의사소통의 극복, 즉 이데올로기 타파를 의미한다.53

어떤 합리화 패턴을 선택할 것인가라는 문제는 발전된 서구 자본주의 근대화 과정에서 결정적이었다. 뿐만 아니라 그런 선택의 문제는 독립 이후 국가가 주요한 역할을 해왔던 라틴 아메리카에서도 역시 근대화 유형에 있어서 중요했다. 예컨대, 하버마스는 도구적 합리성이 기술적 결정처럼 실제적인 쟁점을 탈정치화하고 권력을 사용도록 조장하는 기술관료적 의식에 의해 발전된 사회에서 생활세계로 침입했다고 주장한다. 나는 선진 자본주의 사회에 도구적 합리성이 만연한다는 것은 삶의 상품화라는 일반화, 즉 시장의 합리성이 예술, 종교와 도덕에 침투한다는 점을 덧붙이고 싶다. 시장과 소비 유형이 일반적으로 발전되지 않거나 덜 복잡한 제3세계의 많은 나라들에서는, 대체로 국가를 통해서 도구적 합리성이 삶의 다른 체계 안으로 침범해 들어간다.

---

53. Habermas, *Communication and the Evolution of Society*, pp. 119-120.

저개발 사회들에 대한 분석에 있어 가장 주목할 사실들 중 하나는, 특히 국가의 거대한 힘, 확장 그리고 중요성과 비교했을 때 저개발 사회의 시민사회는 자율성이 부족하며 나약하다는 것이다. 이러한 사회에서 국가는 선진국보다 더 넓게 시민사회 전반을 종속시키고 도구화시킨다. 이는 문화적 제도들이 국가에 크게 의존하는 경향이 있다는 점에서 사실이다. 대학과 제도적 정치 사이의 관계는 좋은 예이다. 대부분의 정치적 정당들과 국가들은 대학들을 자신들의 가장 중요한 조직을 위한 사람들을 모집하는 영역으로서 이용한다. 또한 정치적 정당과 국가들은 대학들을 정부에서 해임되었거나 지금 해임되려고 하는 공무원들과 정치가들을 위한 손쉬운 피난처로 이용한다. 그러므로 대학의 직원을 모집한다는 것은 특히 이러한 경우에 해당되고 정치적 충성에 기반하고 있다.

이러한 대학과 같은 문화적 제도들의 자율성 부족과 대학들의 조직과 운영에서 국가의 비정상적 중요성은, 문화 영역을 특정한 정치 정당에 의해 통제되는 일련의 봉토(封土)로 봉건화시키거나 분열시켰다. 대학 강단에 접근할 수 있는 어떤 객관적 경쟁 시스템이 없기 때문에, 임용은 정치적이고 이데올로기적인 후원의 토대 위에서 이루어졌다. 분파적 임용과 이데올로기적 후견은 통상적이다. 정치적이고 이데올로기적인 후원에 "소속되지 않은" 사람들은 구성원이 될 수 없다. 국가는 정치적이고 이데올로기적 후원을 집권 정부의 성격과 실행할 수 있는 경제적 영향력에 따라 아주 공공연히 이용한다. 대학들이 언제나 집권 정부와 같은 정치적 견해를 같이 하는 것은 아니다. 때로는 집권 정부에 반대하는 정당들의 피난처가 되기도 한다. 그러나 결국엔 대학 학생처장, 총장 및 많은 다른 핵심 행정관은 특정 대학에서 우세한 정치적, 이데올로기적 색깔에 맞출 수밖에 없을 것이다.

의사소통 합리성, 합의와 진리

하버마스는 도덕과 법, 예술 그리고 에로티시즘에 영향을 끼치는 일상적인 의사소통 행위에서는 항상 암시적 합리성, 의사소통 합리성이 작동하고 있다고 주장한다. 이것은 도덕과 법, 예술 그리고 에로티시즘에 관해서 타인에게 무엇을 말하든 간에 명백하게 표현될 수 있는 타당성 요구를 포함하고 있다는 뜻이다. 이것은 내가 말하는 것을 이해할 수 있다는 이해 가능성, 내가 말하는 명제의 내용이 참이라는 명제적 진리, 내가 말하는 것은 정당하고 속이고자 하는 의도 없이 진실하게 이야기한다는 주관적인 참됨 혹은 진실성을 의미한다. 이러한 모든 요구들은 우연적이고 오류에 빠지기 쉽다. 그래서 논증 과정에서 근거가 제출되면 비판받을 수도 있고 혹은 확실한 근거를 얻을 수도 있다. 칼 포퍼(Karl Popper)가 먼저 언급했고 기든스가 주장한 것처럼,[54] 하버마스도 이것은 선험론을 피한 우리 주장들의 오류 가능성이라 말한다. 이와 같은 총체화하는 이론들은 토대주의적이고 본질주의적이다. 그 이

---

54. A. Giddens, 'Reason Without Revolution? Habermas's *Theorie des kommunikativen Handelns*', in Bernstein (ed.), *Harbermas and Modernity*, p. 114.

론들은 오류 가능성을 받아들이지 않는다.

알브레히트 벨머(Albrecht Wellmer)는 칸트의 규범적 합리성 개념에 기대어 합리성과 상호주관성을 둘러싼 쟁점을 연구하였다. 벨머에 따르면, 칸트에게 합리성은 (1) 자율적으로 사고하는 것, (2) 우리 자신을 다른 사람의 입장에 놓고 사고하는 것, (3) 자기 자신과 정합되도록 사고하는 것을 의미한다.55 두 번째 원리, 즉 다른 사람의 관점에서 사고한다는 것은 다음과 같은 방식으로 생각하는 것을 의미한다. 우리가 생각하는 것을 타인들이 받아들일 수 있고, 타인들이 우리의 진술에 반대할 수 있는 주장들을 우리가 고려하는 방식으로 말이다. 나 아닌 다른 사람의 관점에 따라 사고한다는 것은 우리 판단의 상호주관적 타당성을 확보하는 방식이다. 이것은 오직 의사소통과 상호주관적인 담론의 영역에서 가능하다. 다른 방식으로 설명하자면, 하버마스가 무엇이 합리적인가라는 것은 언어 사용자가 서로를 지향한다는 것과 관련이 있다고 본 것은 옳은 일이다. 그러나 하버마스처럼 상호주관성으로부터 진리의 근본적인 척도를 끌어낼 수 있다고 믿는 것이 옳은 것인가?

벨머는 상호주관적 동의가 그 자체로 진리의 척도까지 되지 않는 한, 그런 한에서만 의사소통적 합리성 개념은 너무나 그럴듯하게 보인다고 주장한다. 하버마스의 의사소통 합리성 개념이 가지고 있는 문제점은 그 주장이 상호주관적 동의가 결국에는 진리의

---

55. A. Wellmer, 'Intersubjectivity and Reason', in L. H. Hertzberg and J. Pietarinen (eds), *Perspectives on Human Conduct* (Leiden: E. T. Brill, 1988), p. 128. The quote is taken from I. kant, *The Critique of Judgment* (Oxford: Clarendon Press, 1952), p. 152. [이석윤 옮김, 『판단력 비판』, 박영사, 2005.]

척도라는 주장으로 끝나버린다는 것이다. 캘리니코스가 주장한 것처럼, 발화 행위 혹은 명제는 지식의 현재 상태에 따라 혹은 힘의 불균형에 의해 오염되지 않는 이상적 발화 상황에서 논의를 통한 합의에 따라 동의될 수 있다. 그럼에도 불구하고 그는 그것을 거짓으로 본다.56 벨머에게 발화하는 것과 타인들과 논쟁하는 것, 타인들을 이해하고 우리 자신을 타인들에게 이해시키고자 노력하는 것은 우리의 주장을 진리에 비추어보는 유일한 방법이다. 그러나 이것은 진리가 합리적인 합의 혹은 합리적인 합의의 내용, 이상적인 발화 상황에서만 도달할 수 있는 합리적인 합의라는 하버마스의 주장과는 다르다. 합의가 진리에 관한 주장이 타당하다는 것을 우리에게 확신시킬 수는 없다. 그것은 우리의 신념을 확인하는 것일지 모르지만, 진리를 보증할 수는 없다. 합의는 진리의 척도가 아니다.57

비록 언어만이 근본적으로 상호주관적인 의미와 진리의 영역을 열지만, 벨머는 그러한 진리의 개념이 개별 발화자들에게 항상 귀속되어 있는 신뢰와 판단으로부터 분리될 수 없다고 주장한다. 우리가 서로를 이해하고 있다는 것을 확인하는 것, 우리가 공통의 언어를 사용하고 있다는 것, 진리에 대한 우리의 요구가 상호주관적으로 받아들여질 수 있다는 것은 동시적인 것이지만, 결코 앞으로 새로운 난점과 문제들이 생기지 않을 거라고 확신할 수 없다.58 나는

---

56. A.. Callinicos, *Against Postmodernism: A Marxist Critique*(Cambridge: Polity Press, 1989), p. 111. [임성훈 외 옮김, 『포스트모더니즘 비판』, 성림출판사, 1994.]
57. Wellmer, 'Intersubjectivity and Reason', pp. 157-158.

벨머를 넘어 캘리니코스와 다음을 말하고자 한다. 비록 상호주관
성과 의사소통이 진리 요구가 참이 되고 타인들에게 받아들여질
수 있는 유일한 영역이지만, 진리 그 자체는 벨머가 주장하는 것
처럼 그러한 동의 혹은 개인적인 믿음에 달려 있지는 않다. 어느
정도는 세계적 상황에 달려 있다.59 벨머가 "앞으로 새로운 난점과
문제들이 발생할 수 있다."는 것을 확신할 수 없다고 말할 때, 그
는 사람들이 합리적 의사소통 안에서 동의하는 것과는 다른 "세계
의 상황"에 대해 함축적으로 언급하고 있는 것이나.

　진리는 합의가 실제로 어떻게 이루어지는지에 관한 것과 관계없
는 규범적 개념이라는 비판, 즉 우리는 어떻게 합의가 합리적으로
이루어진다는 것을 아는가라는 물음에 대해, 하버마스는 적용할
수 있는 유일한 합의는 합리적으로 동기가 부여된 합의, 다시 말
해 좀 더 나은 논증력을 통해 도달한 합의라고 대답한다.60 맥카시
가 주장하듯이, "만약 비판적 논의를 통해 이루어진 동의가 진리
요구에 대한 근거를 제공하는 것이라면, 합리적 합의와 단순한 실
제적인 합의를 구분하는 어떤 방법이 있어야 한다. 진리에 대한
요구에는 우리의 실제적인 동의보다 더 강한 정당화가 필요하기
때문이다. 즉, 보다 강한 정당화는 충분한 근거를 가진 규범적인
의미에 합의할 것을 요구한다." 하버마스는 진리의 척도는 "어떤
합의가 이루어졌다는 사실이기 보다는 오히려 언제 어디서나 우리

---

58. Ibid., p. 158.
59. Callinicos, *Against Postmodernism: A Marxist Critique*, p. 111.
60. See on this McCarthy, *The Critical Theory of Jürgen Habermas*, p. 304.

가 담화를 시작한다면, 합의가 정당화될 수 있다고 보여주는 조건 하에서 합의에 도달할 수 있다."고 주장한다.[61] 이것은 단순한 우연적인 요인이 아니라 오직 합리적인 논증력에 근거한 합의만이 진리를 주장할 수 있음을 의미한다. 그러나 심지어 합의가 합리적으로 동기 부여되었고 좀 더 나은 논증에 근거해서 도달된 것이라고 할지라도, 세계의 실상은 그러한 합리적 합의와는 다를 수도 있다.

따라서 합의 이론이 설명하고 있는 합리성·상호주관성과 진리 간의 밀접한 관련성은 진리 또는 합리성에 관한 명확한 척도를 제공할 수 없다. 그러나 진리나 합리성의 척도가 없다는 것은, 로티가 주장하듯이, 이성과 진리가 어떤 특정한 언어게임을 넘어 보편성을 요구할 수 없다는 것은 아니다. 벨머는 로티, 칼-오토 아펠(Karl-Otto Apel)과 하버마스가 이성의 운명은 합리성에 관한 근본적인 척도가 존재하느냐 존재하지 않느냐에 달려 있다고 믿는 실수를 범하고 있다고 정확하게 비판하고 있다. 로티는 그런 척도는 없다고 주장한다. 아펠과 하버마스는 그런 척도가 절차 속에 존재한다는 것을 보여주고자 한다. 그러나 이 둘의 주장은 모두 틀렸다. 이성은 합리성과 진리의 근본적인 척도 없이도 존재할 수 있기 때문이다. 벨머는 이러한 근본주의 이론들이 절차적 합리성 개념과 밀접하게 관련되어 있다고 비난한다. 왜냐하면 근본주의 이론들과 근본주의가 아르키메데스적인 지점에 대한 탐구와 진리에

---

61. Ibid., p. 307.

도달하는 것을 보증하는 규칙 또는 전제의 근본적인 수준에 관한 탐구에 집착하는 한, 그러한 이론들은 합리성의 절차적 개념과 밀접하게 연관될 수밖에 없기 때문이다.[62]

둘째로, 벨머는 도덕적 진리와 과학적 진리 사이에 단순한 연결조차도 없기 때문에 하버마스를 반대한다. 도덕적 진리에 대해 우리가 긍정하는 본질적인 까닭은 단지 상호주관적인 타당성에 대한 요구만을 언급함으로써 설명될 수 없다는 것이다. 한편, 벨머는 만약에 우리가 도덕적 혹은 미학적인 진리 요구가 어떻게 인식적이고 도구적이고 형태의 진리에 관한 긍정과 관련되는지를 이해하지 못한다면, 우리는 다양하게 드러나는 합리성을 이해할 수 없다는 점에서 하버마스에게 동의한다. 그러나 다른 한편으로는 도덕적이고 미학적인 진리를 긍정한다는 의미는 다른 토대 위에서 설명되어야 한다. 벨머는 우리가 진리의 다른 차원의 특성인 합리성의 다른 형태를 말할 수도 있다고 제안한다.[63]

자민족중심주의, 상대주의 그리고 문화정체성

우리는 하버마스가 오류 가능성을 허락하지 않는 전체주의적 이론인 선험론과 근본주의 그리고 본질주의에 대해 비판적이라는 것을 보았다. 그러나 그는 역사주의가 자기 지시적이고 일관되지 않

---

62. Quoted in Ibid., p. 308.
63. Wellmer, 'Intersubjectivity and Reason', p. 159.

기 때문에 옳지 않다고 생각한다. 삶의 형태들이 항상 다양하게 나타난다는 것은 틀림없다. 그리고 개인들, 집단들 그리고 민족들은 그들의 배경과 사회 문화적 경험에 따라 다르다.[64] 이것은 여러 담론 세계의 다원화를 설명한다.[65] 그러나 하버마스는 이러한 다원화가 개인, 집단, 민족의 양립 불가능성 때문에 자동적으로 생겨나는 것은 아니라고 주장한다. 게다가 의견의 차이를 허용하는 것 그리고 "언젠가는 해결될 것이라고 기대하면서 논쟁적인 타당성 요구를 '당분간' 제쳐두는 것"이 모더니티의 특징이다.[66] 그렇지만 하버마스는 로티에 반대하면서 타당한 견해와 사회적으로 수용되는 견해 사이에는 차이점이 있다는 것을, 좋은 논증과 특정한 청중들에게 성공적인 논증 사이에는 차이점이 있다는 것을 주장하고자 한다. 그는 다음과 같이 말한다. "믿음이 정당화되어야 한다는 요구는 믿음이 좋은 논거에 근거해야 한다는 요구이다. 정당화는 어떤 곳에서는 사회적으로 통용되고, 어떤 곳에서는 통용되지 못하는 생활 습관의 기능이 아니다."[67]

하버마스의 로고스중심주의에 대한 논의와 발전된 세계인 서구에서 이성의 복잡성의 환원은 자민족중심주의를 이해하는 데 좋은 기초를 제공한다. 왜냐하면 이성의 기술적 차원은 서구의 특권이며, 그러한 인식 수단적 차원에서 서구적인 효과적 사용으로만 다른 문화를 평가하는 경향이 있기 때문이다. 이러한 측면에서 몇몇

---

64. Ibid., p. 163.
65. Habermas, 'Questions and Counterquestions', p. 192.
66. Ibid., p. 194.
67. Ibid., p. 195.

저개발 사회의 상대적인 후진성은 그들의 문화적 업적을 부정적으로 평가하는 근거로 사용될 수 있다. 이성의 의사소통적 차원을 인식하는 것은 매우 중요하다. 왜냐하면 의사소통 합리성이라는 바로 그 개념으로 타인과의 대화에서 참조할 수 있는 무엇, 즉 그 자체로 타인의 주장을 이해해야 하는 서로 다른 개인들 간의 상호인식이라는 관계성을 만들기 때문이다. 이것은 하버마스가 말하는 것처럼, 어떤 생각들이 성공적이고 광범위하게 어떤 문화 내에서 수용되기 때문에 그 생각들이 필연적으로 그것과 반대되는 것만큼 타당한 것이라는 의미가 아니다. 이것은 비록 그러한 생각들이 이성의 인식도구적 측면과 "세계관의 합리화가 학습과정을 통해서 발생한다."는 가정에 적합하지는 않을지라도 적어도 의사소통 이성은 서구의 개인이 다른 사람의 주장을 이해하려고 해야 하고 내치지 말아야 한다는 것을 의미한다.[68]

이것은 자민족중심주의에 반대하는 하버마스의 주장이 오히려 상대주의적 패턴보다는 보편주의적 패턴을 따른다는 것을 의미한다. 이러한 측면에서 상대주의의 매력은 잘 알려져 있다. 피터 윈치(Peter Winch)는 보편적 척도라는 생각은 비논리적으로 탐구자의 문화는 합리성의 패러다임이라고 가정하고 있다고 주장한다. 따라서 당연히 원시인의 문화는 열등하다는 판단을 낳게 된다. 윈치에게 각각의 문화는 그것 자체의 고유한 규칙과 합리성 척도를 가지고 있는 언어게임이다. 그래서 탐구자는 과학적 합리성이라는 서

---

68. Habermas, *The Theory of Communicative Action*, vol. 1, pp. 66-67.

구 척도를 가지고 원시인의 문화적 삶에 관한 어떠한 측면도 판단할 권리가 없다.[69] 하버마스는 이 입장에 반대하여 맥카시를 따른다. 맥카시는 비록 윈치의 상대주의에 기초한 비판이 몇몇 과학적 사고의 요소가 보편적이라고 주장한다는 점에서는 옳을지라도, 그 비판이 정당함을 입증하는 데 실패했다고 본다. 왜냐하면 그 비판들은 보편적인 과학적 요소들이 우리의 문화에서처럼 "강조되고, 발전되고 확장되어야만 한다."는 점을, 그리고 이것은 "과학적인 추론의 원리에 기대어 결정될 수 없는", 즉 "바로 그 삶의 방식으로 다루어질 수밖에 없는 그러한 삶의 영역"에 대한 실질적인 고려를 포함하고 있다는 것을 알지 못하기 때문이다. 그래서 상대주의에 반대하는 주장은 이성을 과학적 이성으로 환원함으로써 성공할 수 없다. 그것은 의사소통 합리성에 대한 하버마스의 좀 더 포괄적인 개념을 요구한다.[70] 그렇지만 동시에 그것은 "진리와 정당성 요구를 논증적이고 반성적으로 추론하는 능력의 우월성이 종(種) 전체의 인식적이고 도덕적인 능력의 진화적 발전 단계를 상징한다는 점을 받아들일 것을 요구한다."[71]

하버마스의 반상대주의적 논증은 또한 그가 동일한 보편주의적 관점에서 다루고 있는 문화정체성의 쟁점에 관한 그의 접근에서도 반영되고 있다. 그는 순전히 민족의 역사에서 독일의 정체성을 구성해서는 안 된다고 전제하면서 출발하는데, 그 까닭은 민족의 역

69. See P. Winch, 'Understanding a Primitive Society', in B. R. Wilson (ed.), *Rationality*(Oxford: Blackwell, 1970), pp. 78-111.
70. McCarthy, *The Critical Theory of Jürgen Habermas*, p. 319.
71. Ibid., p. 321.

사는 너무 특수한 것이고 나치즘에서 나타났듯이 인종적 우월성이라는 생각으로 끝날 위험성을 안고 있기 때문이다. 모든 형태의 민족의식에는 보편주의적 요소들(민주주의와 법의 지배)과 민족의 역사로부터 나오는 특수한 요소들 간의 긴장이 있다. 이런 요소들 간의 균형은 나치즘 기간 동안 독일에서 붕괴되었고, 그래서 어떤 보편주의적 구속으로부터 민족 중심주의가 벗어날 수 있게 되었다. 이것이 하버마스가 전후 독일 정체성의 새로운 건설이 오히려 입헌민주주의적이고 보편적인 원리, 또는 "입헌적 애국심"에 충실하게 되었다고 주장하는 이유이다. 독일인들은 순전히 민족 역사에 따라 확신했던 그들의 과거로부터 그들 자신을 분리하려고 의식적으로 노력하였다. 보편적 원리에 의해 채워지는 애국심만이 자랑스러운 연속성에서 벗어날 수 있게 하고, 모든 민족적 전통이 지닌 의미심장한 양면성을 이해할 수 있게 한다.[72]

이런 일은 전후 독일에서 직접적으로 나치즘의 결말로서 나타났다. 뿐만 아니라, 점차 다른 유럽 국가들 역시 "민족국가 수준에서의 통합의 중요성과 타당성을 잃어가는 방식으로 발전하였다. 이런 나라들은 또한 유럽 통합 과정에서 보이는 것처럼 '포스트-민족(post-national)' 사회로 나아가고 있다."[73] 그 나라들은 또한 그들 고유의 민족적 전통과 명백하고 의심할 여지없는 연속성에

---

72. Habermas, 'Historical Consciousness and Post-Traditional Identity: The Federal Republic's Orientation to the West', in J. Habermas, *The New Conservatism*(Cambridge, Mass.: MIT Press, 1989), pp. 253-257.
73. Habermas, 'The Limits of Neo-Historicism', interview with J. M. Ferry, in J. Habermas, *Autonomy and Solidarity*(London: Verso, 1992), p. 240.

대해 의문을 품을 수 있게 되었다. 이것은 하버마스가 모든 역사적이고 전통적인 요소들을 폐기하는, 순전히 보편주의적인 정체성을 주장한다는 것을 의미하지는 않는다. 하버마스는 모든 정체성은 특수하고 구체적이라고 주장한다. 하버마스가 받아들일 수 없는 것은 민족적 전통을 무비판적으로 받아들여야 한다는 것이다. 어떤 민족의 과거로부터 나온 모든 것이 반드시 좋고 규범적인 것은 아니기 때문이다. 왜냐하면 민족적 전통은 어떤 전통을 따를지 어떤 전통을 버릴지 결정할 수 있고, 실제로 결정해야만 하는 양면적인 것이기 때문이다.74 이런 주장은 독일 통일 이후에 더욱 중요한데, 하버마스가 이민자에 대한 우파 테러리스트의 늘어나는 공격과 비호권(庇護權, asylum rights)을 폐지하려는 시도, 일반적으로 말해 민족주의의 부활에 맞서야만 했던 것처럼, 독일이 여전히 외국인을 혐오하는 과거를 청산하려고 한다는 것을 보여주기 때문이다.75 이런 모든 쟁점들은 문화정체성 문제를 다루는 다음 장을 위한 발판이 된다.

74. Habermas, 'Historical Consciousness and Post-Traditional Identity', p. 263.
75. See on this J. Habermas, 'The Second Life Fiction of the Federal Republic: We Have Become "Normal" Again', New Left Review, 197 (January/February 1993).

6장

문화정체성, 세계화 그리고 역사

개요

이데올로기를 비판하는 대부분의 보편 이론은 서구 유럽에서 성립되었고, 계몽 운동 이래로 전개되어 온 도구적 이성이라는 개념과 함께 암암리에 작동해 왔다. 도구적 이성이라는 개념은 중세 봉건 유럽의 전형적인, 종교적이고 형이상학적인 세계관에 반대하는 것으로 나타났다. 하지만 이것은 또한 세계의 다른 지역에서 동시에 생겨난 개념과도 대립하는 것이었다. 대부분의 보편 이론은 비유럽적인 "타자" 개념을 가지고 있었는데, 이 개념은 "타자"의 무질서하고 비합리적인 방식과, 자신들의 보다 합리적인 유럽적 문화정체성이라는 의기양양하고 낙관적인 개념 사이의 대조를 강조하는 것이었다. 이런 정체성은 자신들을 역사가 만들어지는 중심으로 여기면서, 다른 모든 사람들을 주변부로 자리매김하고 또 주변부라고 생각하였다. 이성은 인류를 불행으로부터 해방시키는 것이었고, 지식과 과학은 교육과 진보의 열쇠였다. 따라서 유럽 이외의 세계를 도구적 이성과 과학이 제대로 발전하지 못했기 때문에 불행의 세계로 인식한 것은 놀랄 일이 아니다. 유럽은 유럽 이외의 광대한 세계에서 그러한 이성과 과학을 완성하는 임무를 떠맡았다. 부르주아지가 유럽에서 계산적 이성을 이용하는 것처럼, 유럽에 비해 후진적이거나 "개발되지 않은" 국가들을 문명화하는 것이 필요했다. 이러한 이데올로기의 기만에 대한 투쟁은 다른 나라들에서 지속되었다.

물론 유럽 자신이 생각한 이러한 의무가 새로운 해외 시장과 원자재를 개발하려는 경제적 이해관계를 얄팍하게 감추는 것이라고 해석할 수도 있다. 하지만 맑스조차도 이러한 유럽의 해외 팽창을 어떤 국면이 요구하는 불가피한 것이라고 보았다. 그래서 영국은 인도에서 낡은 생산양식을 폐지하는 파괴와, 개발과 진보로 이끌어가는 자본주의를 끌어들이는 재건이라는 두 가지 임무를 완수해야만 한다는 것이 바로 잘 알려진 맑스의 생각이다. 따라서 자본주의에 대한 가장 철저한 비판인 맑스주의의 시각에서조차도 유럽의 임무는 진보를 위한 정복과 파괴를 수반하는 것이다. 유럽의 임무가 가진 동기가 불순한 것이기는 했지만, 역사적 법칙은 그 동기들 속에서도 작동하고 있었다.

이러한 맥락에서 각각의 이데올로기에 관한 비판과 함께하는 대부분의 발전 이론은 전통적인 후진성과 지체 양상으로부터 구해내야 하는 "타자"와 조우하면서 그러한 "타자"를 구성해내고 있다. 더욱이 1장에서 설명했듯이, 획일성에 대해 차이를 강조하고, 문화상대주의를 객관적인 진리에 대한 반대로, 역사적 단절을 역사에 관한 단선적이고 목적론적인 개념에 대한 반대로 강조하는 역사주의적 설명이 시작되면서부터 모더니티와 모더니티에 관한 보편적이고 전체적인 이론들은 비판받게 되었다. 하지만 이러한 입장은 여전히 유럽을 중심으로, 비유럽적인 "타자"를 주변부이자 열등한 것으로 구성해내는 것을 그만두지 않고 있다. 모더니티에 관한 보편 이론이 "타자"를 유럽의 합리적인 주체라는 관점에서 바라보기 때문에 모든 문화적인 차이를 그 자신의 단일성으로 환원하고 있는 반면에, 역사주의적 이론은 "타자"를 자신의 특수하고 독특한 문화적 태도라는 관점에서 바라보기 때문에 차이와 분절을 강조하고 있다. 만약 보편 이론이 "타자"의 특수성을 무시하고 있다면, 역사주의 이론은 "타자"를 인간보다 열등하다는 점에서 다른 존재라고 생각할 수도 있다.

유럽적인 문화정체성 구성에서는 16세기 이후 오늘날의 비유럽적인 타자의 현존이 늘 핵심이라는 것이 대단히 중요하다. 특히 아메리카의 발견과 정복은 자본주의의 시작과 유럽 민족국가의 형성과 동시에 일어났기 때문에 아주 중요한 역할을 한다. 문화정체성의 형성은 "타자" 개념을 전제한다. 즉, 문화적 자아라는 정의는 언제나 타자의 가치, 특성, 삶의 방식을 구별하는 것이기 때문이다. 유럽의 경우에 모더니티 속에서 나타나는 대안적 가치들은 유럽 자신의 봉건적 과거에서뿐만 아니라 아메리카와 아프리카, 아시아의 현실에 의해서 제공되는 것이다.

　문화가 서로 마주칠 때에는, 특히 한 문화가 보다 발전된 경제적·군사적 토대를 소유하고 있을 때에는 항상 권력이 포함된다. 서로 다른 문화가 침략이나 식민화 또는 의사소통의 다양한 형태로 충돌적이고 비대칭적으로 마주칠 경우에는 반드시 문화정체성이라는 주제가 등장하게 된다. 문화정체성이라는 문제는 일반적으로 상대적인 고립, 번영, 안정이라는 상황에서는 발생하지 않는다. 왜냐하면 정체성은 불안정, 위기, 기존 방식이 위협받는 시기에 이슈가 되며, 특히 다른 문화구성체와의 연관 속에서 또는 그런 문화구성체의 현존 앞에서 이런 위기가 닥치게 될 때 이슈가 되기 때문이다. 코베나 머서(Kobena Mercer)는 "정체성은 고정되고, 일관되고, 안정적이라고 생각된 어떤 것이 의심과 불확실성이라는 경험에 의해 대체되는 바로 그때에 이슈가 된다."[1]고 말했다. 이 말은 정체성이 보통 무엇을 의미하는지에 대한 실마리를 제공해준다. 정체성과 관련된 주요 개념들은 영속성, 일관성, 인정(recognition)과 같은 것이다. 우리가 정체성을 말할 때, 우리는 대체로 어떤 지속성, 총체적인 단일성, 자기 의식성을 함축하고 있다. 이러한 특성들은 기존의 삶의 방식에 대한 위협이 감지되기 전에는 늘 당연한 것으로 받아들여진다.

　문화정체성이라는 주제는 개인정체성이라는 주제와 두 가지 의

---

1. K. Mercer, 'Welcome to the Jungle:Identity and Diversity in Postmodern Politics', in J. Rutherford (ed.), *Identity, Community, Culture, Difference*(London: Lawrence & Wishart, 1990), p. 43.

미에서 연관되어 있다. 한편으로, 문화는 개인정체성을 결정하는 주요한 요소들 가운데 하나로 간주된다. 하지만 다른 한편에서, 일반적으로 문화는 사람들이 지속하는 것이라고 생각하는 아주 다양한 삶의 방식과 사회적 관계들을 만들어내며, 단일성과 자기 의식성은 개인정체성에서 단지 유추해낸 것이다. 이러한 유추는 심각한 문제를 안고 있으며, 이런 유추가 다양성과 차이를 숨기고 중요한 문화적 표현요소들을 허용하지 않는 민족문화의 배타적 형태를 형성하는 데 사용되면 이데올로기적인 것이 될 수도 있다.

이 장에서는 문화정체성 개념과 연관된 몇몇 주제들, 즉 문화정체성을 인식할 수 있는 다양한 방식들, 오늘날 철학적 사고에서 전개되어 나온 개인정체성이라는 개념과의 연관, 이성과 이데올로기라는 개념과의 관계, 지속적으로 중심과 주변부로 양극화하는 세계화 과정과의 관계를 짚어볼 것이다.

모더니티와 개인정체성

모더니티에 관한 주요한 철학적 특징 가운데 하나는, 중세에 지배적이었던 낡은 신(神) 중심적 세계관에 반대하는 것으로서 인간을 세계의 중심, 모든 사물의 잣대로 만드는 것이다. 인간은 "주체", 모든 지식의 토대, 모든 사물의 주인, 모든 것이 반드시 참조해야 하는 기준점이 되었다. 하지만 이러한 주체 개념은 원래부터 추상적이고 개별적이며, 역사와 사회적 관계로부터 분리된 것이어

서 변화와 사회적 차원이 제거된 것이다. 그것은 선천적인 본질로
서 간주되었다. 이것이 바로 정체성에 관한 현대 철학적 개념이
자아의 존재 또는 영혼이나 본질처럼 출생과 함께 드러나는 내적
핵심에 대한 믿음에 기초하고 있는 이유이다. 이런 내적 핵심은
시간 속에서 다른 잠재력을 전개시킬 수 있음에도 불구하고, 여전
히 일생 동안 근본적으로 동일하게 있기 때문에 결국 지속성과 자
아의식이라는 생각을 제공하게 된다.

이러한 주어진 또는 **선험적인**(a priori) 자아는 데카르트(R. Descartes)
가 **cogito ergo sum**, 즉 만약 사유가 존재한다면 그것은 생각하는
어떤 것이라는 주장을 반박할 수 없는 것으로 증명하고자 한 바로
그것이다. 비록 로크가 데카르트의 이원론을 의심하고 정체성을
형이상학적 실체의 동일성으로 간주하는 것을 부정했지만, 그 자
신의 철학 또한 다른 시각에서 주체의 관점을 강조하였다. 그의
설명은 도덕적 책임이 정체성에 근거하기 때문에 형이상학을 넘어
서 정체성이 어떻게 문제가 되는지를 보여주고자 한 것이었다. 로
크는 자아를 "의식적인 사유를 하는 무엇, 즉 기쁨과 고통을 감각
하거나 인식하고, 행복하거나 불행할 수도 있으며, 의식이 있는
한 자신을 인식하는 그런 무엇"2이라고 정의했다. 자아가 성립되는
핵심은 시간 내내 유지되는 의식의 지속성이다. 개인정체성은 기
억에 근거한다. 로크는 "이 의식이 과거의 행위나 생각으로 확장될
수 있는 바로 그런 한에서 한 **개인**의 정체성에 도달할 수 있다."3고

---

2. J. Locke, *Essay concerning Human Understanding*(London: George Routledge,
   1948), book 2, ch. 27, section 17, p. 251.

주장했다. 의식의 지속성 또는 동일성은 정체성이 존재하도록 해주고, 이러한 정체성은 도덕적 책임의 토대가 된다.

로크와 달리 라이프니츠(G. W. Leibniz)는 개인정체성이 형이상학적 실체의 정체성을 요구한다고 하면서도, 로크와 마찬가지로 도덕적 책임을 지는 주체를 만드는 의식의 중요성을 강조했다.

주어진 것이 무엇인지 알 수 있고 "나"라고 늘 부를 수 있는 지적 영혼은 타자보다도 더 완전하게 형이상학적으로 지속되고 유지되는 것일 뿐만 아니라, 도덕적으로 동일한 것이자 동일한 인격성을 구성하는 것이다. 이러한 "나"의 기억이나 지식 때문에 보상이나 처벌이 가능하게 된다.[4]

라이프니츠는 이후 저작에서 질병이나 망각 때문에 전혀 알 수 없는 이전의 삶에서 일어난 사건들을 다른 사람으로부터 알게 될 수도 있기 때문에, 정체성을 위해서 의식이 필요하다는 것을 의심했다. 그럼에도 불구하고 과거에 대한 지각은 도덕적 책임을 입증하는 것이다. 모든 인간 존재는 자신에게 어떤 일이 일어났는지에 관한 생생한 지각인 인상(impressions)을 가지고 있으며, 이후에 그것을 바로바로 기억하지는 못할지라도 언젠가는 기억하게 된다. 회복될 가능성이 전혀 없이 기억을 잃어버릴 수도 있다고 가정하는 것은 일리가 없다. 그러한 지각의 존재 자체가 기억을 가능하게 해주는 도구이기 때문이다.[5]

---

3. Ibid., section 9, p. 247.
4. G. Leibniz, *Philosophical Writings*(London: Dent, 1973), p. 44.

그러므로 데카르트부터 라이프니츠까지, 18세기 철학자들의 출발점이기도 한 개인이나 독립된 주체에 관한 생각들이 전개되어 왔다. 그런데 칸트에게서 주체는 보다 추상적이고 선험적인 특성을 갖는 것으로 가정되는데, 이를 통해 주체는 보다 구체적인 개인 이상의 무엇, 다시 말해 본질적으로 의식(consciousness)인 그런 주체가 되었다. 칸트에게 인간은 현상의 세계인 자연(nature)과 본질의 세계인 가지계(the intelligible)에 동시에 속하는 존재다. 하지만 참된 인간 존재를 구성하는 것은 가지계이다. 다시 말해, 이성에 의해 제공되는 실천적 도덕법칙과 일치하기 위해서는 인간은 감각의 세계를 넘어설 수 있는 능력을 가진 가지계적 존재여야 한다. 그래야만 궁극적으로 이성은 주체의 창조자, 즉 도덕법칙을 정립함으로써 자아를 통일하고, 자아가 책임과 책무를 지게 만든다.6 따라서 주체는 도덕법칙을 준수함으로써 참된 자아가 되는 그런 당위적 존재(ought-to-be)이다.

칸트의 주체 개념은 초역사적이고, 초시간적이며, 추상적이다. 헤겔은 거기에다 역사적 차원과 타자와의 관계를 덧붙였다. 즉, 세계는 주체에게 맡겨진 단일성으로 간주되면서도 지속적으로 역사적인 변화 속에 있다. 주체는 여전히 절대의식 또는 절대개념이지만 운동 속에서, 또 다양한 형태 속에서 자신을 드러내는 여정

5. Ibid., pp. 156-157. 로크와 라이프니츠의 개인정체성 개념에 관한 훌륭한 논의에 대해서는 H. Noonan, *Personal Identity*(London: Routledge, 1989), chs 2 and 3을 볼 것.
6. See H. Goldman, *Max Weber and Thomas Mann*(Berkeley: University of California Press, 1988), pp. 121-125.

속에서 민족적으로 민족정신으로 변하고, 보다 높은 차원에서 발전적으로 자신의 정체성을 재생산하는 그런 것이다. 뿐만 아니라 헤겔에게서 자아의식은 타자와의 관계를 반드시 포함한다. "자아의식은 다른 자아의식에 대해서 존재한다는 사실 때문에 즉자적인 동시에 대자적으로 존재한다. 말하자면, 자아의식은 인정되거나 **인식된**(recognized) 존재**이다.**"7

맑스는 모더니티 내부에서 낡은 유물론의 전형적인 개인적 주체 개념과 헤겔의 이념적 주체 개념 모두를 공격한 최초의 인물이나. 맑스에 따르면, 헤겔은 주체를 사유로 환원했기 때문에 실재 주체(real subjects)를 출발점으로 삼지 못했다. 이 때문에 실재 주체가 단지 결과로 되고, 의식은 실재 주체가 되는 전도가 나타나게 되었다.

헤겔은 술어의 실제적인 자립성, 즉 주체를 술어로부터 분리시킴으로써 그것을 자립적인 대상으로 만들었다. 올바른 접근은 실재 주체에서 출발하고 그렇기 때문에 그것의 객관성을 인정하는 것인 반면에, 헤겔에게서는 실재 주체가 이후에 결과로 나타난다. 따라서 현실적인 실재가 신비한 실체의 계기로서 나타나는 어떤 것인 반면에, 헤겔에게서는 신비적인 실체가 실재 주체로 된다.8

또한 맑스는 개인적 주체 개념이 "로빈슨주의들"인 "18세기의 예

---

7. F. Hegel, *The Phenomenology of Mind*(London: George Allen & Unwin, 1971), p. 229. [임석진 옮김, 『정신현상학 1, 2』, 한길사, 2005.]
8. K. Marx, *Critique of Hegel's Doctrine of the State*, in *Early Writings*, ed. L. Colletti(Harmondsworth: Penguin, 1975), p. 80.

언자들"에게서 나온 환상이라고 공격했다.9 맑스는 포이어바흐(L. A. Feuerbach)가 역사적 과정을 추상화하고, "추상적이고 고립된 인간 개인"을 전제하고 있다고 비판했다. 만약 인간의 본질이 있다면, 그것은 그 자체의 실재 속에 있는 "사회적 관계의 총체"이고, "각각의 개인들 속에 있는 타고난 추상"이 아니다.10 맑스는 "이러한 고립된 개인이라는 입장을 만들어내는 시대 역시, 지금까지 가장 발전된 사회적 …… 관계일 뿐이다."11라고 보았다. 칸트는 이성에 따라 순수하게 자신을 결정하는 것이 그가 주체라는 개념의 모델로 생각한 부르주아적 개인을 조건지우는 생산의 물질적인 관계로부터 추상해낸 것이라는 점을 깨닫지 못했다.12 인간 존재는 사회 속에서만 스스로 개인이 될 수 있으며,13 "역사적 과정을 통해서만 개인이 된다."14 이것은 주체가 전적으로 그들 자신의 자유의지에 따라서 행동하지 않는다는 것을 의미한다. 말하자면, 그들은 자신의 고유한 실천이 객관화된 생산물에 의해 제약되고 사회적으로 결정된다. 그러나 비록 환경이 인간을 제약하지만, 인간은 그 환경을 변화시킬 수 있다.

　　다양한 사회적 관계와 상호작용하면서 주체가 생산된다는 생각

---

9. K. Marx, *Grundrisse*(Harmondsworth: Penguin, 1973), Introduction, p. 83. [김호균 옮김, 『정치경제학 비판요강1, 2, 3』, 그린비, 2007.]

10. K. Marx, 'Theses on Feuerbach', in *The German Ideology*, in K. Marx and F. Engels, *Collected Works*(London: Lawrence & Wishart, 1976), vol. 5, thesis Ⅵ, p. 29. [김대웅 옮김, 『독일 이데올로기 Ⅰ』, 두레, 1989.]

11. Marx, *Grundrisse*, p. 84.

12. Marx and Engels, *The German Ideology*, in *Collected Works*, pp. 193-196.

13. Marx, *Grundrisse*, p. 84.

14. Ibid., p. 496.

은 사회학자와 사회심리학자들의 핵심이 된다. 미드(G. H. Mead)는 이런 생각의 가장 주목할 만한 대표자 가운데 한 사람이다. 그는, 개인이 탄생하는 영혼으로서의 자아 개념은 "그 자신이 속한 사회적 집단에 바탕을 둔 자아를 연구하기 위해서는 폐기해야 한다."[15]고 주장한다. 자아는 주어지는 것이 아니라 사회적 경험의 결과로서 한 개인이 되는 것이다. 이것이 바로 자아의 형성이 왜 집단을 전제하는가에 대한 이유이다. 정체성의 의미에서 감각지각의 기억이 핵심인 로크나 라이프니츠와 달리, 미드는 언어와 의사소통의 역할을 강조한다.

사유함 또는 지적 과정—동일한 사회에 속한 다른 개인들과 상호작용하는 핵심적인 양식을 구성하는 의미 있는 몸짓이 외적으로 말하는 것을 개인이 내면화하고 내적으로 표현하는 것—은 자아가 발생하고 전개되는 최초의 경험적인 국면이다.[16]

그러나 이러한 외적 태도의 내면화는 자아를 전적으로 수동적이고 완전히 수용적인 것으로 만들지는 않는다. 자아는 사회적 태도의 조직화 이상의 것이다. 이것을 미드는 주격 "나(I)"와 목적격 "나(me)"의 구분을 통해서 설명한다. 즉, 주격 "나"는 타자의 태도에 대한 개인의 반응이자 반작용이다. 반면, 목적격 "나"는 자아를

---

15. G. H. Mead, *Mind, Self, and Society*(Chicago: University of Chicago Press, 1974), p. 1.
16. Ibid., p. 173.

구성하는 타자의 태도를 하나로 조직화한 것이다.[17] 미드는 타자가 아니라 어떤 사회적 관계와 연관되는 측면이나 부분으로 가득 차고 복잡한, 다양한 사회적 경험의 맥락 속에서 자아가 발생한다는 것을 받아들인다. 이 때문에 자아의 다양성을 말할 수 있게 된다.

우리는 다른 사람과의 서로 다른 관계 전체를 꾸려나간다. 우리는 어떤 사람에게는 이런 존재이고, 다른 사람에게는 저런 존재이다. 또 자아 자체와 관계하는 그런 자아만을 위해서 존재하는 부분도 있다. 우리는 동료들과의 관계 속에서 서로 다른 자아로 우리 자신을 분할한다 …… 서로 다른 모든 사회적 관계에 대응하는 서로 다른 자아가 존재한다.[18]

하지만 전체로서의 공동체에 대응하는 완전한 자아 또한 존재한다. 완전한 자아의 단일성과 구조는 개인이 그 속에 참여하게 되는 사회적 과정 전체의 단일성과 구조를 반영한다. "완전한 자아를 구성하고 조직화하는 다양한 요소적 자아들은, 사회적 과정 전체의 구조가 갖는 다양한 측면들에 대응하는, 완전한 자아의 구조가 갖는 다양한 측면들이다."[19]

대부분의 사회학적 개념과 사회심리학적인 견해들은, 개인정체성의 사회적 특성이 다양한 사회적 관계들과 상호작용하면서 형성

17. Ibid., p. 175.
18. Ibid., p. 142.
19. Ibid., p. 144.

되고 만들어진다는 것을 인식하고 있다. 따라서 그러한 견해들은 미드의 요소적 자아에 해당하는 자아가 지닌 복잡성과 변화 가능성을 알고 있다. 그렇지만 사회적으로 구성된 내적 핵인 완전한 자아가 어느 정도는 성공적으로 다양한 측면들을 통합한다고 대체로 가정하고 있으며, 따라서 완전한 자아는 그 자신의 경향과 행동에서 일관되고 지속적이라고 가정한다. 최근의 포스트구조주의나 포스트모더니즘의 이론들이 문제 삼는 것이 바로 이 가정이다. 하지만 주체라는 개념에 대한 비판이 그런 이론들에서부터 시작된 것은 아니다.

개별적 본질이 아니라 정체성으로서의 주체와, 정체성이라는 근대적 개념은 보다 근본적인 방식으로 사실상 처음부터 의심되었다. 최초의 회의적인 접근은 개인정체성이 변화라는 개념과 양립할 수 없는 것인 한 가상이라고 주장한 흄(D. Hume)에서부터 나왔다. 대부분의 사물과 인간 존재가 시간 속에서 변화하는데도, 우리는 상상력을 작동해서 그런 것들에 적절하지 않은 의미를 부여했다. 다시 말해, "장애물을 제거하고 **영혼 · 자아 · 실체**라는 개념을 만들어가면서 변수를 숨기고서는, 정체성을 우리 감각지각의 지속적인 실존으로"[20] 가장하는 그런 상상력으로 언제나 정체성을 생각했다. 그러므로 정체성은 전적으로 가상적인 것이며 내성적(內省的)으로는 이해될 수 없다. "내가 **나 자신**(myself)이라고 부르는 것 속으로 아주 깊숙이 들어가자, 나는 언제나 어떤 특별한 지각과

---

20. D. Hume, *A Treatise of Human Nature*(Oxford: Oxford University Press, 1978), p. 254.

그와 다른 무엇, 예를 들어 뜨거움과 차가움, 빛과 그늘, 사랑과 증오, 고통과 쾌락 같은 것과 마주치게 되었다. 나는 어느 때든지 어떤 지각없이는 결코 **나 자신**을 붙잡을 수 없었고, 지각 외에는 어떤 것도 관찰할 수 없었다."[21] 흄은 지각은 존재론적으로 참된 자아와는 다른 것이고, 그래서 우리가 자아라고 부르는 것은 상상력이 어떤 지속성을 제공하는 지각의 다발에 불과한 것이라고 주장하는 듯하다. 물론 이러한 지각은 실제로는 일관되거나 불변하는 것일 수 없으므로, 지각의 지속성은 상상력이 만들어낸 가상이다.[22]

이와 아주 유사한 생각이, "**주체**는 우리 안의 많은 유사한 모양새들이 하나의 실체가 만들어내는 효과인 것처럼 가상이다."[23]라고 주장한 니체에 의해서 제기되었다. 실제로 "**주체**는 주어진 어떤 것이 아니라 있는 그대로의 것 배후에 더해지고, 고안되고, 투사된 어떤 것이다."[24] 니체는 사유가 있기에 사유하는 존재가 있어야만 한다는 것, '자아(I)'가 사유의 원인이라는 것 때문에 데카르트의 생각을 거부한다. 근저에 있는 사유하는 실체에 대한 믿음은 습관적인 것이며, 삶에서 없어도 좋은 조건이며, 또한 그런 실체는 완전한 가상, 상상력의 구성물일 뿐이다.

---

21. Ibid., p. 252.
22. 정체성에 관한 흄의 회의적인 접근에 대해서는 H. Noonan, *Personal Identity*, ch. 4를 볼 것.
23. F. Nietzsche, *The Will to Power*(New York: Vintage Book, 1968), section 485, p. 269. [강수남 옮김, 『권력에의 의지』, 청하, 1988.]
24. Ibid., section 481, p. 267.

자아를 형성하는 무의식과 그것의 중요성에 관한 프로이트 이론의 다른 관점은 자아를 완전히 장악할 수 있는 의식적 주체라고 이해해 온 전통 전반에 대한 분명한 도전이다. 프로이트는 주체가 의식이 아닌 요소에 의해서 만들어진다고 밝혔고, 이 때문에 주체에게 요청되는 일관성과 통합성을 당연히 의심하게 되었다. 프로이트로부터 출발한 라캉은 이후에 언제나 불완전하고 형성 중에 있는 "과정 속의(in process)" 주체에 대해서 말했다. 특히 소쉬르의 언어학과 연관되는 구조주의는 주체의 해체 과정에서 또 다른 국면을 조성했는데, 구체적으로는 문화적 생산물을 설명하기 위해서 의식적 현상이 아니라 무의식적인 구조를 연구할 것을 제안했기 때문이다. 구조주의 내에서 주체는 설명적 역량뿐만 아니라 의미의 창조자, 지식과 문화의 궁극적인 원인이라는 위상도 잃어버리게 되었다. 주체는 창조자가 아니라 외적 구조에 의해서 만들어지는 것으로 간주되었다. 레비스트로스가 주장했듯이, "의미의 충실함을 위해 역사적 의식으로 나아가는 것은 헛된 일이다. 왜냐하면 이런 작업은 총체화하는 지속성으로서의 자아를 가정하는 것으로, 명백한 경험의 대상이라기보다는 사회적 삶의 요구에 의해 지탱되는 환상이며, 결과적으로 외적인 것이 내적으로 반영된 것"25이기 때문이다.

잘 알려진 바대로, 주체에 관한 논의는 알튀세르의 저작을 통해서 심지어 맑스주의의 이론으로까지 퍼져나갔다. 맑스주의에서 모

---

25. C. Lévi-Strauss, *The Savage Mind*(London: Weidenfeld & Nicolson, 1974), pp. 254 and 256. [안정남 옮김, 『야생의 사고』, 한길사, 1996.]

든 인간주의적이고 역사주의적인 흔적을 제거하기 위해서, 알튀세르는 이데올로기는 의식이 아니라 구조를 통해서 개인을 조건지우는 완전히 무의식적인 현상이라고 주장했다. 따라서 개인은 이데올로기에 의해 호명되는 과정에서 주체로 만들어지게 된다.26 포스트구조주의는 여러 면에서 구조주의에 대해 비판적이지만, 주체에 관한 근본적인 비판은 이어가고 있다. 푸코는 정신분석학, 언어학, 민족학 연구를 통해 끌어낸 "주체의 탈중심화(decentring of the subject)"를 말한 최초의 저자이다.27 주체가 처음부터 구성되는 것은 아니다. 니체와 프로이트의 영향을 받은 푸코는 "개인은 권력의 행사를 통해서 포착되는 미리 주어진 실체(pre-given entity)가 아니다. 정체성과 개성을 지닌 개인은 신체에 행사되는 권력관계의 산물"28이라고 주장한다.

주체에 대한 맹공격 속에서 포스트구조주의는 이제 막바지에 다다르게 된다. 라클라우와 무페의 저작 속에서 주체라는 단어는 "주체 지위(subject positions)"라는 개념으로 대체된다. 주체는 오직 담론적 구조 속에서만 발생할 수 있고, 그래서 결과적으로는 대단히 의존적이고, 우연적이며, 시간적인 것이다. 모든 담론이 그 자체의 고유한 주체 지위를 만들어낸다.29 이와 유사하게 리요타르

26. L. Althusser, *Lenin and Philosophy and other Essays*(London: New Left Books, 1971), pp. 160-170.
27. M. Foucault, *The Archeology of Knowledge*(London: Tavistock, 1977), p. 13. [이정우 옮김, 『지식의 고고학』, 민음사, 1992.]
28. M. Foucault, 'Questions on Geography', in C. Gordon (ed.), *Michel Foucault, Power/Knowledge*(Brighton: Harvester Press, 1980), pp. 73-74.
29. E. Laclau and C. Mouffe, *Hegemony and Socialist Strategy*(London: Verso,

는 "**자아**(self)는 그렇게 많은 어떤 것이 아니다. 하지만 어떤 자아도 섬(island)은 아니다. 각각의 자아는 이전의 어떤 것보다도 더 복잡하고 유동적인 관계들의 구조 속에 존재한다. 개인은 언제나 특정한 의사소통 회로의 **결절점**(nodal point)에 위치한다."[30]고 주장한다. 보드리야르는 이전처럼 객체의 세계를 더 이상 제어할 수 없기 때문에 주체의 위치가 유지될 수 없다고 주장한다. 지금 제어할 수 있는 객체는 그가 "운명론(fatal theory)"이라고 부르는 것에 의해서 인식된다. 전통적이고 흔해 빠진 이론과 새로운 이론, 보다 정확히 말해 운명론 사이의 차이는 다음과 같다.

이전 이론에서 주체는 언제나 객체보다도 명백한 어떤 것으로 받아들여졌다. 반면, 오늘날에는 언제나 무엇이 주어지기를 기다리고 있는 주체보다 객체는 더 분명하고, 까다롭고, 정교한 것으로 받아들여진다. 객체의 변태(metamorphoses), 전술, 전략은 주체의 이해력을 능가하는 것이다.[31]

"주체"를 가상이라고 공격한 흄과 니체로부터, 주체 개념을 이데올로기에 의해 이데올로기 속에서 생산되는 것으로 본 알튀세르를 거쳐, 주체가 권력 관계의 산물이라는 푸코의 생각과 의사소통적

1985), p. 115.
30. J.-F. Lyotard, *The Postmodern Condition: A Report on Knowledge* (Manchester: Manchester University Press, 1984), p. 15.
31. J. Baudrillard, *Fatal Strategies*, in *Selected Writings*, ed. M. Poster(Cambridge: Polity Press, 1988), p. 198.

관계망의 "결절점"이라는 리요타르의 주체 개념에 이르기까지는 일관된 사유 흐름이 있었다. 그것은 지식과 실천을 담지하는 인간의 밑바탕에 있는 단일성과 실체성의 가능성을 체계적으로 의심하는 것이었다. 따라서 주체에 관한 회의주의는 처음부터 모더니티의 발전과 함께해 왔다. 하지만 여전히 주체의 우위에 관한 긴 논쟁은 부차적인 것이고, 결코 사회의 지적 영역 대부분에 침투하지는 못했다.

구조주의와 오늘날 지배적인 사유 형태인 포스트구조주의 때문에, 주체 개념의 문제점은 위기라고 말할 수 있을 정도로 극적으로 확대되었다. 그러나 위기가 점차 지배적인 것으로 된 새로운 지적 견해들의 결과물은 아니다. 주체의 위기는 모더니티 자체가 보다 뛰어난 것이라는 믿음을 만들어냈던 이전 사회의 가속적인 변화에 반응하는 것이다. 주어진 단일성과 유효한 원인으로서의 주체의 위기는 더 이상 밑바탕에 놓인 실체의 가능성에 관한 단지 철학적인 논의가 아니다. 이제 주체는 개인을 제어하는 급격하고도 혼란스런 변화가 만들어내는 의도하지 않은 복잡한 과정의 산물로 받아들여지고 있다. 뿐만 아니라 주체의 위기는 정체성, 자아의 의미에 관한 위기로 생생하게 경험되고 있다. 단일적이지 않은 주체에게는 탈중심적이고 파편적인 정체성이 대응하게 된다. 사회학과 사회심리학 이론들은 개인 속에 요소적 자아들의 다양성이 존재한다는 것을 이미 알고 있었지만, 그 다양성이 어느 정도 복잡한 자아로 통합된다고 가정했다. 반면에 새로운 포스트모더니즘은 요소적 자아들이 오늘날에도 비록 여전히 함께 존재하고 있을지라도, 그것들은 통합 불가능하고 양립할 수 없는 것이라고 말하는 듯하다. 그러므로 완전한 자아는 탈구적이고(dislocated), 탈중심적이며, 단일화할 수 없는 것으로 되었다.

포스트모더니티가 어떤 정체성을 지녔다거나, 급진적인 균열이 마치 모두 다 포스트모더니티의 탓인 양 기술하는 것이 때로는 별반 정확하지 않은 것일 수도 있다. 예를 들어, 홀은 포스트모던적 주체는 다른 시간에는 다른 정체성을 가정하는 것이며, 통일될 수 없는 모순적 정체성들이 있기 때문에 고정되거나 영원한, 그런 정체성을 갖지 않는다고 주장한다.32 주체는 생물학적으로 결정된 정체성에 고정되지 않는다는 것 그리고 서로 다른 시간의 서로 다른 정체성을 가정하는 것은 새로운 것이 아니며, 미드의 저작에서처럼 20세기 초부터 알려진 것이다. 이러한 다양한 정체성이 일관되고 통합된 자아나 단일성을 갖지 않는다는 사실이야말로 진정한 새로움이자 포스트모던 시대의 산물일 것이다. 예외적인 분리 인격이라는 사례도 미드와 다른 이론가들에게는 이제 정상적인 상황이 될 것 같다. 무엇이 이런 변화를 만들어냈는가? 대체로 그 대답은 아마도 자아 의미를 탈구시킬 수 있는 다른 곳으로 옮겨 놓는, 최근의 세계화의 새로운 유형, 시공간의 압축과 변화의 가속화일 것이다.

---

32. S. Hall, D. Held and T. McGrew, *Modernity and its Futures*(Cambridge: The Open University and Polity Press, 1992), p. 277.

세계화와 시공간의 압축

세계화는 "국가적인 경계를 넘어서 새로운 시공간 결합으로 공동체와 조직들을 통합하고 연결시켜, 실제로 그리고 경험적으로 보다 더 상호 결합하도록 만드는 지구적 차원에서의 과정이자 운영"이라고 정의할 수 있다.33 기든스의 생각으로 달리 표현하자면, "세계화는 지역적인 사건들이 멀리 떨어진 곳에서 일어난 사건에 의해 생겨나거나 또는 그 반대로 생겨나는 방식으로 서로 떨어진 지역들을 연결시키는, 세계적 차원에서의 사회적 관계들의 집중화이다."34 세계화는 아주 오랫동안 있어 왔지만 최근에야 집중화되었고, 모든 곳에서 변화의 속도가 빨라졌다. 맑스와 엥겔스는 19세기 중반에 일어나고 있는 자본주의의 드라마틱한 변화를 경고했다.

생산의 지속적인 혁명화, 모든 사회적 조건들의 끊임없는 동요, 끝이 없는 불확실성과 불안은 부르주아 시대를 이전의 모든 다른 시대와 구별하게 해준다. 오래된 뿌리 깊은 편견과 주장들과 함께 모든 고정되고 확고히 굳은 관계들은 사라지고, 새로이 형성된 관계가 채 모양을 갖추기도 전에 낡은 것이 되고 있다. 모든 굳건한 것은 공허한 것으로 되고, 모든 신성한 것은 더럽혀졌다.35

---

33. Ibid., p. 299.
34. A. Giddens, *The Consequences of Modernity*(Cambridge: Polity Press, 1990), p. 64. [이윤희 옮김, 『포스트 모더니티』, 민영사, 1991.]
35. K. Marx and F. Engels, *Manifesto of the Communist Party*, in *Selected*

이 글이 불확실성, 관계들의 급격한 해체, 빠른 변화를 언급하고 있기 때문에, 종종 사회에 토대를 둔 자아 또한 전통적 사회의 특징인 지속성이나 정체성이라는 의미를 잃어버릴 수밖에 없다는 주장을 정당화하는 것처럼 보인다. 하지만 비록 몇 안 되는 저자들이기는 하지만, 그들은 맑스와 엥겔스의 글에다 "그리고 마침내 사람들은 정신을 차리고 자신의 삶의 현실적인 조건들, 다른 사람들과 자신의 관계를 직접 대면할 수밖에 없게 되었다."는 이어지는 말을 덧붙이는 걸 기억하고 있다. 이 문구는 탈구된 정체성이라는 생각을 버리는 것처럼 보인다. 대신에 인간이 그들 자신의 삶의 현실적인 조건들과 그들 자신의 다른 사람에 대한 관계들과 직접 대면하도록 한다. 이것은 사물과 관계들이 어떻게 작동하는지 발견할 수 있는 계기를 제공하고, 따라서 어떻게 한 사람의 정체성이 형성되는지 발견할 수 있게 해준다. 하지만 포스트모더니스트는 맑스와 엥겔스가 알고 있던 세계는 실제로 바뀌었고, 그래서 현재의 세계화와 변화는 개인에 대한 영향력에서 보다 근본적이라고 주장할 것이다.

잘 통합된 정체성이라는 개념을 파괴한 이러한 근본적인 변화는 무엇인가? 첫째, 변화의 속도가 빨라진다는 것이다. 조직의 새로운 형태와 새로운 기술이 나타나는 기간은 점점 더 짧아지고, 따라서 생산물, 아이디어, 노동과정, 패션, 실천의 모든 형태들도 점점 더 단명하고 빨리 쇠퇴한다. 또한 자본의 회전 주기는 급격하

Works in One Volume(London: Lawrence & Wishart, 1970), p. 38. [남상일 옮김, 『공산당선언』, 백산서당, 1989.]

게 빨라진다.

둘째, 하비가 시공간 압축이라고 부른 것이다. 모더니티는 전형적으로 진보와 발전을 이해할 수 있게 하는 주요 범주인 시간을 특권화하면서 공간은 당연한 것으로 받아들였다. 지금 공간적 장애물들은 크게 줄어들었으며, 공간 범주는 시간 범주에 대해 지배적인 것이 되었고, 시간은 공간화되었다.

시공간 압축은 시간과 공간이라는 객관적 성질을 혁명화하는 과정을 가리키는 개념인데, 이 시공간 압축은 때로는 우리가 세계를 표상하는 방식을 급진적으로 바꾸게 한다. 압축이라는 단어를 사용하는 까닭은 세계가 우리 쪽으로 무너져 내리는 것 같은 그러한 공간적 장애물을 극복해 나가는 동안, 자본주의의 역사는 삶의 속도를 증가시키는 특성을 가졌기 때문이다.36

이와 비슷하게, 기든스는 장소(place)로부터 공간(space)을 분리해 낸 결과물인 "시간의 사라짐(emptying of time)"에 대해서 말했다. "모더니티의 등장은 직접 대면하면서 상호작용하는 어떤 주어진 상황으로부터 지역적으로 떨어져 있는 **부재하는**(absent) 타자들 사이의 관계를 촉진함으로써 장소로부터 공간을 점차 갈라놓았다."37

따라서 동유럽에서의 공산주의의 붕괴와 소련의 해체는 전후 세

---

36. D. Harvey, *The Condition of Postmodernity*(Oxford: Basil Blackwell, 1989), p. 240. [구동회 옮김, 『포스트 모더니티의 조건』, 한울, 2008]
37. Giddens, *The Consequences of Modernity*, p. 18.

계 국면을 지배하던 오랜 양극 세계의 해체를 가져왔을 뿐만 아니라, 라틴 아메리카의 내부 정치에도 깊은 영향을 끼쳤다. 독일의 이자율 수준은 뉴욕과 도쿄에서 영국의 파운드화의 가치에 결정적으로 영향을 끼치게 되었다. 캐나다, 멕시코와 맺은 미국의 자유무역협정은 칠레의 국제 경제정책의 결정적 요소가 되었다. 세계 전체에 걸쳐서 한쪽에서 일어나는 일은 실질적으로 시간차 없이 멀리 떨어진 다른 쪽의 상황에 영향을 끼치게 되었다.

셋째, 모든 나라와 세계적 영역에 영향을 끼치는 경제의 세계화 현상은 가속화되고 있다. 이런 현상은 민족국가의 쇠퇴와 경제의 국제화를 향한 성장 경향을 함축하는 것이다. 재정 영역과 생산 영역은 점차 다국적 기업에 의해 통제되고, 지구적으로 적응되고, 국제적으로 접합된다. 이 두 영역에서 특히 주목할 만한 중요한 발전은 국제 무역에서의 과도한 성장이 점증하는 국제자본시장의 괄목할 만한 성장, 그리고 많은 민족자본시장의 규제 철폐와 결합한다는 점이다. 뿐만 아니라 다국적 기업의 역할이 눈에 띄게 증가하고 기술적 변화가 가속화되는 과정도 주목할 만한 것이다.

그런데 가장 중요한 것은 조직과 노동에서 견고한 형태를 지닌 거대한 회사에 토대를 둔, 이른바 자본 축적의 포드적 방식으로부터 보다 작은 회사에 토대를 두고 시간제이거나, 일시적이거나, 하도급 형태의 노동을 포함하는, 보다 '유연한 축적 체제'로의 변화이다.[38] 또한 광범위한 원조를 받는 국가들의 생존에 개입하는

---

38. 이것에 관해서는 Harvey, *The Condition of Postmodernity*, p. 147-156을 보라.

거대한 권력을 획득한 국제금융조직의 강화와, 강대국이 주재하는 거대한 무역 지대의 형성도 그만큼 중요하다. 예를 들어, 캐나다와 멕시코, 지금은 칠레까지 포함하는 미국이 주도하는 자유무역지대나 태평양 지역에서 일본이 주도하는 무역지대, 그리고 독일의 경제력이 우세한 유럽연합이 바로 그것이다. 이러한 모든 변화와 발전은 개방시장경제를 가진 국가가 선진국의 경제 정책과 분명히 노선이 다른, 그런 경제 정책을 시행하는 것을 더욱더 어렵게 만들고 있다.

넷째, 세계화 과정은 또한 전 세계가 점차 서로 연결되고 의존적으로 되는 커뮤니케이션, 정치, 문화에 영향을 끼치고 있다. 분명히 미국에 의해 지배되는 새로운 지구적 대중문화 형태는, 특히 텔레비전과 영화에서 명시적으로 드러날 뿐만 아니라 영향력을 행사하고 있다. 이제 오락과 여가는 전자적 이미지에 의해 지배되고 있다. 홀은 이 지구적 문화 형태의 가장 두드러진 특성이 동질화 (homogenization)라는 독특한 형식, 그리고 본질적으로 세계에 대한 미국적 이해인, 거대한 포괄적 틀 내에서 문화적 차이들을 인식하고 흡수하는 동질화의 능력이라고 주장한다.[39] 이런 예로서, 다양한 형태로 어디서나 수용되고 있고 세계적으로 널리 퍼져 있는 신자유주의를 들 수 있다.

21세기 후반에 일어나는 이런 모든 중요한 변화는 분명히 빠른

---

39. S. Hall, 'The Local and the Global: Globalization and Ethnicity', in A. King (ed.), *Culture, Globalization and the World-System*(London: Macmillan, 1991), p. 28.

속도와 지구적 영향력으로 개인정체성을 분열시킬 것이다. 비록 내가 이런 변화의 중요성을 깨닫고 있다고 할지라도, 주체를 송두리째 탈중심화하는 것에 대해서는 어떤 식으로든 이런 변화에 책임이 있지 않을까 하고 생각한다. 나는 모든 관계들에서 변화의 속도가 빨라지면 질수록 주체가 무엇이 어떻게 되어가고 있는지 이해하고, 과거와 현재 사이의 지속성을 알아차리는 것은 더욱 어렵게 된다. 따라서 주체가 자신에 대한 단일한 시각을 형성하거나 어떻게 행동해야 할지 아는 것도 더욱 어려워진다고 본다. 이런 처지에서는 주체의 전체적인 분열을 수용해야 하는 엄청난 비약이 생겨나게 된다. 주체의 탈중심화라는 주장은 객체성(objectivity)의 승리를 가정하고, 개인의 단일성이라는 생각을 완전히 파괴시키는 무의식적인 구조적 요소의 승리를 가정하는 것이다. 하지만 이걸 받아들이는 것은, 목적과 그 대리인을 궁극적으로 잃어버리게 된다는 것, 그리고 주체가 환경을 바꾸려고 시도하는 것과 어떤 합리적인 대안적 미래를 내놓는 것이 불가능하다는 것을 받아들이는 것이다.

개인이 모든 변화를 이해하고 변화의 방향을 아는 것이 이전보다 어려워졌다는 것을 받아들인다 하더라도, 이런 사정을 되돌릴 수 없다거나 이미 다 그렇게 되어버렸다고 생각하지는 않는다. 이러한 탈중심화와 주체의 죽음 선언이라는 생각은 아마도 제대로 설명되지도 않은 채, 그저 시장의 맹목적인 힘의 우위를 강조하는 보수적인 신자유주의의 주장과 밀접하게 연관되어 있다고 본다. 고전경제학자들은 자본주의 이전에 이미 자유 시장을 침해하는 인위적인 제도가 문제라고 생각하면서도, 적어도 인간이 "자연적(natural)" 시스템에 정치적으로 간섭하고 그것을 파괴할 수 있다는 것 또한 알고 있었다. 오늘날 신자유주의적 견해는 인간 행위자들이 자신들이 원하는 대로 세계를 건설할 수 있고, 시장을 마음대로 주무르는 것을 거부할 수 있다는 생각에 대해서 지속적으로 경고하고 있다. 그러나 신자유주의적 견해는 이제 총체적인 실체인 사회에 대해 인간이 정치적으로 유효하게 행동하는 것이 불가능하다는 것을 사람들에게 납득시키기 위한 강력한 이데올로기적 무기인 포스트모던적인 철학적 전망에서 그렇게 하고 있다는 점에서 새로운 것이다. 방향, 목적, 단일성이라는 생각을 잊어버리게 만드는 급격한 변화는, 앞서 말했듯이 결국 자신이 무엇을 원하는지 그리고 어떻게 행동해야 하는지를 알 수 있는 개인의 바로 그 능력을 위태롭게 만든다. 우리를 혼란스럽고 움찔하게 만드는 이러한 변화의 시대에 바로 이것이 가장 위험하고 음흉한 이데올로기이다.

세계화와 민족정체성

개인정체성을 형성하는 과정에서 대부분의 개인은 종교나 젠더, 계급, 민족성, 성, 국적에 대한 집단적 충성심이나 특성을 공유하게 된다. 바로 여기서 문화정체성이라는 개념이 나타나게 된다. 오늘날 주체의 형성에 가장 중요한 영향력을 가진 문화정체성은 민족정체성이다. 앞서 말했듯이, 비록 최근의 모더니티에서 일어나는 변화가 극적이고 광범위한 것이기는 하지만 어떤 것인지 의심스러운데, 그러한 변화는 주체가 단일한 정체성을 만드는 것이 불가능할 정도로 전체적으로 탈중심화되었고 파편화되었다. 하지만 여전히 이러한 변화가 실제로 다양한 문화정체성, 특히 민족정체성에 깊은 영향을 끼쳤다고 생각할 수도 있다. 민족국가의 쇠퇴와 세계화의 가속화, 시공간의 압축 과정은 분명히 민족적 충성심과 정체성에 영향을 끼쳤다. 그러나 이러한 영향이 단지 민족주의, 지역주의, 그리고 분권주의를 해체하는 경향일 뿐이라고 생각하는 것은 잘못이다.

홀이 주장했듯이, 보편화 경향이 더 심해지면 질수록, 더 많은 특수한 사람들, 인종집단들, 사회 계층이 그들의 차이점을 다시 확인하고자 하며, 점점 더 그들의 지역성에 집착하고 있다.[40] 누군가는 1990년대 초의 소비에트연방이나 유고연방의 해체만 보고 민족주의가 사멸하지 않았다고 생각하기도 한다. 이런 국가들에서 민족정체성은 그들을 다스리던 중앙집권적 권력에 대한 저항의 형태로 강화된 것이었다. 하지만 다른 관점에서 바라보면, 문화 세계화 속에 잠재해 있는 문화적 동질화는 민족정체성을 침식한다. 이러한 경향은 지금 유럽공동체에서 분명히 목격할 수 있다.

보다 일반적으로 말해서, 세계화는 역사적 특수성 속에서 연구되어야만 하는 다양한 방식으로 문화정체성에 영향을 끼칠 수 있다고 말할 수 있다. 말하자면, 최근의 모더니티 속에서는 세계화

---

40. Ibid., p. 33.

가 민족정체성을 침식하고 있으나, 모더니티의 초기 국면에서는 세계화가 민족정체성의 어떤 변형(version)이 성공하는 데 기여했다고 말할 수 있다. 이런 의미에서 세계화가 서로 다른 시간에서 서로 다른 형태를 가지는 복잡한 과정이라는 것은 결코 전혀 새로운 것이 아니다. 세계화의 속도는 자본주의의 출현과 함께 가속화되었다. 자본주의는 무역과 통신 수단을 엄청나게 증진시켰으며, 이 때문에 세계 전반에 걸쳐서 빠르게 퍼져나갔고, 이른바 세계 시장을 창출했다. 세계화는 역사 속에서 다른 형태를 띠고 있을 뿐만 아니라, 강력한 세계 국가의 지배적인 문화 형태에 의해 이끌어지고 지배당하는 과정이라고 말할 수 있다. 앞에서 지적했듯이, 새로운 형태의 세계화가 갖는 특성 가운데 하나는 미국의 영향력과 미국의 문화양식이 지배적인 역할을 하는 과정이라는 점이다.

물론 세계화의 과정이 항상 그랬던 것은 아니다. 세계화의 초기 과정에서는 영국이 산업과 상업의 세계 권력을 이끄는 지배적 역할을 했었다. 홀이 주장했듯이, 이러한 세계화 과정을 빼고 영국 사회의 형성을 생각하는 것은 거의 불가능하다. 출발에서부터 영국은 초기 세계화 형태 속에서 나타났으며, 자본 시장의 확장에서 핵심 동력이었다. 대영제국의 건설은 영국의 문화양식에 의해 이끌어지던 세계화 과정의 선언에 불과한 것이었다. 따라서 20세기가 시작되기 전까지 영국은 세계화 과정의 중심이었다. 이러한 과정을 통해서 영국은 다른 문화정체성이나 많은 주변국가의 정체성 형성에서 원인으로 작동했다. 하지만 영국이 지도적인 역할을 하는 이러한 과정 속에서 영국의 고유한 정체성 또한 형성되었고 모양새를 갖추게 되었다. 홀은 강력하게 집중화되고, 대단히 배타적이며, 배타주의적인 형태의 문화정체성이 영국 문화정체성의 본질이라고 기술했다. 영국의 문화정체성은 그 자신을 중심으로 생각하면서, 다른 모든 것을 "타자"로 자리매김하여 식민화하거나 약자로 취급했다.[41]

2차 세계대전 이후 영국은, 독일과 일본의 패배와 소비에트연방과의 냉전 시작으로 대영제국이 강화되는 것을 미국이 받아들일 것을, 그래서 주도적인 세계 강국이라는 영국의 정체성이 유지되기를 원했다. 하지만 우리가 알고 있듯이 그 계획은 실패했다. 세계 강국으로 새롭게 떠오른 북미가 도움과 국제적 지원의 대가로 식민지 체제의 폐지를 요구했기 때문이다. 그래서 탈식민화 과정이 시작되었다. 이러한 탈식민화 과정의 시작과 함께 그리고 탈식민화와 연관해서 영국은 오랜 기간에 걸쳐 경제적으로 쇠퇴하기 시작했다. 따라서 이러한 변화를 영국의 지배 계급이 그들이 선호하던 정체성의 의미를 위협하는 것으로 받아들였다는 사실은 놀라운 일이 아니다.

동일한 이야기를 2차 세계대전 이후 핵심 강국으로서 영국의 자리를 대체한 미국에게도 할 수 있다. 냉전은 미국이 경제적으로나 군사적으로 세계에서 가장 강력한 국가라는 정체성을 구축하는 것을 허락했다. 제국을 잃음으로써 영국의 제국주의 정체성이 침식

---

41. Ibid., pp. 20-21.

되었듯이, 자유세계의 수호자이자 가장 강력한 국가라는 미국의 자의식은 소비에트연방의 몰락과, 점점 더 일본과 연합하는 유럽에 의해 나타나는 산업과 상업에서의 도전 때문에 그 토대를 잃어버리게 되었다. 따라서 영국과 미국 모두 필사적으로 과거를 되살리기 위해서 새로운 역할, 새로운 정체성의 의미를 찾게 됐다. 마가렛 대처의 포클랜드전과 조지 H. W. 부시의 걸프전은 잃어버린 정체성의 의미를 다시 주장하고자 하는 기회가 됐다.

걸프전 때 만들어진 "새로운 세계 질서"라는 조지 H. W. 부시의 생각은, 사실 세계에 대한 미국의 지배를 재확인하는 것이며, 실수로부터 인류를 구하고, 미국의 그림대로 세계를 다시 만들고자 하는 미국의 비전과 믿음을 재확인하는 것이었다. 부시는 1991년 4월 13일 맥스웰 공군기지 내의 군사학교에서 새로운 세계 질서는 "우리의 성공이 우리에게 부과한 책무"이며, "미국을 정의하는 것"이며, "우리를 미국인으로 만드는 것은 우리 영토의 한 부분이나 동족을 묶어내는 것이 아니다. 우리를 미국인으로 만드는 것은 모든 사람이 어디에서든 반드시 자유로워야 한다는 우리의 충성심"이라고 연설했다. 그는 미국은 "세계의 약속의 땅"이라는 전통적 의미의 그런 국가가 아니라는 말로 미국 자신의 독립을 선언하면서 연설을 마쳤다.[42] 부시에 의해서 사용된 새로운 세계 질서라는 개념이 냉전의 종식으로 잃어버린 정체성의 의미를 되찾기 위한

---

42. Quoted in F. Biancardi 'President Bush's "New World Order"', discussion paper presented at the Nottingham Trent University Communication Forum on Ideology, 3 November 1992, pp. 3-4. 나는 새로운 세계 질서에 관한 몇몇 뛰어난 생각을 비안카디(F. Biancardi)의 논문에서 도움 받았다.

것이라는 사실은 분명하다. 미국은 갑작스레 최대의 적, 곧 자신의 정체성을 규정해주던 "타자"를 잃어버렸던 것이다.

이제 사담 후세인(Saddam Hussein)과 다른 제3세계의 독재자, 호전적 장군의 등장과 함께 미국은 세계 속에서 여전히 도덕성의 수호자이자 민주주의와 자유의 보호자일 수 있게 되었다. 그라나다와 파나마, 최근의 이라크와 소말리아에서의 군사적 개입은 단지 최근의 사례일 뿐이다. 촘스키(N. Chomsky)가 말했듯이 "새로운 적은 제3세계다."[43]

세계화의 과정이 과거나 지금이나 지배의 과정이자 동시에 권력의 과정이라는 점을 깨닫는 것은 대단히 중요하다. 이 과정 속에서 지도적인 사회의 지배적인 문화양식은 모범적인 것, 다시 말해 타자들이 반드시 얻어야 하는 **꼭 필요한 것**(desideratum)인데, 여기서 어떤 형태의 동질화가 발생한다. 19세기에 시작되어 지금까지도 여전히 유효한 민족정체성의 형성에 영향을 끼치는 가장 중요한 구분점은 중심과 주변부라는 것이다. 이 용어는 보통 발전 이론에서 사용되었고, 심지어 맑스가 이미 밝힌 토대적인 경제 구분으로 알려져 있다.

기계제 생산이 다른 나라들에서의 수공업 생산을 붕괴시키고 강제로 그 나라들을 원자재 공급지로 바꾸어 놓았다. 이런 식으로 동인도는 영국을 위해서 면화, 양모, 대마, 황마, 남색 염료를 생산하도록 강제되었다.

---

43. N. Chomsky, 'From Cold War to Gulf War', *Living Marxism*, 29 (March 1991), p. 21.

······ 이렇게 다른 국가들은, 호주가 양모를 키우는 식민지로 바뀌었듯이, 모국의 원자재를 기르는 식민지가 되었다. 근대 산업의 중심 국가들의 요구에 맞춘 노동의 새로운 국제적 분업은, 세계의 한 부분을 주로 산업을 하는 부분에 원자재를 공급하는 농업생산지로 바꾸어 놓았다.44

그렇지만 이러한 경제적 구분 또한 민족정체성을 만드는 토대라는 점을 깨닫는 것이 중요하다. 말하자면, 지도적 권력으로서 세계화 과정의 중심에 있는 이러한 국가들은 보통 자신의 민족정체성을, 다른 모든 나라를 주변부 또는 열등한 것으로 이름 붙일 수 있는 사명을 지닌 중심적이고 우수한 것으로 만들었다. 이에 맞게 주변부 국가들을 문화적으로 뒤떨어지고 중심부 국가들에 종속되는 것으로 간주했다. 다양한 방식으로, 주변부 국가들도 마찬가지로 자기 자신을 그렇게 생각했다. 예를 들어, 종속 이론이 라틴 아메리카에서 고안된 것은 결코 순전한 우연은 아니라는 것이다.

문화정체성과 본질주의

적어도 문화정체성을 생각하는 가능한 두 가지 방식이 있다. 하나는 좁고 닫힌 본질주의적인 것이고, 다른 하나는 포괄적이고 열려 있는 역사주의적인 것이다. 본질주의는 문화정체성을 이미 완성

---

44. K. Marx, *Capital*(London: Lawrence & Wishart, 1974), vol. 1, pp. 424-425. [김수행 옮김, 『자본론 I, II, III, IV』, 비봉출판사, 2004.]

된 사실, 이미 구성된 본질이라고 생각한다. 역사주의는 문화정체성을 만들어지고 있는, 언제나 과정 속에 있는, 결코 완전히 완결될 수 없는 어떤 것으로 생각한다. 홀은 본질주의의 개념을 사람들이 역사와 조상을 공유하면서도 보다 외면적이고 인위적으로 부과된 "자아들"인 많은 타자들을 그 속에 감추고 있는 "일종의 집합체(collective)", "어떤 진정한 자아(one true self)"라는 용어로 정의했다.45 탈역사화 과정은 "진짜 역사는 역사적인 것, 유산, 전통으로 고정되어 있다. 이러한 본질은 어디에 두었는지 잊어버릴 수도 있고 또 잃어버릴 수도 있는 것이지만, 분명히 근본적으로 변하지 않은 채로 복원될 수 있다."46 이 정의에 따르면, 사람들의 외면적인 차이와 역사적인 변화의 밑바탕에 지시 의미와 기호, 체계의 견고한 집합을 제공하는 어떤 본질, "하나임(oneness)"에 관한 공유하고 있는 어떤 경험이 있다. 이러한 본질은 민족적이고 지리학적인 배경, 대중 신앙, 지역적이거나 민족적인 언어 등이 들어 있는 특권화된 저장소로부터 발견되고 발굴되어야만 하는 것이다.

본질주의의 문화정체성 개념의 좋은 사례는 페드로 모란데(Pedro Morandé)의 라틴 아메리카의 정체성 분석에서 찾을 수 있다. 이 연구는 전형적인 라틴 아메리카의 문화정체성이 원주민의 문화적 가

---

45. S. Hall, 'Cultural Identity and Diaspora', in J. Rutherford (ed.), *Identity, Community, Culture, Difference*(London: Lawrence & Wishart, 1990), p. 223.
46. R. Johnson, 'Towards a Cultural Theory of the Nation: A British-Dutch Dialogue', MS, Department of Cultural Studies, University of Birmingham. (To appear in B. Henkes et al., *Images of the Nation*(Amsterdam: Rodopi, 1993), p. 22.

치와 스페인 사람들이 전해준 가톨릭의 만남에서 형성되었다고 제
안한다. 이러한 문화양식은 원주민이 글을 쓸 줄 몰랐기 때문에
문자문화의 형태가 아니라 문화적 관습인 에토스(ethos)로서 구술되
는 보다 생생한 토대적 경험으로 나타난다. 에토스는 공통의 경
험, 인류의 만남으로부터 생겨난 공유된 이해이다. 다시 말해, 에
토스는 일관된 논증이나 이데올로기의 형태가 아니라 지속적인 기
억에 의존하는 공유된 경험이다.47 이 토대적 경험의 진정한 주체
는 스페인 사람과 원주민의 혼혈인 메스티소(mestizo)이다.

모란데는 원주민과 스페인 사람의 만남에서부터 생겨난 문화 종
합(cultural synthesis)을 이해하기 위해서는 차이와 대립의 상관관계
보다는 참여와 귀속감의 상관관계를 특별하게 다뤄야 한다고 주장
한다.48 헤겔의 주인과 노예의 변증법에서 나온 차이와 대립의 상
관관계는 대개 스페인 사람을 지배자로, 원주민을 피지배자로 서
술하는 방식에 강조점을 두는데, 모란데는 이것을 부적절하다고
본다. 첫째, 대립은 한쪽이 스페인이고 다른 한쪽이 원주민이라는
식으로 일어나지 않았다. 원주민은 문화적으로 매우 다양하며, 많
은 원주민들이 스페인 사람과 대등하게 싸웠다. 둘째, 심지어 지
배가 있었다고 할지라도, 그러한 지배가 라틴 아메리카의 정체성
에 결정적이었다는 사실은 분명하지 않다. 지배라는 사실보다 더
중요한 것은 다른 공통된 경험이다. 예를 들어, 메스티소를 스페

---

47. P. Morandé, 'Latinoamericanos: Hijos de un Diálogo Ritual', *Creces*, 11/12
    (1990), p. 10.
48. P. Morandé, 'La Síntesis Cultural Hispánica Indígena', *Teología y Vida*, 32,
    1-2 (1991), pp. 43-45.

인 사람의 원주민 여성에 대한 폭력의 결과라고 추론하는 것보다, 옥타비오 파스(Octavio Paz)가 제안했듯이 원주민 사회의 조직이 친족관계에 바탕을 두고 있었기 때문에 원주민 추장이 동맹을 이루기 위해서 스페인 사람에게 자신의 딸을 스스로 제공했다고 이해해야만 한다.[49] 원주민 문화는 삶에 대해 제례적이고 의례적인 생각을 가지고 있었는데, 이것은 스페인 가톨릭의 의례와 어느 정도 맞아떨어지는 것이었다. 원주민과 가톨릭의 제례는 모두 다 사원에서 거행되는 의례적 희생에 바탕을 두고 있었다.

두 가지 양식의 문화 사이의 중요한 일치점과 연속성을 결정할 수 있는 세 가지 측면이 있다.[50] 첫째, 노동의 종속적 특성이다. 원주민 제국들이 피지배 민족들로부터 받는 공물의 강제 징수에 토대를 두고 조직되었듯이, 스페인 왕은 아메리카에서 오로지 금과 공물을 원했다. 심지어 **엥코미엔다**(encomienda)[51] 제도는 왕을 위한 공물 징수원인 **엥코멘데로**(encomendero)가 먼저 원주민으로부터 착취해서 왕에게 바치는 것이었다. 따라서 모란데에 따르면, 개인적인 이익이나 개인적인 의무보다 공물 납부의 싹이 되는 노동 개념이 보다 더 중요하다. 둘째, 예배 달력을 통해서 시간을 종교적으로

---

49. 이 방식은, 예를 들어 "말린체(la Malinche)"와 19명의 젊은 여성 노예를 에르난 코르테즈(H. Cortés)에게 제공한 것과 같다.
50. P. Morandé, 'La Síntesis Cultural Hispánica Indígena', p. 48.
51. 에스파냐 국왕이 에스파냐령 아메리카 인디언의 지위를 규정하기 위하여 만든 제도. 본래 신대륙을 발견한 직후 행해진 강제 노역의 악습을 줄이려는 것이었지만, 실제로는 인디언을 노예화하는 제도가 되고 말았다. 18세기 이후에 대토지 소유 제도인 아시엔다(hacienda)가 나타나면서 점차 소멸했다. ―옮긴이

조직화함으로써 제공되는 문화정체성이다. 스페인과 원주민 제국들의 노동은 계절에 따른 예배 달력에 의해 조직화되었다. 농사 주기는 종교적 주기와 일치했다. 셋째, 한 해를 조직하는 종교 축제일에서 특별히 눈에 띄는 춤, 연극, 예배, 의례에 대한 공통의 관심이다. 모란데에 따르면 의례, 예배, 연극은 스페인 문자문화와 원주민 구술문화의 만남을 종합했다. 이것은 만남의 장소, 라틴 아메리카 문화의 발상지가 종교적인 것임을 뜻한다. 따라서 결론은 라틴 아메리카 문화는 실제로 가톨릭이라는 토대를 가지고 있다는 것이다. 그리고 이러한 토대는 16세기와 18세기 사이에 형성된 것이다.[52]

모란데의 접근이 가지는 한 가지 흥미 있는 점은 라틴 아메리카 문화 종합의 주요 요소들을 함께 모으고 꾸준히 추적하면서 내린 다음과 같은 결론이다. 이러한 문화 종합은 "라틴 아메리카 문화 자체의 유산으로서 민족국가의 형성 과정에 의해서 평가되는 것이 아니다."[53] 스페인으로부터 라틴 아메리카의 독립 과정에 이끌렸던 엘리트는 구전(口傳)문화를 야만과 스페인의 지배와 일치시키려는 유럽의 문자(文字)문화에서 영향을 받았다. 그러므로 라틴 아메리카의 지배 계급과 지식인은 결코 자신들의 진짜 정체성을 지니고 있지 않았으며, 자신들이 메스티소라는 발생 근원을 거부하였다. 그들은 유럽의 합리적인 계몽의 패턴, 특히 대학 제도에서 기댈 곳을 찾았다. 하지만 그렇게 하면서 그들은 자신의 뿌리로부터 소외

---

52. P. Morandé, *Cultura y Modernización an América Latina*, Cuadernos del Instituto de Sociología(Santiago: Universidad Católica de Chile, 1984), pp. 139-140. (my translation).
53. P. Morandé, 'La Síntesis Cultural Hispánica Indígena'. p. 51. (my translation).

되었고, 성공할 수 없는 전체화 프로그램을 자신들의 나라에서 시작하였다. 그래서 이제 라틴 아메리카는 문화 단절(cultural break)로부터 벗어나기 위해서 고통 받게 되었다. 만약 라틴 아메리카의 엘리트에 의해 수용된 합리적인 계몽 문화 양식이 소외(alienation)라면, 어디서 진정한 문화 종합을 찾을 수 있을까? 모란데는 대중 신앙을 제안한다. 계몽적 유럽 이성은 근대화하는 합리적 엘리트를 찬양하고, 소외된 대중의 종교적 믿음의 후진성을 비난한다. 반면, 모란데는 대중 신앙 전통의 진정성을 찬양하고, 문화적으로 소외된 엘리트의 실패한 근대화 시도들을 비난한다. 모란데에 따르면, 대중 신앙은

유일한 한 가지는 아니지만, 모든 시대를 관통하고 동시에 노동, 생산, 정착, 생활양식, 언어, 예술 표현, 정치조직, 일상생활 같은 모든 차원들을 포함하는 라틴 아메리카 문화 종합의 몇 안 되는 표현들 가운데 하나이다. 그리고 대중 신앙은 정확히 문화정체성의 저장고로서 역할하면서, 다른 어떤 제도보다도 특수한 문화들을 도구적 이성의 명령에 복종시키려는 모더니티의 시도를 겪어야 했다.54

프로테스탄트 윤리 그리고 구원의 증거로서의 저축과 투자의 의무와는 달리, 라틴 아메리카 문화양식은 희생으로서의 노동과 의례적 소비로서의 종교적 축제를 강조한다. 이 때문에 근대화 형식

---

54. P. Morandé, *Cultura y Modernización an América Latina*, p. 129. (my translation).

이든, 관료적 사회주의든 자기 규제적 시장이든 간에 베버의 합리화 과정을 반복하려는 시도는 실패했다. 근본적으로 라틴 아메리카는 기술적인 진보에 의해 동기가 부여되지 않으며, 자신들의 에토스를 도구적 합리성에 종속시키는 일은 소외를 낳거나 만성적인 실패를 가져오는 실수였다. 이러한 관점에 따르면, 라틴 아메리카의 문화적 에토스는 네 가지 중요한 특징을 갖는다. (1) 계몽 이전에 형성되었고, 따라서 도구적 합리성은 라틴 아메리카의 문화적 에토스의 한 부분이 아니다. (2) 체제의 근저에 반드시 가톨릭을 담고 있다. (3) 마음(감정), 직관을 특권화하기 때문에 과학적 지식보다는 지혜를 선호한다. (4) 대중 신앙에서 가장 잘 표현된다.[55]

　모란데에 따르면, 라틴 아메리카의 문화정체성이 반드시 모던에 반대하는 것(anti-modern)은 아니지만, 그것은 모더니티가 전래되기 전에 형성된 것이다. 라틴 아메리카의 문화정체성을 위협한 것은 모든 종류의 모더니티가 아니라, 계몽으로부터 나온 모더니티, 세속화의 과정을 포함하는 모더니티였다. 가톨릭적 관점에서 라틴 아메리카의 문화정체성을 바라보면, 세속화는 단지 교회에 대한 위협일 뿐만 아니라 라틴 아메리카 문화 자체에 대한 위협이었다. 이 위협은 라틴 아메리카의 엘리트를 도구적 이성을 가진 이주 백인(Creoles)으로 바꾸는 데 성공했다. 하지만 모든 공격을 견뎌내고 오늘날까지 가장 자발적이고 진실하게 문화적 에토스를 표현하고 있는, 메스티소의 대중 신앙을 바꾸는 데에는 실패했다.

---

55. Ibid., pp. 144-145.

모란데의 지적 설계물은 대단히 인상적이며, 열정적 논증과 강한 확신과 설득력을 지니고 있다. 그것은 적어도 스페인과 원주민의 만남에 관한 탐구의 모든 점에서 라틴 아메리카의 문화정체성에 관한 다른 많은 분석들을 넘어서는 것이다. 그런데 보다 일반적인 그의 접근법에서 가장 큰 문제점은 라틴 아메리카의 문화정체성이라는 문제틀을 발생적 계기로 환원한다는 것이다. 실제로 라틴 아메리카의 문화정체성이 근본적으로 계몽에 반대하는 형태로 16세기에 단번에 고정되었다는 주장은 받아들이기 어렵다. 뿐만 아니라 라틴 아메리카에서 학자들과 지식인들이 최초의 스페인계 원주민의 문화 종합을 특권화하지 않는 이성의 가치를 교육 받았기 때문에, 언제나 그들의 뿌리로부터 심각하게 멀어졌다는 주장도 받아들이기 어렵다.

　　모란데는 라틴 아메리카 역사에서 완전히 정당화되지 않은 분열을 끌어들이고 있다. 궁극적으로 통합되고, 단번에 고정된 라틴 아메리카 정체성의 형성 과정은 독립할 때까지는 있었다. 그리고 그 이후의 역사는 중지되었거나, 역사는 이래야만 한다는 식으로 희화화되었다. 다시 말해, 역사는 거대한 소외의 역사, 총체적인 실패의 역사, 엘리트와 지식인, 지배자에 대한 실망의 역사가 되었다. 만약 모든 것을 잃어버린 게 아니라면, 그것은 아마도 정체성의 횃불이 대중 신앙의 영역에서 안전하게 보존되었기 때문일 것이다. 그리고 이 대중 신앙의 영역은 그들의 진정한 유산과 정체성이 불가피하게 도구적 이성과는 다른 가톨릭적 토대라는 사실을 사회의 나머지 부분, 특히 엘리트를 납득시킬 수 있는 가톨릭 지식인에 의해 구출될 때까지 저항하고 기다려왔다. 독립 이래로 엘리트가 한 것은 아무것도 없으며, 라틴 아메리카의 정체성에 영향을 끼치거나 변화시킬 수 있는 지적인 생산이나 이데올로기적 기획은 아무것도 없었다. 1810년 이래의 복잡한 발전의 역사는 라틴 아메리카의 문화를 실제로 설명하지 못하며, 설령 설명할 수 있다고 할지라도 그것은 소외로서 설명할 뿐이다. 이러한 생각의 배후에는 좁은 의미의 문화정체성에 의해 뒷받침되는 본질주의의 한 형태가 도사리고 있다.

문화정체성, 역사 그리고 다양성

문화정체성에 관한 보다 적절한 역사적 개념을 살펴보자. 홀은 문화정체성을 더 이상 잘 표현할 수 없을 만큼 다음과 같이 기술했다.

두 번째 의미에서 문화정체성은 "무엇임(being)"의 문제일 뿐만 아니라 "무엇으로 됨(becoming)"의 문제이기도 하다. 그것은 과거뿐만 아니라 미래에도 달려 있다. 그것은 초월적 자리, 시간, 역사 그리고 문화에 이미 존재하는 것이 아니다. 문화정체성은 역사를 가진 어떤 장소에서 생겨나는 것이다. 하지만 역사적인 다른 모든 것과 마찬가지로 문화정체성도 지속적인 변형을 겪게 된다. 그것은 어떤 본질적인 과거에 영원히 고정된 것이 아니라, 역사, 문화, 그리고 권력의 지속적인 "작용"을 받게 마련이다. 문화정체성은 과거를 "재발견"함으로써 기초 지워지는 것이 아니다. 과거는 단지 발견되기를 기다리고 있는 것이 아니며, 만약 그런 식으로 발견된다면, 영원히 우리 자신의 의미를 보존하게 될 것이다. 문화정체성은 과거의 이야기에 의해서 우리가 처하게 되는 입장이 결정되고, 또 그 속에서 우리가 입장을 결정하는 그런 명칭이다.56

　바로 앞 절에 나온 본질주의의 사례, 즉 문화정체성의 역사적 개념이 단지 라틴 아메리카 정체성의 이해—이러한 이해는 최근 200년 동안의 라틴 아메리카 역사의 대부분을 배제하지 않는다. —에 도달하게 할 뿐이라는 주장으로 돌아가 보자. 원주민과 스페인 사람의 최초의 만남으로 만들어진 첫 번째 문화 종합이 결정적으로 중요하다는 것은 의심의 여지가 없다. 하지만 그 문화 종합이 똑같이 유지되지는 않았다. 말하자면, 그것은 독립 이후에 특히 계몽사상의 영향으로 적지 않은 변형을 겪게 되었다. 오늘날의 라틴 아메리카를 형성하는 데 도움을 준 이러한 새로운 기여는 "진정한 자아"의 소외나 배신이 아니다. 다시 말해, 그러한 기여는 만약 우리가 오늘날의 문화정체성에 관한 어떤 것을 이해하고자 한다면, 반드시 고려해야 할 중요한 유입요소(input)이자 변형이다. 라틴 아메리카의 첫 번째 문화 종합이 가톨릭적 토대였다는 것은 사실일 수 있다. 하지만 문화적 특성이 다른 측면들과 관련해서 중요성을 잃어버렸다는 것도 모든 가능성 속에서 마찬가지로 참일 수 있다. 이러한 것은 소외의 문제가 아니라 변화의 문제이며, 영구적으로 형성되고 재형성되는 라틴 아메리카 정체성의

56. Hall, 'Cultural Identity and Diaspora', p. 225.

결과물이다.

　콜즈(R. Colls)와 도드(P. Dodd)의 말로 바꾸어 말하자면, 문화정체
성은 특정한 영토에서 살면서 공동의 문화를 갖고 있는 사람들,
심지어 그들이 오래된 민족이라고 하더라도 그들의 명백하고 자연
스런 성향이 아니라고 말할 수 있다. 또한 정체성의 역사에서 어
떤 국면을 추적할 수 있지만, 그러한 국면이 단지 논리적으로 단
선적인 지속성을 가지고 한쪽에서 다른 쪽으로 흘러간다거나, 그
러한 국면이 만들어낸 문화정체성이 항상 동일한 사물을 상징한다
거나, 특별한 사람이나 민족이 단단한 정체성을 가졌다는 것을 자
랑할 수 있다고 믿는 것은 잘못된 일이다. 문화정체성은 가능한
실천과 상호관계 속에서, 그리고 현존하는 상징과 개념들 속에서
영구적으로 만들어지는 것이자 다시 만들어지는 것이다. 문화정체
성을 정의하기 위해 사용되는 되풀이되는 상징과 개념들이 있다는
사실은, 그러한 것들의 의미가 항상 동일하다거나 새로운 실천의
맥락에서 변하지 않는다는 것을 보증하지는 않는다.[57]

　그렇다고 해서 문화정체성의 역사적 개념에 찬성하는 것으로 충
분하지는 않다. "정체성"이라는 단어 자체가 받아들일 만한 하나의
견해가 있다거나, 변하지 않는 본질 또는 역사적 구성으로서 문화
정체성을 생각하는 것을 무시하고 그것이 어디에 속하는 것이며
어디에 속하지 않는 것인지 엄밀하게 결정할 수 있다고 믿도록 이
끌 수도 있다. 사실 사회적 실천의 엄청난 복잡성과 다양성, 그리

---

57. 이것에 관해서는 R. Colls and P. Dodd (eds), *Englishness, Politics and Culture 1880-1920*(London: Croom Helm, 1986)의 서문을 보라.

고 구체적인 사람들의 문화양식은 그러한 것들의 정체성의 전형으로 공공연히 설명되는 것과는 다르다. 리처드 존슨(Richard Johnson)에 따르면, 정체성에 관한 공적 견해들과 국가나 지역에서의 삶의 양식의 엄청난 다양성은 정체성 순환의 두 가지 계기이다. 이러한 계기들은 구분되어야 하지만, 그것들은 서로에게 흘러들어간다.58 이것을 아래와 같은 그림으로 표현할 수 있다.

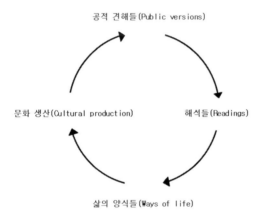

이 그림의 토대에는 점증하는 다양한 문화와 대단히 다양한 삶의 방식을 지닌 복잡한 사회가 놓여 있다. 미디어, 교회, 교육과 정치기구 같은 문화적 제도는 이 거대한 저장고로부터 정체성에 관한 공적 견해들을 만들어낸다. 이 공적 견해들은 자신들을 대표

---

58. See Johnson, 'Towards a Cultural Theory of the Nation: A British-Dutch Dialogue', p. 9.

한다고 보는 몇몇 특징들을 선택하고 다른 것들은 버린다. 그런데 이 공적 견해들은 반드시 수동적이거나 무비판적이지는 않은 해석이나 이해의 과정을 통해서 다시 사람들이 자기 자신을 바라보거나 행동하는 방식에 영향을 끼친다. 공적 견해들은 삶의 양식들로부터 구성되는 것이지만, 또한 대다수의 삶의 양식들이 만들어지는 투쟁의 장소가 되기도 한다.[59] 어떤 문화정체성의 내용을 구성하는 것에는 항상 다양한 "견해"가 있다는 사실을 받아들여야만 한다. 이것은 문화정체성이 역사적으로 형성될 뿐만 아니라, 사회 속의 어떤 계급이나 집단의 이해관계와 세계관을 둘러싸고 있는 다양한 문화적 제도들에 의해서도 형성된다는 사실의 결과이다. 문화정체성을 정의하는 기준은 점점 복잡해지고 다양화되는 문화적 관습들과 사람들의 실천보다도 언제나 좁고 보다 더 선택적이다. 문화정체성에 관한 공적 견해들 속에서 다양성은 가정된 단일성 뒤에 조심스럽게 숨겨져 있다.

문화정체성에 관한 담론 형성에서 이러한 좁은 과정은 어떤 메커니즘을 통해서 이루어진다.[60] 따라서 단지 몇몇 특성, 상징 그리고 집단적 경험만이 고려되고 나머지는 배제하는 선택의 과정을 전형적으로 발견할 수 있다. 또한 특정 계급이나 제도 또는 집단의 가치를 민족적 가치로 제시하고 나머지는 배제하는 평가의 과정도 있다. 그러므로 공유한다고 가정된 가치를 가진 정신적 공동체는 다른 가치를 제외하고 형성된다. 또한 대립의 과정은 어떤

---

59. Ibid., p. 23.
60. Ibid., p. 23.

집단, 삶의 양식 그리고 생각들이 민족 공동체 외부의 것으로 나타남으로써 종종 회복된다. 문화정체성은 다른 집단에 대립하는 것으로 정의된다. 말하자면, "우리"라는 생각은 "그들" 또는 "타자"라는 것에 대립하는 것이다. 차이는 과장된다. 결국 어떤 문화적 특성을 민족 특성 안에 자연스럽게 주어진 것으로 제시하는 본질화의 과정을 발견할 수 있다. 이러한 과정의 일부가 은밀하게 모란데의 견해에서 작동하고 있다는 걸 알 수 있다. 그러므로 예를 들어, 모란데의 견해는 라틴 아메리카에서 메스티소를 결정적인 문화적 주체로 선택하고 있지만, 흑인 노예나 원주민 공동체, 이주 유럽인 그리고 그들의 수많은 후손을 배제하고자 한다. 가톨릭주의는 선택되고 그 가치는 옹호되지만, 점차 퍼져 나가는 프로테스탄트주의와 라틴 아메리카의 폭넓은 부분에 퍼져 있는 프로테스탄트 종파는 배제되거나 저평가된다.

　이러한 모든 것들은 문화정체성을 형성하는 담론 과정이 만약 사회의 다양성이나 적대를 감춘다면 쉽게 이데올로기적으로 될 수 있다는 것을 보여준다. 문화정체성의 내용을 단번에 고정시키려는 시도와, 어떤 사람들의 "진정한" 정체성을 발견했다는 주장은 특정 집단이나 계급이 자신의 이익을 위해서 사용하는 이데올로기적 형태가 될 수 있다. 그러나 또한 문화정체성에 관한 어떤 견해, 특히 사회에서 억압당하고 차별당하는 집단으로부터 나오는 견해는 지배나 배제에 직면하여 저항의 수단으로서 역할하게 되고, 따라서 이데올로기로 간주할 수 없다. 그러한 견해는 지배적인 견해와는 달리 무엇을 숨기지 않으며 모순을 강조한다. 이것은 사회 내의 정치뿐만 아니라, 사회들 사이의 국제적인 관계에서도 사실이다. 식민주의와 좀 더 애매한 형태인 보호령에서는 전체 국가나 민족이 억압당하고 있다고 말할 수 있다. 이러한 경우 역시 억압당하는 사람들로부터 나온 문화정체성에 관한 특수한 견해는 지배하는 민족에 저항하는 역할을 한다. 그리고 이런 의미에서 그것은 이데올로기적이지 않다. 외부 권력에 저항하는 형태로 만들어지는 것과 달리, 내부의 분열을 감추는 동시에 특정 피지배 집단을 배제하는 그러한 문화정체성에 관한 견해를 발견하는 것은 가능하다.

이런 사정은 문화정체성 개념이 본래 애매하다는 것을 보여준다. 한편으로는 다양성을 감추려고 하고, 다른 한편으로는 저항의 수단이 될 수 있다. 지배하는 견해가 보통 전자라면, 지배받는 견해는 후자이다. 그러나 민족들 사이의 관계에서 종속국가를 지배하는 견해는 종종 양 측면을 모두 갖는다. 여기서 민족적 전통의 깊은 양면성과 미래의 기획에 관한 하버마스의 생각을 떠올릴 수도 있을 것이다. 하버마스는 정체성이 "미리 주어지는 것은 아니지만, 또한 동시에 우리 자신의 기획일 수는 있다."고 주장한다.[61] 정체성이 본래 선택적일 수 있다는 사실은, 비록 어떤 민족이 그들의 전통을 선택할 수는 없지만, 적어도 정치적으로 어떤 전통을 유지할 것인지 또는 그렇게 하지 않을 것인지 선택하는 것을 가능하게 한다. 이러한 기획으로서의 정체성 개념은 그 가능성에서 의미 있는 것이며, 하버마스가 보편적 가치에 의해 보다 완전하게

---

61. J. Habermas, 'The Limits of Neo-Historicism', interview with J. M. Ferry, in J. Habermas, *Autonomy and Solidarity*(London: Verso, 1992), p. 243.

알려지는 그런 정체성을 제안할 수 있게 해준다.

결국 보편주의는 무엇을 의미하는가? 다른 삶의 양식의 합법적인 주장에 대해서 자신의 삶의 양식을 상대화하는 것, 특이하고 이해하기 어려운 이방인과 타자를 어떤 누군가로서 동일한 권리를 인정하는 것, 자기 자신의 정체성을 보편화하려고 주장하지 않는 것, 자신의 정체성에서 벗어나 있다고 해서 쉽게 배제시키지 않는 것, 지금보다 관용(tolerance)이 더 끊임없이 퍼져나가는 것. 도덕적 보편주의는 이 모든 것을 뜻한다.[62]

말할 필요도 없이 가장 감동적인 제안은 차이의 관용과 통합을 주장하는 것이다. 하버마스의 사례는 유럽공동체에 해당하는 것이다. 그러나 유럽적 사례와 함께 바로 제3세계에 관한 유럽의 태도뿐만 아니라, 억압이나 지배가 판을 치지 않는 한 고려되지 않고 무관심한 지역, 그리고 민족적 전통에 호소하는 것이 배제와 파괴와 동화에 저항하는 유일한 길인 양 생각하는 지역 같은 다른 많은 사례들도 있다는 사실을 기억해야 한다. 그렇지만 이러한 사례에서조차도 하버마스의 생각은 대단히 가치 있는 것이다. 정체성은 그것이 지금 무엇인가(what one is)라기보다는 무엇으로 되고자 하는가(what one wants to be)이다. 그리고 미래를 건설하는 데에서 우리 자신의 역사적 전통들 모두가 가치 있는 것은 아니다. 이러한 생각은 모든 나라에, 특히 뿌리 깊은 인종주의라는 추한 얼굴

---

62. Ibid., p. 240.

이 다시 나타나는 유럽 국가들에 적용되는 것이다.

사실 독일과 유럽의 정체성에 관한 하버마스의 다소 낙관적인 의견은 독일의 재통합 이후, 그리고 1992년에 독일 전역을 휩쓴 외국인 혐오와 민족주의의 물결에 따라 보다 최근에 관심을 끌고 있다. 하버마스는 민주주의적 자유와 관련되는 이슈에 비해서 민족정체성에 대한 요구와 자기주장이 다시 중요해지고 있는 것을 두려워한다.63 하버마스는 비호권을 폐지하는 캠페인에 정부가 연루된 것, 독일이 "다시 정상화"되고 지도적 강국으로서 재건립되어야만 한다는 점증하는 공공연한 생각을 크게 걱정한다. 독일은 유럽에서의 상대적인 패권을 받아들이고, "우리 **자신의** 이익을 보살피는 방법을 다시 배워야 하며, **합당하지 않은** 요구들이 우리의 동료시민들에게 어떻게 그럴듯한 것으로 받아들여지는지, **건강한** 민족감정을 어떻게 발전시킬지 다시 배워야 한다."64는 아르눌프 바링(Arnulf Baring)과 같은 주장은, 하버마스가 독일은 아직까지 과거를 청산하지 않았다고 생각하게 만들고 있다. 하지만 그는 우익의 테러에 대한 대중의 항의 시위와 저항에서, 그리고 진정한 민주주의자와 공화주의자들이 시민정신보다 민족성을 강조하는 사람들로부터 이탈하고 있다는 사실에서 희망을 발견한다.

다른 관점에서 보면, 제3세계의 국가들 역시 이러한 정체성의 문제를 깨달아야만 한다. 왜냐하면 점점 서로를 배제하는 세 개의

---

63. See J. Habermas, 'The Second Life Fiction of the Federal Republic: We have become "Normal" Again', New Left Review, 197(January/February, 1993), p. 58.
64. Ibid., p. 64.

강력한 블록으로 분할되고 있는 이 세계에서, 우리 앞에 놓인 길은 험하고 불확실할 뿐만 아니라 신역사주의와 본질주의의 유혹에 둘러싸여 있기 때문이다.

옮긴이의 글

라라인이 감사의 말에서 밝히고 있듯이, 이 책은 이데올로기를 다루는 라라인 자신의 일련의 저작을 완결하는 성격을 갖고 있다. 먼저 『현대 사회이론과 이데올로기』에서 라라인은 계몽주의로부터 맑스와 엥겔스, 만하임을 거쳐 현대 구조주의까지 이어지는 이데올로기 개념의 역사를 다루고 있다. 그는 여기서 이데올로기가 부정적인가, 아니면 긍정적인가 하는 핵심 물음을 제기한다. 다시 말해, 단지 주체의 정신분석학적 현상인지, 아니면 사회적인 현상으로 간주할 것인지, 그리고 사회의 상부구조를 이루는 특수한 요소인지, 아니면 전체 문화의 영역과 같은 것인지를 다루고 있다.

이런 작업을 통해 라라인은 이데올로기가 궁극적으로 과학(science)과 다른 것인지, 아니면 과학과 연관되는 것인지 말하고자 한다. 그는 이데올로기에 관한 맑스의 계급적 입장을 수용하면서 부르주아 이데올로기를 비판하고 있다. 말하자면, 이데올로기에 기반을 제공하는 것은 과학 그 자체가 아니다. 부르주아 이데올로기가 스스로 과학의 옷을 입고 나타나서 자신의 이데올로기를 보편적인 세계관, 보편적인 이해관계로 치장하는 것이다. 결국 과학이 본래 이데올로기적인 것은 아니다.

다음으로 라라인은 『맑스주의와 이데올로기』에서 맑스가 제시한 이데올로기 개념을 특성, 의미, 논쟁점, 모순의 성격, 상부구조와 결정성 같은 모든 논쟁점에서 세밀히 분석, 평가하고 있다. 라라인은 맑스에게는 근본적으로 대립하는 두 가지 이데올로기론이 존재한다고 말한다. 하나는 '왜곡된 사고'를 가리키는 부정적인 것이고, 다른 하나는 '사회적 의식의 총체'나 '정치사상'을 가리키는 긍정적인 것인데, 라라인은 부정적인 개념이 맑스의 것이라고 주장한다. 그가 보기에 사회과학의 비판적인 힘은 바람직하지 못하거나 정의롭지 못한 것으로 판명된 사회적 실재에 대해서 일정한 평가를 내리는 비판적인 개념, 즉 "그것은 이데올로기다."와 같은 비판을 제기하는 데서 나타나는 것이기 때문이다.

이런 비판적 지점에서 라라인은 과거의 사회주의 사회에서 이데올로기가 사라졌다는 주장에 동의하지 않으며, 이데올로기는 사회주의를 넘어서는 공산주의 사회에서도 지속될 수 있다는 것을 받아들인다. 하지만 라라인은 맑스가 주장하는 자유의 영역, 이데올로기가 없는 사회가 대단히 중요하다고 평가한다. 이데올로기 없는 사회라는 관념과 가치 지향은 인간 해방을 위한 우리의 투쟁을 지속하게 해주고, 사회주의에서는 이미 이데올로기가 사라졌다거나 사라질 것이라는 주장도 그 자체로 이데올로기일 수 있다는 사실을 우리에게 상기시켜 주기 때문이다.

끝으로 이 책,『이데올로기와 문화정체성』은 대표적인 근현대 철학과 사회 이론의 관점에서 이데올로기, 이성, 문화정체성 사이의 관계를 다루고 있다. 라라인은 이 개념들을 오늘날 모더니티와 포스트모더니티를 둘러싼 논쟁의 핵심으로 제안하면서, 이 개념들을 둘러싼 논쟁들을 유럽적인 사고 맥락에서뿐만 아니라 제3세계, 특히 라틴 아메리카와 관련해서 분석하고 있다. 또한 라라인은 쇼펜하우어로부터 니체, 파레토, 알튀세르, 포스트구조주의, 포스트모더니즘, 하버마스에 이르기까지 계몽주의에 반대하는 비합리주의와 근대적 의미의 도구적 합리성이라는 이성 개념에 반대하는 이론들을 세세하게 살펴보고 비판적으로 분석하고 있다. 그의 분석은 기본적으로 맑스의 이데올로기론에 기초하고 있지만, 계급 적대 외에도 자본주의 체제의 복잡한 이해관계 속에 묻혀 있거나 제대로 다뤄지지 않고 있는 인종주의, 식민주의와 같은 갈등을 포함하고 있다.

사실 이 책의 주요한 관심은 제3세계에 대한 유럽의 견해를 검토하는 것이다. 라라인은 서구 이론들을 문화정체성이라는 시각에서 면밀히 검토하여 '이성'과 '인종주의' 사이의 연관에 관한 새로운 해석을 내놓고자 한다. 뿐만 아니라 그는 문화정체성과 개인적 정체성 사이의 관계와 맞물려 있는 식민주의, 민족정체성, 본질주의 같은 주제들을 세계화 과정과 결부시켜 다루고 있다. 라라인은 서구 유럽이 이성의 이름으로 '타자'와 '타자'의 문화를 왜곡했고, 제3세계의 문화정체성에 관한 유럽의 견해가 지배적인 집단의 이해관계 속에서 문화적 다양성을 숨기고 있었다는 점에서 이데올로기적이라고 비판한다. 특히 서구적인 것의 세계화 시대인 오늘날, 문화정체성 문제는 서구적 가치를 강요하고 확산함으로써 문화적 다양성을 감추는 이데올로기가 될 수 있고, 동시에 그러한 이데올로기에 맞서는 저항의 수단이 될 수도 있다고 결론짓는다. 이러한 결론은 문화정체성이나 개인적 정체성이 사회구성원이 선택하거나 배제할 수 있는 선택지라는 사실을 함축하고 있는 것이다. 자세한 내용은 이 책의 각 장 앞부분에서 라라인이 요약한 개요에 잘 정리되어 있기 때문에 따로 설명할 필요는 없을 것이다.

이 책은 한국철학사상연구회 맑스분과의 세미나가 만들어낸 생산물이다. 2006년 여름 세미나 과정에서 이 책을 번역하기로 결정한 다음, 일 년 반 동안 각자 맡은 부분을 번역해서 발표하고, 서로 검토하고 토론했다. 개인별로 번역 분량을 할당하고 각자가 번역한 부분을 취합해서 간단히 출간할 수도 있지만, 맑스주의 철학 연구자로서 나름대로 내실을 기하기 위해 긴 시간을 함께 보냈다. 세미나와 번역 활동에 참여한 맑스분과 분과원들의 이번 작업이 헛되지 않게, 이데올로기를 공부하는 많은 사람들에게 이 책이 도움이 됐으면 한다.

출판계의 어려운 사정에도 불구하고, 무겁고 어두울 뿐만 아니라 상업성도 없는 이데올로기를 다루는 책을 출간해주신 모티브북 양미자 대표와 편집 일을 도맡아 꼼꼼히 작업해주신 편집부에게 감사드린다.

옮긴이들을 대신하여 김범춘

찾아보기

도서 및 논문명

《사회학 리뷰The Sociological Review》 6

《세계 개발World Development》 6

《워싱턴 포스트》 246

《이데올로기와 의식Ideology and Consciousness》 145

《이론, 문화 그리고 사회Theory, Culture and Society》 6

《텔켈Tel Quel》 145, 181

「오늘날 맑스주의에서의 이데올로기와 그 수정Ideology and its Revisions in Contemporary Marxism」 6

「이데올로기에 관한 포스트모던적 비판The Postmodern Critique of Ideology」 6

「이데올로기와 이데올로기적 국가 장치Ideology and the Ideological State Apparatuses」 182

『기호에 관한 정치경제학 비판을 위하여For a Critique of the Political Economy of the Sign』 230

『독일 이데올로기The German Ideology』 113, 131, 132, 148, 149, 165, 169, 175, 183, 247

『맑스주의 이론의 정치학과 이데올로기Politics and Ideology in Marxist Theory』 156

『맑스주의와 이데올로기Marxism and Ideology』 5, 350

『반뒤링론Anti-Dühring』 188

『생산의 거울The Mirror of Production』 234

『성의 역사The History of Sexuality』 203, 205

『세계 역사의 철학에 관한 강의Lectures on the Philosophy of World History』 45, 46

『영연방 인도의 역사History of British India』 44

『의사소통 행위이론The Theory of Communicative Action』 257, 276~278

『자본론Capital』 133, 148, 149, 150, 173, 183

『자연 변증법Dialectics of Nature』 188

『충동 장치Les Dispositifs Pulsionnels』 225

『현대 사회이론과 이데올로기The Concept of Ideology』 5, 349

『현대 이데올로기의 구조The Structure of Modern Ideology』 6

『S/Z』 233

<스튜어트 홀과 맑스주의의 이데올로기 개념Stuart Hall and Marxist Concept of Ideology> 6

<식민주의와 '후진' 국가들에 관한 고전 정치경제학자와 맑스Classical Political Economist and Marx on Colonialism and "Backward" Nations> 6

인명

고들리에(M. Godelier) 144, 148, 151, 152

그람시(A. Gramsci) 140, 149, 157, 178

깁스(H. A. R. Gibbs) 71

니체(F. Nietzsche) 11, 12, 40, 75, 76, 84~102, 104~108, 117, 196, 197, 222, 279~281, 285, 313, 315, 316, 351

다윈(Erasmus Darwin) 95

대처(Margaret H. Thatcher) 172, 214, 329

데리다(J. Derrida) 222

데이비드 헬드(David Held) 270, 273

데카르트(R. Descartes) 59, 60, 305, 307, 313

도드(P. Dodd) 341

도미니크 르쿠르(Dominique Lecourt) 128

돌바크(P. H. D. d'Holbach) 110

듀프레(G. Dupré) 143

드 트라시(Destutt de Tracy) 110

라딴씨(A. Rattansi) 191

라이프니츠(G. W. Leibniz) 306, 307, 310

라클라우(E. Laclau) 12, 143, 155~158, 160, 161, 163~165, 171, 178~181, 191, 193, 202, 211, 212~220, 315

레닌(V. Lenin) 136, 170, 171, 188, 189

레비스트로스(C. Lévi-Strauss) 128, 147, 151, 314

레이(P. Rey) 143

레이건(R. Reagan) 214

로크(J. Locke) 53, 54, 58~60, 305, 306, 310

루카치(G. Lukacs) 12, 38, 66, 74, 82, 83, 132, 133, 148, 268, 269

뤼시앵 골드망(Lucien Goldmann) 148

리요타르(J.-F. Lyotard) 12, 192, 224~229, 237~243, 317

리처드 로티(R. Rorty) 229, 239, 293, 295

리처드 존슨(Richatd Johnson) 342

리카도(D. Ricardo) 45

리쾨르(P. Ricoeur) 273

마르쿠제(H. Marcuse) 42, 116, 123~125, 148, 258, 259~261, 281

마슈레(P. Macherey) 144

마오(Mao Zedong) 182

맬서스(T. R. Malthus) 43, 44

메익신즈 우드(E. Meiksins Wood) 215

메팜(J. Mepham) 144, 147, 149, 150, 183

모젤리스(N. Mouzelis) 164

몽가르디니(C. Mongardini) 40

무페(C. Mouffe) 12, 143, 181, 191, 193, 202, 211~220, 315

미드(G. H. Mead) 310~312, 318

밀(J. S. Mill) 44

바르톨로메 데 라스카사스(Bartolomé de Las Casas) 68, 69

바르트(R. Barthes) 231, 233

바슐라르(G. Bachelard) 128, 129

베이컨(F. Bacon) 80, 81, 174

벤담(J. Bentham) 174

보드리(J. Baudry) 145

보드리야르(J. Baudrillard) 12, 192, 224,

227, 229~237, 243~252, 316
보인(R. Boyne) 191
브래큰(H. M. Bracken) 55, 60
브레히트(B. Brecht) 182
비코(Giambattista Vico) 66
사담 후세인(Saddam Hussein) 330
사이드(E. Said) 53, 71
섬너(C. Sumner) 144
세이(J. B. Say) 43
셸링(F. W. J. von Schelling) 38, 46,
　66~69
소쉬르(F. Saussure) 128, 314
솔레르스(P. Sollers) 145
쇼펜하우어(A. Schopenhauer) 7, 11,
　74~78, 81~84, 106, 222, 351
스피노자(Baruch de Spinoza) 59, 128
시몬 볼리바르(Simon Bolivar) 50
아도르노(T. Adorno) 11, 39, 117, 119,
　120, 122~126, 258, 262, 279, 281,
　285
아들람(D. Adlam) 145, 181~183, 186
아르눌프 바링(Arnulf Baring) 347
알브레히트 벨머(Albrecht Wellmer)
　290~294
알튀세르(L. Althusser) 125
애덤 스미스(Adam Smith) 24
앤더슨(P. Anderson) 215
앤서니 기든스(A. Giddens) 274, 289,
　319, 321
엘리스(J. Ellis) 145, 181, 182, 184~189,
　211
엘베시우스(C. A. Helvétius) 110, 174
엥겔스(F. Engles) 29, 37, 47~52, 172,
　173, 187, 188, 261, 319, 320

오귀스트 콩트(Auguste Comte) 107
옥타비오 파스(Octavio Paz) 334
이글턴(T. Eagleton) 144, 271
이사야 벌린(Isaiah Berlin) 65, 66
제임스 밀(J. Mill) 44
조지 H. W. 부시(George H. W.
　Bush) 329
존 킨(John Keane) 239~243
존스(G.S. Jones) 133
지노비예프(A. Zinoviev) 247, 249
찰스 오코너(Charles O'Conor) 57
촘스키(N. Chomsky) 330
츠베탕 토도로프(Tzvetan Todorov) 72
칸트(I. Kant) 76, 279, 290, 307, 309
칼 만하임(K. Mannheim) 85, 120, 349
칼 포퍼(Karl Popper) 289
칼-오토 아펠(Karl-Otto Apel) 293
캘리니코스(A. Callinicos) 244, 291,
　292
케인스(John Maynard Keynes) 25
켈너(D. Kellner) 248, 279
코베나 머서(Kobena Mercer) 303
코워드(R. Coward) 145, 181, 182,
　184~189, 211
코헨(G. A. Cohen) 211
콜즈(R. Colls) 341
콩도르세(Marquis de Condorcet) 107
쿠네만(H. Kunneman) 260, 261
크리스테바(J. Kristeva) 145
테레(E. Terray) 143
테일러(J. Taylor) 143
토마스 맥카시(Thomas McCarthy) 279,
　284, 292, 297
톰슨(J. B. Thompson) 34, 35, 125, 278

파레토(V. Pareto) 11, 39, 107~116, 351

페드로 모란데(Pedro Morandé) 332~338, 344

페쇠(M. Pêcheux) 145, 147, 148, 152~154

포스터(M. Poster) 193

포이어바흐(L. A. Feuerbach) 98, 309

푸코(M. Foucault) 11, 12, 191~206, 211, 219, 222, 224, 237, 250, 251, 315, 316

풀란차스(N. Poulantzas) 132, 143, 147~149, 165, 171

프레드릭 제임슨(Fredric Jameson) 75

프로이트(S. Freud) 97, 182, 225, 229, 266, 314, 315

피터 윈치(Peter Winch) 296, 297

하만(Johann Georg Hamann) 66

하버마스(J. Habermas) 13, 14, 51, 116, 119, 124, 125, 257~299, 345~347, 351

하비(D. Harvey) 223, 253, 321

하이데거(M. Heidegger) 279

허버트 스펜서(Herbert Spencer) 107

허스트(P. Hirst) 12, 144, 181, 191, 192, 202, 206, 207, 209~211

헤겔(Friedrich Hegel) 9, 38, 45~47, 52, 67, 307, 308, 333

헤르더(J. G. Herder) 62~67

호르크하이머(M. Horkheimer) 11, 39, 55, 57, 59, 117, 119~126, 258, 262, 279, 281, 285

홀(S. Hall) 144, 156~158, 161~163, 165~169, 171~173, 175~179, 318, 323, 326~328, 332, 339

홀바흐(M. Holbach) 174

후설(E. Husserl) 224

흄(D. Hume) 53, 57, 59, 60, 312, 313, 316

힌데스(B. Hindess) 12, 144, 181, 191, 192, 202, 206, 207, 209~211

그 외

ㄱ

가지계(the intelligible) 307
가톨릭 의례 334
가톨릭주의 344
감각 59, 253, 307, 310, 312
감정의 탐닉(orgy of feeling) 98
개인적 주체 개념 308
객관적 이성 55, 56, 116
객체/객체성(objectivity) 233, 236, 316, 324
거대 서사(grand narrative) 228
결정(determination) 208
결정론 180, 215
경제 구조 141, 147
경제 환원주의 130
경제구조의 우위(pre-eminence) 151
경제의 세계화 현상 322
경제주의 147, 164, 203, 215
경험론 9, 55, 59
경험주의 53, 172, 176, 184
경험주의 논리학 59
계급 79, 91, 96, 106, 113, 114, 146, 152, 153, 159, 160, 164, 169, 171, 175, 272, 325
계급 권력 203, 271
계급 모순 36, 37, 157, 158, 163
계급 이데올로기적 담론 158, 159, 162, 164, 169, 230, 236
계급 의식 133
계급 지배 33, 34, 36, 152, 194, 271
계급 호명 158, 159
계급적 귀속성 158, 166
계급투쟁 13, 38, 146, 153, 154~157, 159, 213, 248
계몽주의 9, 19, 20, 22, 25~27, 45, 53, 66, 222, 255, 349, 351
고대 독일인 54
고전 정치경제학 / 고전 정치경제학자) 8, 22, 23, 25, 46~48, 52, 162
고정점(fixation) 212
공산주의 74, 247, 248, 350
공산주의 붕괴 321
공약 불가능(incommensurable) 210, 221, 228, 237
과학의 자율성 132
관념론/관념론자 132, 152, 184, 186, 224
관용 56, 118, 346
관점주의 85
구조주의/구조주의자 127, 129, 152, 180, 193, 221, 231, 314, 317
국가 관료주의 214
국가 권력 130, 195, 196
국가 장치 153, 195
국가주의 102, 159
권력 충동(power drives) 74
권력의 모세관적 메커니즘 196
권위로부터의 자유 56
권위주의 45, 56, 214
귀족 권력 26
귀족적인 이데올로기 이론 102
귀족주의 25, 82
그람시주의 146, 156, 163, 176~179
근대 총체주의 이론 40

근대화 이론 8, 22, 24
급진적 민주주의 220
기능적 등가물 277
기술 결정론 211
기술관료적 이데올로기 257, 365
기술적 이성 124
기술적 합리성 124, 259, 276
기의 231, 232
기표 34, 231, 232
기호 192, 227, 231, 232, 234, 235~237,
    248, 249, 332
기호의 생산 232
기호의 지시체(referent) 231
기호학 127, 143, 145, 182

ㄴ

나치즘 123, 160, 164, 177, 297, 298
내재론의 오류 125
내포(connotation) 233
냉전 328, 329
노동 계급 135, 155, 166, 173, 174,
    181, 213, 219, 220
노동 계급(의) 이데올로기 136, 149,
    160
노동 계급의 자생적 의식 136, 139
노예도덕 92
노예무역 37, 63, 69
노예제 54, 57, 61, 68
누빔점(nodal points) 211
니체의 이성 비판 117

ㄷ

다원성 213, 214, 229, 241
다원주의 13, 62, 69, 70, 254

단일성 61, 62, 185, 302, 304, 307,
    317, 343
담론 구성체(interdiscourse) 154, 212
담론의 논리 216
담론의 대상 202, 207, 210, 212
담지자(agency) 23, 27, 28, 178
담화 행위 263, 264, 268, 270, 271
대리인에 의한 해석(interpretation by
    proxy) 211
대상과 주체의 구성 202
대응(correspondence) 208
대중 민주주의(popular-democratic) 159
대중 민주주의의 호명 159
대중 신앙 332, 336~338
대중문화 121, 323
대처주의/대처주의자(Thatcherite)
    159, 163, 165, 166, 168, 169, 171,
    172, 179
데카당스(decadence) 101
데카르트주의자 60
도구적 이성 8, 11, 19, 20, 22, 26, 27,
    39, 52, 53, 61, 116, 117, 258, 262,
    279~282, 283, 285, 300, 301,
    336~338
도구적 이성 비판 123, 258
도덕/도덕성 57, 58, 91~93, 100, 117,
    246, 286, 287, 289, 330
도덕에 대한 비판 117
독일 164, 177, 276, 297~299, 322,
    323, 328, 347
독일 관념론 38
독일 노동 계급 160, 164, 165
독일 이데올로그 29, 275
동등성(equality) 21, 72

동일성(identity) 140, 156, 212, 213
등가교환 32, 258
디즈니랜드 244, 245, 249

ㄹ

라캉주의 187
라캉주의(의/적) 정신분석 185, 187
라틴 아메리카 7, 8, 44~47, 49~51, 69,
　161, 287, 322, 331~333, 335~340,
　344, 351
라틴 아메리카 문화 종합 335, 336
라틴 아메리카의 문화적 에토스 337
라틴 아메리카의 문화정체성 332,
　337, 338
랑그(langue) 128, 152
러시아혁명 12, 39, 75
레닌주의 136, 139, 168, 170, 172,
　179, 185, 188
레비스트로스의 신화 분석 151
루카치의 귀속 의식(ascribed consci-
ousness) 개념 268, 269
루카치의 이데올로기 개념 132
리비도 경제학(libidinal economy) 238
리비도적 가치 227

ㅁ

맑스-레닌주의 160
맑스주의 8, 22~25, 36, 119, 122, 127,
　129, 136, 138, 139, 141, 145~148,
　150, 151, 155, 156, 165, 168, 171,
　178~180, 193
맑스주의의 허위의식 122, 183
메스티소(mestizo) 333, 335, 337, 344
메타-서사(meta-narrative) 223, 224,

238, 239, 242, 253, 254
멕시코 47, 48~51, 322, 323
멕시코의 복종 49
모더니티 7~9, 12, 13, 19, 20, 22~24,
　40~43, 61, 72~74, 124, 125, 222,
　223, 249, 253, 254, 258, 262, 278,
　280, 285, 295, 302, 304, 308, 317,
　321, 326, 327, 336, 337, 351
모델(models) 235
문화 산업 121, 122, 125
문화상대주의 20, 302
문화적 동질화 326
문화적 인종 차별 65
문화적 차이 13, 20, 21, 64, 323
문화정체성 5, 7, 9, 13~15, 21, 41, 72,
　297, 299, 300, 302~304, 325~328,
　331, 332, 335, 336, 339, 340, 341,
　343~345
물신성(fetishism) 232
물자체(物自體, thing-in-itself) 76, 79
물질성 153, 184
물질적 생산수단 175
물질적 힘 175, 188
물질적인 생산 232
미국 48, 57, 244, 245, 276, 322, 323,
　327~330
미학 66, 67, 81
민족국가 9, 33, 34, 38, 52, 298, 322,
　326, 335
민족의식 298
민족적 전통 298, 299, 345, 346
민족주의(국가주의)/민족주의자
　64~66, 160, 299, 326, 347
민주주의 71, 101, 118, 214, 215, 218,

241~243, 330
민주주의 담론 218, 219
민주주의 혁명 214, 218

ㅂ

반유대주의 102
반인종주의 214, 220
발전 이론 20, 22, 23, 301, 330
변증법적 유물론 182, 185, 188
보편 이론 8, 9, 300, 302
보편자 59, 60
보편적 실용학 263
보편주의/보편주의 이론 13, 21, 22,
    40, 42, 43
보호무역주의 25
본질주의 61, 66, 72, 147, 156, 180,
    211, 213, 217, 221, 222, 294, 331,
    332, 339, 340, 348, 351
본질주의의 문화정체성 개념 332
부르주아 계급 시스템 118
부르주아 이데올로기 135, 136, 170,
    171, 349, 350
부르주아 합리주의 74
부르주아/부르주아지 27, 28, 52, 97,
    118, 119, 133, 219, 276, 301
부르주아지의 사물화 119
부정적 이데올로기 136, 138, 141,
    146~148, 156, 164, 165, 170, 179
분절된 종합(articulated synthesis) 278
불확실한 동일성 213
비결정성 213, 215, 221, 223, 235
비논리적 행위(non-logical actions)
    107~111
비담론적 실천 212

비판 이론 258, 276, 277
비판 이론가 267, 272, 273
비판적 이데올로기 163, 178
비판주의 61, 98
비호권(庇護權, asylum rights) 299, 347
비합리적 행위(irretional behaviour) 107
비합리주의/비합리주의 이론 5, 11~13,
    38, 39, 42, 66, 72~75, 128, 351

ㅅ

사회구성체 157, 159, 180
사회적 계급지배 281
사회적 기능 120, 121
사회적 실재 59, 192, 215, 350
사회적 총체(totality) 131, 133, 134,
    140, 156, 157
사회주의 13, 24, 25, 39, 42, 73, 155,
    166, 180, 181, 192, 214, 215, 217,
    219, 350
사회주의 이데올로기 133
사회체(social body) 196, 213
삶에의 의지 82
상대주의 13, 40, 56, 59, 61, 66, 69,
    70, 72, 209, 221, 222, 239, 296, 297
상상적 전이(轉移, transposition) 148
상품 물신성(commodity fetishism) 147,
    150, 183, 184
생산과정 23, 32, 123
생산관계 130, 134, 152, 153, 155,
    156, 209, 215, 260
생산력 23, 24, 119, 151, 230, 234,
    250, 259, 269
생산력 통제 230
생산수단의 사회화 23

생산양식 153, 194, 219, 250
생산의 자본주의적 착취 양식 118
생활세계의 도구화 278
생활세계의 식민화 285, 286
서구 로고스중심주의 286
서구 자본주의 37, 255, 287
서유럽 52, 53
선진 자본주의사회 147, 235, 287
선험론 289, 294
성(性) 219
성(性) 담론 205
성(gender) 36
세계 이성(world reason) 58
세계의 종말 247, 249
세계화/세계화 과정 304, 318~320,
　322, 323, 325~327, 330, 331, 351,
　352
소련 해체 321
소비 이데올로기 230
소비에트연방(USSR) 326, 328, 329
소외 31, 32, 46, 117, 118, 125, 149,
　233, 250, 254
쇼비니즘 65
순수 사유 38
스페인/스페인 사람 46, 47, 50, 67,
　68, 333~335, 338, 340
스펙터클(spectacles) 235
시공간의 압축 318, 319, 326
시뮬라시옹(simulation) 235~237, 244,
　245, 251
시뮬라크르(simulacrum) 236
시뮬라크르들(simulacra) 192, 236
시장경제 258
시장의 지배 23

식민주의 8, 9, 345, 351
식민지/식민지주의 36, 37, 42~44,
　48~51, 53, 54, 61, 63, 328, 331
신자유주의 22, 24, 25, 27, 159, 255,
　256, 275, 276, 323~325
신자유주의의 철학적 논리 256
신체의 정치경제학(political economy of
　body) 199
신체의 해부정치학(anatomo-politics of
　body) 199
신화(mythology) 108, 117, 119, 150~
　152
실용주의 101
실재 대상(real object) 206, 212
실재 주체 308
실재/실재성(reality) 87, 162, 167, 171,
　173, 176, 184, 192, 206, 207,
　235~237, 239, 243~246, 248~250
실재의 과잉(excess) 243, 249
실재의 해체 251
실효적 욕망(effective desire) 44
심급(instance) 131, 133, 136, 141, 184

ㅇ

아도르노와 호르크하이머의 도구적
　이성 비판 123
아시아 302
아일랜드 48, 49
아일랜드의 독립 49
아프리카 67, 68, 302
알튀세르의 "특수 이데올로기들"에
　관한 이론 134, 135
알튀세르의 이데올로기적 국가 장
　치 개념 153

알튀세르의 허위의식 비판 148
알튀세르주의/알튀세르주의자 12, 127, 191, 202
알튀세르주의의 해체 129
양심의 가책 96~98
억압 33
억압과 소외 현상 280
억압적 국가 장치 195
언어게임(language games) 228, 229, 237, 239~243, 293, 296
언어게임의 다원성 229
언어학 143, 145, 152, 185, 314, 315
에토스(ethos) 333, 337
엘리트 이론 117
엘리트주의 82, 83
엥코멘데로(encomendero) 334
엥코미엔다(encomienda) 제도 334
역사적 연속성 21
역사적 유물론 148
역사적 이성 23, 53, 118
역사주의/역사주의 이론 8, 19, 21, 61, 127, 128, 180, 294, 302, 332
염세주의 222
영국 38, 44, 71, 72, 145, 159, 192, 276, 301, 322, 327~330
영국 노동 계급 163
영국 문화정체성 328
영국 산업혁명 38
예배 달력 334, 335
오류 26, 35, 77, 84, 86~88, 90, 100, 111~113, 126, 198
왕당보수주의(toryism) 166
왜곡 11, 28, 36
외연(denotation) 233

우상 80, 81
우상론 80, 174
우연성 215, 216, 221
운명론(fatal theory) 316
워터게이트 사건 246, 249
원주민 문화 334
원주민/원주민 제국 46, 332~335, 338, 340, 344
원한의 방향 97
유고연방의 해체 326
유기적 지식인 139
유기체 86, 87
유럽 중심주의 53
유럽공동체 326, 346
유럽적 문화정체성 300, 302
유물론/유물론자 112, 152, 153, 184, 186, 187, 224, 308
윤리적 상대주의 241, 242
은폐/은폐 작용 27, 28, 89, 107, 109, 204
의사소통 이성 283, 285, 296
의사소통 합리성 285, 286, 289, 296, 297
의사소통이론 13, 257
의식 이론(theory of consciousness) 257
의식철학 258, 263, 282, 283
의지 10, 55, 75, 83
의지의 결정 78
이데올로기 일반에 관한 이론 134, 135, 151
이데올로기 투쟁 165
이데올로기의 담지자 27
이데올로기의 허위성 225
이데올로기적 국가 장치 153~155, 195

이데올로기적 스크린 225
이미지 80, 92, 93, 133, 157, 169, 192, 235, 236, 248
이베리아 식민지주의 44
이상적 담화 상황 264, 267, 268
이성 비판 74
이성의 담지자 24, 27
이성의 우월성 73, 129
이주 백인(Creoles) 337
이질성(heterogeneity) 211, 216
이해(understanding) 263
인간 해방 26, 52, 223, 350
인간에 대한, 자기 자신에 대한 고통 97
인간주의 180
인과적 필연성 59
인식론 181, 183, 192, 201, 206
인식론 비판 209
인식론적 단절 183
인식적 상대주의 241, 242
인종적 소수자 72, 104, 106, 220
인종적 특수주의 72
인종주의/인종주의자 8, 9, 21, 41, 43, 53, 66, 67, 69, 70, 71, 102, 104, 346, 351
인종차별주의 159, 227
일반 역사(general history) 194
일본 323, 328, 329
일자(the one) 229
임금 노동 31
잉여가치 32

ㅈ

자기이해(self-interest)의 지배 56

자기이해 117, 118
자메이카 54
자민족중심주의 51, 72, 294
자본주의 9, 12, 13, 24, 27, 28, 30~32, 319, 321, 327, 351
자본주의 사회 27, 28, 274, 276
자본주의 생산양식 30, 31, 37
자본주의 체계 33, 36
자본주의의 계급적 시스템 117
자아(self) 316
자연(nature) 307
자유 민주주의 이데올로기 217
자유주의 122, 160, 203, 276
자유주의적 이데올로기 170
잔기(residues) 107, 110
재현(representation) 208, 248
저개발 사회 288, 295
전체(the whole) 131, 229
전체주의(totalitarianism) 192
전통적 주체철학 262
전후 근대화 이론 24
절대적 이성 24
절대적 자율성 141, 180
절대적 진리 21, 222, 223
접합(재접합) 141, 146, 155, 215
정념(passions) 74
정신(spirit) 52
정신분석 비판 271
정신분석(학) 272, 315, 182, 145
정신적 생산수단 175
정언명법(定言命法) 89
제3세계 7~9, 36, 42, 47, 53, 255, 287, 330, 346, 347, 351
제국주의 49, 160, 224, 227

조작 117, 254, 280, 282
조합 잔기 115
조합(combinations) 110
종교 117, 150, 287, 325
종교 비판 28, 75
종속 이론 331
좌파 214, 217, 252
주관적 이성 55~57, 118
주권 이론 204
주권(soverignty) 203
주인 도덕 101
주인 종족 101~103
주인의 권리 102
주체 지위(subject positions) 315
주체에 관한 비(非)주관주의적 이론 153
주체의 자율성 222
주체의 탈중심화(decentring of the subject) 315, 324
주체주의 180
중국/중국인 44, 47, 51
중립적 이데올로기 개념 169, 170, 176, 178
중층결정 135, 157, 164
지배 계급 30, 95, 99, 114, 115, 118, 121, 132, 135, 153, 158, 162, 165, 166, 169, 171, 173, 175
지배 관계 34, 272
지배 관념 165, 166, 169, 171, 172, 174, 175
지배 이데올로기 135, 137, 138, 149, 153
지성(intellect) 76
지식사회학(socoiogy of knowledge) 85

지식의 대상(object of knowledge) 206
지적 생산수단 175
직관주의(intuitionism) 224
진리 128
진리에의 의지 89, 91
진정한 유물론 186, 187
집단-존속(group-persistense)의 잔기 114, 115
집합 의지 139
집합의 유지(persistence of aggregates) 110, 111

ㅊ

차이(difference) 140, 211
차이와 불연속성 21, 41
차이의 논리 140, 141, 180, 219
칠레 322, 323
초기 부르주아 투쟁 25
초역사주의 72
초인(superman) 101
초자아(superego) 230
총체적인 담론 223
총체적인 역사(total history) 194
총체주의 72
최종 심급 155

ㅋ

칸트의 규범적 합리성 290
코드(codes) 235, 248
쾌락 98, 230, 313
크리올(Creole) 46, 47

ㅌ

타자 8, 13, 19, 104, 300

타타르인 54
탈시뮬라시옹(dissimulating) 236
탈신화화 117
토대-상부구조 130
특수한 종류의 왜곡 36
특이성(particularity) 240

ㅍ

파롤(parole) 128, 152
파리 코뮌 12, 39, 74
파생체(derivations) 107
파시스트/파시즘 159, 163, 177, 279
파열점 213
파편성 223
파편화된 의식 257, 277, 278
페미니즘 214, 220
평등 32, 56, 73, 118, 174, 218
평범함(modiocrity) 81, 82, 101
포스트구조주의 12, 127, 129, 140,
    141, 147, 180, 182, 189, 190, 312,
    315, 317
포스트-맑스적 이데올로기 개념
    240~242
포스트모더니즘 10, 12, 19, 39, 74,
    75, 127, 129, 140, 190, 279~281,
    312, 317
포스트모더니티 7, 41, 249, 255, 256,
    279, 318, 351
포스트-민족(post-national) 사회 298
포이어바흐에 관한 세 번째 테제
    137
포클랜드전 329
폭력혁명 114
표상(들) 76, 133

프라하 서클 128
프랑스 68혁명 12, 39, 75
프랑스 계몽주의(철학자) 27, 66, 137
프랑스 대혁명 12, 38, 66, 74, 75, 218
프랑스의 알제리 정복 48
프랑크푸르트학파(학자) 116, 117,
    121, 271
프랑크푸르트학파의 이성 비판 116
프로테스탄트주의 344
프롤레타리아 계급 28, 160
프롤레타리아 이데올로기 138, 170
프롤레타리아트 23, 42, 49, 50, 52,
    53
프롤레타리아트 해방 50
피지배 계급 30, 95, 114, 115, 135,
    169
피지배 이데올로기(들) 135

ㅎ

하급 계층 114
하버마스의 로고스중심주의 295
하버마스의 의사소통적 상호행위
    283
하버마스의 합목적적 행위 283, 284
하부구조(infrastructure) 201, 233
하이퍼리얼리티(hyperreality) 229
하이퍼실재화 251
하층계급 92, 96, 106, 114
합리적 주체 21
합리주의 60, 66, 72, 74
합리주의 이론 72
해석학 61
허위의식 123, 134, 148, 149, 166,
    172~174, 182, 277

헤게모니 179, 214
헤게모니 형성체 214
헤게모니적 접합 220
헤겔 좌파 29, 98
현상 76, 82, 150, 186
현상주의 225
현상학 224, 225
호명/호명 개념 138, 155
확대 재생산 230
환원주의(환원론) 21, 40, 42, 147,
    215, 221, 222, 262, 283

회의론 59
회의주의/회의주의자 40, 253, 285,
    317
후기 자본주의 75, 260, 278
후진국 43, 51
훈육/훈육 권력 199, 203, 204
흑인 노예/흑인 노예제 54, 57, 68,
    69, 344
흑인 노예무역 68, 69
힘에의 의지 83

이데올로기와 문화정체성
모더니티와 제3세계의 현존

초판 1쇄 인쇄일 · 2009년 2월 23일
초판 1쇄 발행일 · 2009년 3월 2일

지은이 · 호르헤 라라인
옮긴이 · 김범춘 외
펴낸이 · 양미자

편집 · 한고규선, 정안나

펴낸곳 · 도서출판 모티브북
등록번호 · 제 313-2004-00084호
주소 · 서울시 마포구 동교동 203-30 2층
전화 · 02-3141-6924, 6921
팩스 · 02-3141-5822
e-mail · motivebook@naver.com

ISBN 978-89-91195-33-2 93100